VBA pour **Access**
2007 & 2010

Guide de formation avec cas pratiques

Dans la collection *Les guides de formation Tsoft* ——————————————

Y. PICOT, P. MOREAU. – **Access 2010 Utilisateur.**
N°12825, 2010, 352 pages.

P. MOREAU. – **Excel 2010 initiation.**
N°12852, 2010, 232 pages.

P. MOREAU. – **Excel 2010 avancé.**
N°12853, 2010, 232 pages.

D.-J. DAVID. – **Excel 2010 : programmation VBA.**
N°12793, 2010, 290 pages.

C. MONJAUZE, D.-J. DAVID. – **PowerPoint 2010.**
N°12993, 2011, 280 pages.

P. MOREAU. – **Word 2010 initiation.**
N°12879, 2011, 212 pages.

P. MOREAU. – **Word 2010 avancé.**
N°12880, 2011, 198 pages.

Autres ouvrages ——————————————————————————

N. BARBARY. – **Excel 2010 expert.**
N°12761, 2011, 420 pages.

T. Capron. – **D'Excel à Access.**
N°12066, 2008, 350 pages.

I. TAYLOR, B. JELEN. – **Analyse marketing et reporting avec Excel.**
N°12251, 2008, 250 pages.

VBA pour Access
2007 & 2010

Guide de formation avec cas pratiques

Daniel-Jean David

EYROLLES

TSOFT
10, rue du Colisée
75008 Paris
www.tsoft.fr

ÉDITIONS EYROLLES
61, bd Saint-Germain
75240 Paris Cedex 05
www.editions-eyrolles.com

Avant-propos

Conçu par des formateurs expérimentés, cet ouvrage vous permettra d'acquérir de bonnes bases pour développer avec Microsoft VBA pour Access. Il s'adresse à des utilisateurs avancés de Microsoft Access qui veulent créer des applications utilisant les outils et les objets Access.

Les versions successives de Microsoft Access 2000, 2002, 2003, 2007 puis 2010 ont surtout apporté des changements aux commandes directes d'Access. Le langage VBA n'a connu que peu d'évolution au niveau de sa syntaxe, et les rares changements apportés au modèle d'objet Access ne concernent que des éléments marginaux que nous n'abordons pas dans ce livre.

Dans Access 2010 ou 2007, les fichiers portent l'extension `accdb` ; dans les versions antérieures, ils portent l'extension `mdb`. À la lecture de ce livre remplacez `accdb` par `mdb` si vous utilisez une version antérieure à 2007.

Fiches pratiques Ce manuel commence par présenter sous forme de fiches pratiques les « briques de base » de la programmation avec Microsoft VBA pour Access. Ces fiches pratiques peuvent être utilisées soit dans une démarche d'apprentissage pas à pas, soit au fur et à mesure de vos besoins, lors de la réalisation de vos applications avec Access VBA.

Méthodologie Une deuxième partie fournit des bases méthodologiques et des exemples réutilisables dans vos programmes. Tous les exemples donnés sont « passe-partout », indépendants de toute version. Nous insistons plutôt sur les aspects « stratégie de la programmation » qui ne doivent pas reposer sur des détails de langage.

Cas pratiques La troisième partie vous propose des cas pratiques à réaliser par vous-même pour acquérir un savoir-faire en programmation VBA pour Access. Cette partie vous aidera à développer des applications en mettant en œuvre les techniques et méthodes étudiées dans les parties précédentes. Tous les cas traités sont « passe-partout », indépendants de toute version.

- Ces cas pratiques constituent autant d'étapes d'un parcours de formation ; la réalisation de ce parcours permet de s'initier seul en autoformation.
- Un formateur pourra aussi utiliser ces cas pratiques pour animer une formation à la programmation VBA pour Access. Mis à la disposition des apprenants, ce parcours permet à chaque élève de progresser à sa vitesse et de poser ses questions au formateur sans ralentir la cadence des autres élèves.

Aide-mémoire La quatrième partie constitue un aide-mémoire utile lorsque vous écrivez du code VBA pour Access, pour retrouver des informations qu'on ne connaît pas par cœur : liste des mots-clés, désignation des touches, principales propriétés...

Vous pouvez télécharger des exemples de code et de données qui ont servi à illustrer cet ouvrage ainsi que les données pour les cas pratiques depuis le site www.editions-eyrolles.com. Rendez-vous sur la page de cet ouvrage, référence **G12992**, et sélectionnez les fichiers à télécharger.

Conventions typographiques

<u>Actions à effectuer</u>

Les commandes de menus sont en italique, séparées par des tirets : *Fichier – Ouvrir*.

Les commandes du ruban sont sous la forme ⬚*Onglet - [Groupe] - Commande.* Il est possible d'ouvrir la boîte de dialogue du groupe en cliquant sur le déclencheur de dialogue ⬎, s'il existe.

Une suite d'actions à effectuer est présentée avec des puces :

- *Affichage* (signifie cliquez sur le menu *Affichage*)
- Cliquez sur la fenêtre à afficher

Une énumération ou une alternative est présentée avec des tirets : Par exemple :

– soit par un nombre
– soit par <nombre1> To <nombre 2>

L'action de frappe de touche est représentée par la touche ainsi : F11.

L'action de frappe d'une combinaison de touches est représentée ainsi : Alt+F11.

L'action de cliquer sur un bouton est représentée ainsi :   Ok   . **Fichier** représente l'onglet (à gauche de l'onglet Accueil) qui remplace le bouton Office ▣ de la version 2007.

Les onglets sont entre guillemets : « Général » ou on précise : Onglet *Général*.

Les cases à cocher sont marquées ainsi : ☑ (il faut la cocher), ☐ (il faut la décocher).

Les boutons radio sont marqués ainsi : ⊙ (choisi), ○ (non choisi).

<u>Extraits de programme</u>

Les extraits de programme sont représentés comme suit :

```
Sub exemple()
Dim x As Integer
    x=3
End Sub
```

Le trait figure la marge. Les indentations (décalages comme pour `x=3`) doivent être respectées.

<u>Dans les descriptions de syntaxe</u>

Une désignation générique d'un élément est présentée entre <> ; dans une instruction véritable, elle doit être remplacée par un élément de syntaxe correcte jouant ce rôle ; une définition générique sera le plus souvent suivie d'un exemple réel en caractères `Courier`. Par exemple, La déclaration d'une variable est de la forme : `Dim <variable> As <type>` **Ex.** : `Dim x as Integer`

Dans une description, un élément facultatif est présenté entre [ ] (qui ne doivent pas être tapés) : `For <variable>=<début> To <fin> [Step <pas>]`

Une répétition facultative est présentée comme suit :
`Dim <variable> As <type>[,<variable> As <type> [,…]]`

La place des virgules et des crochets montre que chaque élément facultatif, en plus du premier, doit être précédé de la virgule qui le sépare du précédent. Les [ ] les plus internes peuvent être absents.

Abréviations

BD :	Base de données	VB :	Visual Basic sans application hôte
BDi :	Boîte de dialogue/Formulaire	VBA :	Visual Basic Applications
désign. :	désignation	VBAA :	Visual Basic Applications Access

Table des matières

PARTIE 3
CAS PRATIQUES   167

PARTIE 4
ANNEXE : AIDE-MÉMOIRE   257

PARTIE 1
APPRENTISSAGE

Création d'un Programme

Les macros

Conversion de macro en VBA

Écriture des instructions VBA : l'éditeur VBA

Règles fondamentales de présentation

Projets, différentes sortes de modules

Options de projets

Les différentes sortes d'instructions

Les menus de l'éditeur VBA

LES MACROS

Les macros offrent le premier moyen de créer des séquences de commandes afin de pouvoir les répéter à volonté sans avoir à les retaper. Pour son déclenchement, une telle séquence est le plus souvent associée à un événement qui arrive à propos d'un contrôle dans un formulaire.

On peut même créer une application complète avec un ensemble de macros, encore que, pour cela VBA offre plus de possibilités.

Attention ! Note valable pour toute la partie programmation. Les macros et les programmes VBA ne peuvent fonctionner que si, à l'ouverture de la base de données, en réponse à « Avertissement de sécurité » (sous le ruban), vous cliquez sur Activer le contenu.

CRÉER UNE MACRO

Faites une copie de la base que vous avez en téléchargement CarnetdAdresses.accdb ; nous suggérons le nom CarnetdAdresses_mac.accdb : c'est en tout cas le nom du fichier exemple final qui est à votre disposition en téléchargement.

Lorsque vous voulez utiliser le formulaire Saisie des Amis pour entrer un nouvel enregistrement, le problème est que l'on n'est pas d'emblée positionné sur l'enregistrement vide destiné à recevoir les nouvelles données. Au lieu d'ouvrir le formulaire, vous allez appeler une macro qui effectue la séquence d'opérations suivante :

- ouvrir le formulaire
- aller sur le nouvel enregistrement à créer

1 - Appelez ▭*Créer-[Macros et code]-Macro*. Il vient une zone d'entrée avec liste déroulante des actions possibles. Il apparaît aussi un volet *Catalogue* d'actions que nous n'utilisons pas pour le moment et que vous pouvez masquer. Cliquez sur la flèche descendante pour faire dérouler la liste.

2 - Choisissez OuvrirFormulaire. Vous pouvez alors définir des arguments de l'action dans la grille qui apparaît. Dans Nom de formulaire, une liste déroulante vous donne à choisir entre les formulaires existants : choisissez Saisie des Amis. Pour Mode Données, adoptez Modification et gardez Standard pour Mode Fenêtre.

LES MACROS

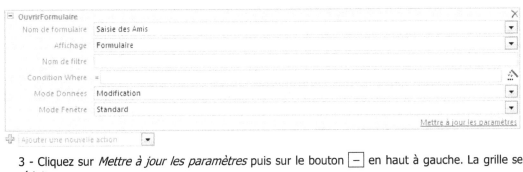

3 - Cliquez sur *Mettre à jour les paramètres* puis sur le bouton $\boxed{-}$ en haut à gauche. La grille se réduit.

4 - On a un nouvel exemplaire de la liste déroulante pour implanter une commande. L'exécution de la macro consiste à effectuer ces commandes à la suite les unes des autres. Comme deuxième action, choisissez AtteindreEnregistrement. Comme valeur du paramètre Enregistrement, spécifiez Nouveau.

> **Ajouter Ami**
>
> OuvrirFormulaire (Saisie des Amis; Formulaire; ; ; Modification; Standard)
>
> AtteindreEnregistrement (; ; Nouveau;)

5 - Cliquez du bouton droit sur l'onglet Macro1 et choisissez Enregistrer. Enregistrez sous le nom Ajouter Ami.

La macro que nous venons d'écrire est très simple. Le langage des macros permet des traitements relativement élaborés. On voit sur la figure que les actions possibles appartiennent à différentes catégories.

Actions sur un objet

Ouvrir ou fermer une table, un formulaire, un état, une requête.

Agir sur la fenêtre d'un objet : agrandir, réduire, dimensionner, déplacer, sélectionner, redessiner etc.

Gérer les données et les enregistrements

AtteindreEnregistrement, TrouverEnregistrement, TrouverSuivant etc.

Divers

Bip, BoîteMsg, Exécuter : Code (fonction VBA), Commande (toute commande de menu Access), Macro (appelle une autre macro), ArrêtMacro et même Quitter.

Par ailleurs, une action peut être assujettie à une condition (ligne Condition Where), donc effectuée ou non et, même, on peut selon une condition effectuer une action ou une autre.

DÉCLENCHEMENT D'UNE MACRO

Il y a six manières de démarrer une macro.

1) L'appeler depuis une autre macro par l'action ExécuterMacro. Bien sûr la macro appelante doit être déclenchée par une autre méthode.

2) Double-clic sur son nom dans le volet navigation.

3) Lorsqu'elle est en mode création, ⌐*Outils de macro Créer-[Outils]-Exécuter (!)*.

4) On peut ajouter un bouton au ruban et l'associer au déclenchement de la macro. C'est un cas particulier de la méthode 5.

5) On peut associer le déclenchement à un événement lié à un contrôle ou un formulaire, comme clic, changement de valeur, arrivée de la sélection etc.

6) Si la macro a le nom AutoExec, elle démarre automatiquement à l'ouverture de la base.

Les événements mis en jeu sont très nombreux. Ils concernent :

■ Formulaire ou état

> Ouverture, fermeture, activation.

■ Enregistrement

> Insertion, mise à jour, suppression.

■ Contrôles

> Entrée, sortie, absence de donnée dans une liste modifiable, appui de touche et, le plus utilisé, clic sur un bouton.

UNE APPLICATION AVEC MACROS

Vous allez transformer votre base *CarnetdAdresses_mac* en application complète de gestion de vos amis. Commencez par créer un formulaire qui servira de menu.

1 - Appelez ▭ *Créer-[Formulaires]-Création de Formulaire*. Installez le titre Menu.

2 - Installez quatre boutons avec les libellés Nouvel Ami, Affichage, Anniversaires et Téléphones. Sauvegardez le formulaire sous le nom Menu. Pour chacun, cliquez sur Annuler pour quitter l'Assistant qui apparaît.

3 - Cliquez sur Nouvel Ami. Cliquez du bouton droit sur le carré marron et choisissez Créer code événement. Choisissez Générateur de macro.

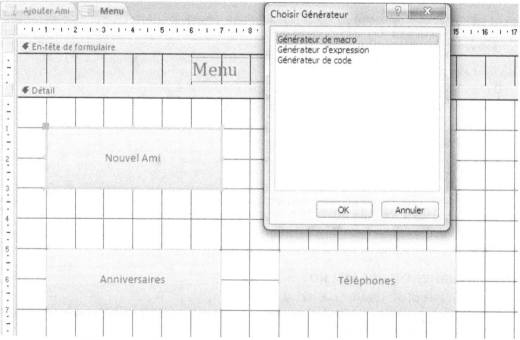

4 - On arrive à l'écran de création de macro. Spécifiez les actions ExécuterMacro Nom=Ajouter Ami puis FermerFenêtre Type d'objet=Formulaire, Nom d'objet=Menu. Enregistrez et fermez.

LES MACROS

ExécuterMacro   (Ajouter Ami; ;)

FermerFenêtre   (Formulaire; Menu; Avec confirmation)

L'action FermerFenêtre est nécessaire, sinon le formulaire Menu cache l'affichage correspondant à l'action qui nous intéresse. Mais, inversement, il faut revenir sur le formulaire Saisie des Amis pour que, à sa fermeture, on rouvre Menu.

5 - Ouvrez Saisie des Amis en mode création. Appelez la feuille des propriétés. Dans l'onglet Événement, ligne Sur fermeture, cliquez sur (...) et choisissez Générateur de macro. Installez l'action OuvrirFormulaire, Nom=Menu. Enregistrez et fermez la macro puis enregistrez et fermez le formulaire.

OuvrirFormulaire   (Menu; Formulaire; ; ; ; Standard)

À la fermeture du formulaire, on repasse au Menu.

6 - Macro associée au bouton Anniversaires :

OuvrirFormulaire   (Anniversaires; Formulaire; ; ; ; Standard)

FermerFenêtre   (Formulaire; Menu; Avec confirmation)

    Macro associée au bouton Téléphones :

OuvrirFormulaire   (Téléphones des Amis; Formulaire; ; ; ; Standard)

FermerFenêtre   (Formulaire; Menu; Avec confirmation)

7 - Revenez aux formulaires Anniversaires et Téléphones des amis en mode Création et créez les macros Sur fermeture :

OuvrirFormulaire   (Menu; Formulaire; ; ; ; Standard)

8 - Il faut bien sûr faire de même pour le bouton Affichage. Le problème est que, s'il y a bien une action OuvrirTable, on ne peut attribuer d'événements à une table, donc pas de Sur fermeture. Par conséquent, vous devez d'abord créer un formulaire, qu'on va appeler F_Amis. Appelez ☐ *Créer-[Formulaires]-Plus de Formulaires-Feuille de données* en ayant la table Amis sélectionnée. Dans l'onglet Événement de la feuille de propriétés, ligne Sur fermeture, attribuez l'action :

OuvrirFormulaire   (Menu; Formulaire; ; ; ; Standard)

Enregistrez, fermez.

9 - Au bouton Affichage, associez la macro suivante. Il faut que le paramètre Affichage soit Feuille de données.

OuvrirFormulaire   (F_Amis; Feuille de données; ; ; ; Standard)

FermerFenêtre   (Formulaire; Menu; Avec confirmation)

LA MACRO AUTOEXEC

Si vous ouvrez le formulaire Menu, vous avez un comportement de menu. Vous pouvez perfectionner en fixant la propriété Fen indépendante à Oui dans l'onglet Autres de la fenêtre de propriétés.

Si la fenêtre est assez grande pour masquer pratiquement la fenêtre Access, on croit voir une application indépendante. Comment faire pour que cet aspect soit encore plus net ? Eh bien, ce qu'il faudrait, c'est que le menu apparaisse dès qu'on ouvre la base.

1 - Pour cela, créez une macro qui ouvre le formulaire Menu et enregistrez-la sous le nom AutoExec :

LES MACROS

OuvrirFormulaire (Menu; Formulaire; ; ; ; Standard)

La macro AutoExec s'exécute dès que vous ouvrez la base, donc dès l'ouverture vous aurez le menu et vous vous croirez plongé dans l'application.

2 - Fermez la base et rouvrez-la : vous avez le menu.

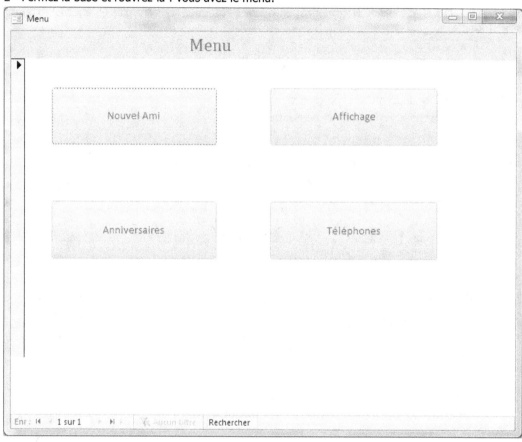

On n'a vu qu'une petite partie des possibilités des macros, et pourtant, ce n'est déjà pas mal. Eh bien, avec VBA, on aura des fonctionnalités beaucoup plus riches. La tendance actuelle est d'avoir recours à VBA plutôt qu'aux macros dès que l'application est un peu élaborée.

CONVERSION DE MACRO EN VBA

Il existe une commande qui permet de traduire une macro en procédure VBA.

1 - Copiez la base CarnetdAdresses_mac.accdb en CarnetdAdresses_mac_vba.accdb et ouvrez cette nouvelle base.

2 - Cliquez droit sur la macro Ajouter Ami dans le volet de navigation et choisissez *Mode création* dans le menu déroulant. Le texte de la macro apparaît ainsi que l'onglet contextuel Outils de macro.

3 - Appelez ⌐*Outils de macro-[Outils]-Convertir les macros en Visual Basic*. Cliquez sur Convertir.

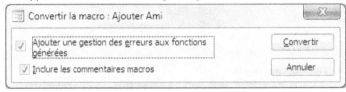

Après une boîte de message annonçant que la conversion est terminée, la fenêtre de l'éditeur VBA apparaît avec un module contenant la macro convertie.

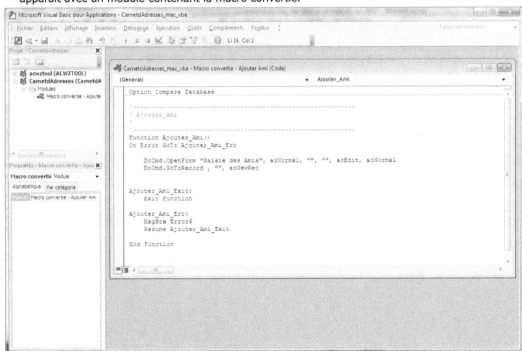

EXAMINER LA TRADUCTION PRODUITE

Il est toujours instructif d'examiner la traduction produite. Dans l'exemple ci-dessus, seules les lignes `DoCmd...` traduisent les deux commandes de notre macro. Le `On Error` et le paragraphe

..._Err implantent le traitement d'erreur voulu car nous avons laissé la case *Ajouter une gestion des erreurs* cochée. Nous reviendrons sur les traitements d'erreurs.

Le principal intérêt de l'éditeur VBA est qu'il permet la modification du programme ou même son écriture à partir de rien. La traduction d'une macro peut servir de base de départ mais elle est limitée aux actions de la liste que nous avons vue. Pour des traitements élaborés, seul un programme VBA offre toutes les possibilités voulues.

Par macro, on ne peut que générer un programme à logique linéaire où toutes les actions se suivent en séquence ; on ne peut pas créer un programme où, en fonction de premiers résultats, on effectue telle action ou bien telle autre.

D'autre part, lorsqu'une sous-étape du traitement doit être répétée plusieurs fois, il faudra écrire les commandes autant de fois qu'il y a de répétitions, ce qui peut devenir infaisable s'il y en a des milliers. Ces possibilités appelées « alternatives » et « boucles » sont offertes par des instructions de VBA mais doivent être fournies directement. Ces instructions s'appellent instructions de structuration.

APPEL DIRECT DE L'ÉDITEUR VBA

Nous voyons maintenant d'autres manières d'appeler l'éditeur VBA. Vous avez le choix entre :

- ▭*Créer-[Macros et code]-Visual basic*   et
- ▭*Outils de base de données-[Macro]-Visual Basic.*

Dans les deux cas, le raccourci-clavier est Alt+F11. Vous le retiendrez rapidement.

La fenêtre de l'éditeur VBA

On voit que l'éditeur VBA n'a pas adopté le ruban, mais a gardé l'interface par menus et barres d'outils ; ce sera peut-être pour une prochaine version.

La partie principale de la fenêtre est normalement occupée par les modules : toutes les instructions VBA doivent être écrites dans des procédures ou fonctions qui sont implantées dans des modules.

Le volet de gauche est normalement partagé entre l'Explorateur de projets et la feuille de propriétés. Si l'un de ces éléments n'apparaît pas, appelez le menu *Affichage* et cliquez sur l'élément voulu.

Parmi les autres éléments qu'on peut ainsi faire apparaître, l'Explorateur d'objets est très important. Les fenêtres Exécution, Variables locales, Espions et Pile des appels servent au dépannage des programmes.

CRÉER UN MODULE

Depuis l'écran Access, on arrive à l'écran VBA par la commande ⌐*Créer-[Macros et code]-Visual basic*, ⌐*Outils de base de données-[Macro]-Visual Basic* ou Alt+F11. On a vu dans la section précédente comment assurer que la fenêtre de projets soit présente. Elle a au moins une arborescence au nom de votre base de données ; celle-ci peut présenter les rubriques Microsoft Access Objets de classe, Modules et Modules de classe comme dans la figure (fictive) suivante :

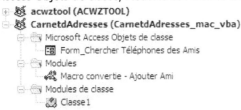

- Si le programme que vous souhaitez écrire doit gérer la réponse à des événements concernant un formulaire ou un état, les modules correspondants apparaissent dans l'arborescence sous *Microsoft Access Objets de classe*. Pour créer le module, ouvrez le formulaire ou l'état en mode Création. Sélectionnez le contrôle concerné et affichez sa fenêtre de propriétés. Dans l'onglet *Événement*, cliquez sur le bouton (...) de la ligne « Sur événement voulu » et choisissez *Générateur de code*. La fenêtre de module apparaît.
- Dans les autres cas :
  - ■ Sélectionnez le projet (clic sur sa ligne dans la fenêtre *Projets*).
  - ■ Puis *Insertion – Module* pour un module normal. L'autre choix est *Module de classe*. Ce cas est traité dans un autre chapitre, donc plaçons-nous ici dans le cas du module normal.
  - ■ Une fois le module créé, la rubrique *Modules* apparaît dans l'arborescence. Pour pouvoir écrire le programme, développez la rubrique, puis double-cliquez sur le nom du module voulu.
  - ■ Il faut maintenant créer une procédure. Le menu *Insertion* a une rubrique *Procédure*, mais il suffit d'écrire `Sub <nom voulu>` dans le module.

SUPPRIMER UN MODULE

On peut avoir à supprimer un module, notamment parce qu'il est préférable de tout regrouper dans Module 1.

- ■ Après avoir déplacé les procédures des autres modules dans Module 1, sélectionnez chaque module à supprimer par clic sur son nom sous la rubrique Modules.
- ■ *Fichier – Supprimer Module 2* (le nom du module sélectionné apparaît dans le menu *Fichier*).
- ■ Une BDi apparaît, proposant d'exporter le module. Cliquez sur   Non .

EXPORTER/IMPORTER UN MODULE

Exporter :

Si dans la BDi précédente, vous cliquez sur   Oui , vous exportez le module, c'est-à-dire que vous créez un fichier d'extension .bas qui contiendra le texte des procédures du module. Un tel fichier peut aussi se construire par :

- ■ Mettez le curseur texte dans la fenêtre du module voulu.
- ■ *Fichier – Exporter un fichier*.
- ■ La BDi qui apparaît vous permet de choisir disque, répertoire et nom de fichier.

Importer :

L'opération inverse est l'importation qui permet d'ajouter un fichier à un projet :

- Sélectionnez le projet concerné (par clic sur sa ligne dans la fenêtre de projets), puis faites *Fichier – Importer un fichier*.
- Dans la BDi, choisissez disque, répertoire et nom de fichier. Les extensions possibles sont .bas (module normal), et .cls (module de classe ou procédure événementielle associée à un formulaire ou un état).

Cette technique permet de développer des éléments, procédures ou objets servant pour plusieurs projets.

OPTIONS RÉGLANT LE FONCTIONNEMENT DE L'ÉDITEUR

Dans l'écran VBA, faites *Outils – Options*. Le fonctionnement de l'éditeur obéit aux onglets *Éditeur* et *Format de l'éditeur*. L'onglet *Éditeur* règle le comportement vis-à-vis du contenu du programme notamment les aides à l'écriture procurées par l'éditeur :

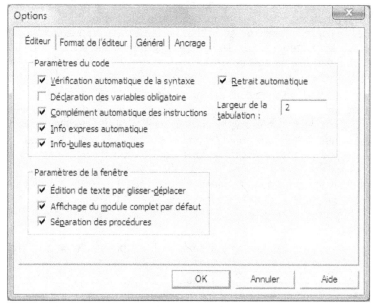

Les choix de la figure nous semblent les plus raisonnables.

- ☑ *Vérification automatique de la syntaxe* parle d'elle-même.
- ☐ *Déclaration de variables obligatoire* si la case est cochée installe automatiquement Option Explicit en tête de tous les modules. Si la case n'est pas cochée, vous devez taper la directive partout où il le faut.
- ☑ *Complément automatique des instructions* présente les informations qui sont le complément logique de l'instruction au point où on est arrivé.
- ☑ *Info express automatique* affiche des informations au sujet des fonctions et de leurs paramètres au fur et à mesure de la saisie
- ☑ *Info-bulles automatiques* : en mode Arrêt, affiche la valeur de la variable sur laquelle le curseur est placé.
- ☑ *Retrait automatique* : si une ligne de code est mise en retrait, toutes les lignes suivantes sont automatiquement alignées par rapport à celle-ci. Pensez en même temps à choisir l'amplitude des retraits successifs (ci-dessus 2, au lieu de la valeur par défaut 4).

Les options *Paramètres de la fenêtre* sont moins cruciales.

- ☑ *Édition de texte par glisser-déplacer* permet de faire glisser des éléments au sein du code et de la fenêtre Code vers les fenêtres Exécution ou Espions.

ÉCRITURE DES INSTRUCTIONS VBA : L'ÉDITEUR VBA

- ☑ *Affichage du module complet par défaut* fait afficher toutes les procédures dans la fenêtre Code ; on peut, par moments, décider d'afficher les procédures une par une.
- ☑ *Séparation des procédures* permet d'afficher ou de masquer les barres séparatrices situées à la fin de chaque procédure dans la fenêtre Code. L'intérêt de cette option est diminué par le fait que ces séparations n'apparaissent pas à l'impression du listing ; une solution est d'insérer devant chaque procédure une ligne de commentaire remplie de tirets : `--------`...

L'onglet *Format* de l'éditeur fixe les couleurs des différents éléments du code. C'est lui qui décide par défaut mots-clés en bleu, commentaires en vert, erreurs en rouge.

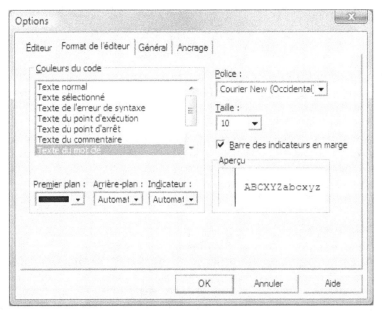

- ☑ *Barre des indicateurs en marge* affiche ou masque la barre des indicateurs en marge, indicateurs utiles pour le dépannage.
- Ayant choisi un des éléments dans la liste, vous déterminez la police, la taille et la couleur de façon classique ; en principe, on utilise une police de type Courrier parce qu'elle donne la même largeur à tous les caractères, mais rien ne vous y oblige.
- Les éléments possibles sont : Texte normal, Texte sélectionné, Texte de l'erreur de syntaxe, Texte du point d'exécution, Texte du point d'arrêt, Texte du commentaire, Texte du mot-clé, Texte de l'identificateur, Texte du signet, Texte de retour de l'appel.

RÈGLES FONDAMENTALES DE PRÉSENTATION

UNE INSTRUCTION PAR LIGNE

La règle fondamentale est d'écrire une instruction par ligne. Lorsque vous tapez sur la touche ⏎, VBA suppose qu'on passe à la prochaine instruction. Cette règle admet deux exceptions qui n'interviennent que très rarement.

– On peut mettre plusieurs instructions sur une ligne à condition de les séparer par le caractère deux-points (:).

```
x = 3 : y = 5
```

Cette pratique est tout à fait déconseillée ; elle ne se justifie que pour deux instructions courtes formant en quelque sorte un bloc logique dans lequel il n'y aura en principe pas de risque d'avoir à insérer d'autres instructions.

– Une instruction peut déborder sur la (les) ligne(s) suivante(s). La présentation devient :

```
xxxxxxxxxxxxxxxxxxxx(1ère       partie)xxxxxxxxxxxxxxxxxxxx _
        yyyyyyy(2e partie)yyyyyyyyyyyyyyy
```

Les lignes, sauf la dernière, doivent se terminer par la séquence <espace><signe souligné>. Bien entendu, la coupure doit être placée judicieusement : là où l'instruction aurait naturellement un espace. On ne doit pas couper un mot-clé propre au langage, ni un nom de variable.

Cas particulier : on ne doit pas couper une chaîne de caractères entre guillemets (comme "Bonjour"). La solution est la suivante : on remplace la longue chaîne par une concaténation de deux parties ("partie 1" + "partie 2") et on coupera comme suit :

```
........"partie 1" + _
"partie 2"  .
```

MAJUSCULES ET MINUSCULES

Sauf à l'intérieur d'une chaîne de caractères citée entre ", les majuscules et minuscules ne comptent pas en VBA. En fait, les mots-clés et les noms d'objets et de propriétés prédéfinis comportent des majuscules et minuscules et vous pouvez définir des noms de variables avec des majuscules où vous le souhaitez. Mais vous pouvez taper ces éléments en ne respectant pas les majuscules définies (mais il faut que les lettres soient les mêmes) : l'éditeur VBA rétablira automatiquement les majuscules de la définition ; pour les noms de variables, on se basera sur la 1re apparition de la variable (en principe sa déclaration).

Il en résulte un conseil très important : définissez des noms avec un certain nombre de majuscules bien placées et tapez tout en minuscules : si VBA ne rétablit pas de majuscules dans un nom, c'est qu'il y a une faute d'orthographe.

Un autre élément qui peut vous permettre de déceler une faute d'orthographe, mais seulement dans un mot-clé, est que si un mot n'est pas reconnu comme mot-clé, VBA ne l'affichera pas en bleu. Bien sûr, vous devez être vigilant sur ces points : plus tôt une faute est reconnue, moins il y a de temps perdu.

Pour les chaînes de caractères entre ", il s'agit de citations qui apparaîtront telles quelles, par exemple un message à afficher, le nom d'un client, etc. Il faut donc taper exactement les majuscules voulues.

COMMENTAIRES, LIGNES VIDES

Un commentaire est une portion de texte figurant dans le programme et n'ayant aucun effet sur celui-ci. La seule chose que VBA fait avec un commentaire, c'est de le mémoriser et de l'afficher dans le listing du programme. Les commentaires servent à donner des explications sur le programme, les choix de méthodes de traitement, les astuces utilisées, etc.

 © Tsoft/Eyrolles – VBA pour Access 2007 & 2010

RÈGLES FONDAMENTALES DE PRÉSENTATION

Ceci est utile pour modifier le programme, car, pour cela, il faut le comprendre ; c'est utile même pour le premier auteur du programme car lorsqu'on reprend un programme plusieurs mois après l'avoir écrit, on a oublié beaucoup de choses. Il est donc conseillé d'incorporer beaucoup de commentaires à un programme dès qu'il est un peu complexe.

VBA admet des commentaires en fin de ligne ou sur ligne entière.

En fin de ligne, le commentaire commence par une apostrophe. Ex. :

```
Remise = Montant * 0.1     ' On calcule une remise de 10%
```

Sur ligne entière, le commentaire commence par une apostrophe ou le mot-clé `Rem`. On utilise plutôt l'apostrophe. Si le commentaire occupe plusieurs lignes, chaque ligne doit avoir son apostrophe.

Les lignes vides sont autorisées en VBA ; elles peuvent servir à aérer le texte. Nous conseillons de mettre une apostrophe en tête pour montrer que le fait que la ligne soit vide est voulu par le programmeur.

LES ESPACES

Les espaces sont assez libres en VBA, mais pas totalement. Là où il peut et doit y avoir un espace, vous pouvez en mettre plusieurs, ou mettre une tabulation.

On ne doit en aucun cas incorporer d'espaces à l'intérieur d'un mot-clé, d'un nom d'objet prédéfini, d'un nombre ou d'un nom de variable : ces mots ne seraient pas reconnus.

Au contraire, pour former des mots, ces éléments doivent être entourés d'espaces, ou d'autres caractères séparateurs comme la virgule.

Les opérateurs doivent être entourés d'espaces, mais vous n'êtes pas obligé de les taper, l'éditeur VBA les fournira sauf pour &. Si vous tapez `a=b+c` vous obtiendrez `a = b + c`.

LES RETRAITS OU INDENTATIONS

Les instructions faisant partie d'une même séquence doivent normalement commencer au même niveau d'écartement par rapport à la marge. Lors de l'emploi d'instructions de structuration, les séquences qui en dépendent doivent être en retrait par rapport aux mots-clés de structuration. En cas de structures imbriquées, les retraits doivent s'ajouter. Exemple fictif :

```
x = 3
For I = 2 To 10
    a = 0.05 * I
    If b < x Then
        x = x - a
    Else
        b = b - a
    End If
Next I
```

En cas de nombreuses imbrications, le retrait peut être un peu grand : bornez-vous à 2 caractères à chaque niveau. Bien sûr, ces retraits ne sont pas demandés par le langage, ils n'ont que le but de faciliter la compréhension en faisant ressortir la structure du programme (ou plutôt, la structure souhaitée, car, dans son interprétation, VBA ne tient compte que des mots-clés, pas des indentations : mais justement un désaccord entre les mots-clés et les indentations peut vous aider à dépister une erreur).

Il est donc essentiel, bien que non obligatoire, que vous respectiez les indentations que nous suggérerons pour les instructions.

RÈGLES FONDAMENTALES DE PRÉSENTATION

AIDE À LA RECHERCHE D'ERREURS

Nous avons vu plus haut que VBA introduisait de lui-même les majuscules voulues dans les mots-clés et les noms de variables, d'où notre conseil de tout taper en minuscules : s'il n'y a pas de transformation, c'est qu'il y a probablement une faute de frappe.

Pour les mots-clés, on a une aide supplémentaire : VBA met les mots-clés en bleu (en fait, la couleur choisie par option) ; si un mot n'est pas transformé, c'est qu'il n'est pas reconnu, donc qu'il y a une faute.

Une autre aide automatique est que, en cas d'erreur de syntaxe, VBA affiche aussitôt un message d'erreur et met l'instruction en rouge. Bien sûr cela ne décèle que les erreurs de syntaxe, pas les erreurs de logique du programme.

AIDES À L'ÉCRITURE

L'éditeur VBA complète automatiquement certaines instructions :

Dès que vous avez tapé une instruction `Sub` ou `Function`, VBA fournit le `End Sub` ou le `End Function`.

Si vous tapez `endif` sans espace, VBA corrige : `End If`. Attention, il ne le fait que pour celle-là : pour `End Select` ou pour `Exit Sub` ou d'autres, il faut taper l'espace.

Dès que vous tapez un espace après l'appel d'une procédure, ou la parenthèse ouvrante à l'appel d'une fonction, VBA vous suggère la liste des arguments. Il le fait toujours pour un élément prédéfini ; pour une procédure ou fonction définie par vous, il faut qu'elle ait été définie avant.

Dès que vous tapez le `As` dans une déclaration, VBA fournit une liste déroulante des types possibles ; il suffit de double-cliquer sur celui que vous voulez pour l'introduire dans votre instruction. Vous avancez rapidement dans la liste en tapant la première lettre souhaitée. Un avantage supplémentaire est qu'un élément ainsi écrit par VBA ne risque pas d'avoir de faute d'orthographe.

De même, dès que vous tapez le point après une désignation d'objet, VBA affiche la liste déroulante des sous-objets, propriétés et méthodes qui en dépendent et vous choisissez comme précédemment. L'intérêt est que la liste suggérée est exhaustive et peut donc vous faire penser à un élément que vous aviez oublié. Attention, cela n'apparaît que si l'aide en ligne est installée et si le type d'objet est connu complètement à l'écriture, donc pas pour une variable objet qui aurait été déclarée d'un type plus général que l'objet désigné (ex. `As Object`).

PROJETS, DIFFÉRENTES SORTES DE MODULES

DÉFINITION

Un **projet** est l'ensemble de ce qui forme la solution d'un problème (nous ne voulons pas dire « application » car ce terme a un autre sens, à savoir l'objet Application, c'est-à-dire Access lui-même), donc une base Access avec ses tables, ses formulaires *etc.* et tous les programmes écrits en VBA qui sont sauvegardés avec elle : le projet apparaît dans la fenêtre de projet sous le même nom que le fichier .accdb de la base. Les programmes sont dans des modules ; le texte des programmes est affiché dans des fenêtres de code. Il peut y avoir un module associé à chaque formulaire ou état. Il peut y avoir un certain nombre de modules généraux. De plus, le projet peut contenir aussi des modules de classe et des boîtes de dialogue créées par le programmeur : chaque BDi a en principe un module de code associé.

LES FENÊTRES DU PROJET

L'écran VBA contient principalement la fenêtre de projet où apparaît le projet associé à chaque fichier ouvert. Chaque projet y apparaît sous forme d'une arborescence (développable ou repliable) montrant tous les éléments du projet. Sous la fenêtre de projet peut apparaître une fenêtre Propriétés qui affiche les propriétés d'un élément choisi dans la fenêtre de projet.

La plus grande partie de l'écran sera consacrée aux fenêtres de code. Comme ces fenêtres sont en principe présentées en cascade, on choisit celle qui est en premier plan par clic dans le menu *Fenêtre*. On décide de l'affichage d'un tel élément par double-clic dans l'arborescence.

On peut faire apparaître d'autres fenêtres par clic dans le menu *Affichage*. C'est le cas des fenêtres de (l'Explorateur de) Projets, Propriétés, Explorateur d'objets, Exécution, Variables locales et Espions, ces trois dernières servant surtout au dépannage des programmes.

Le choix des fenêtres à afficher peut se faire aussi par des boutons de la barre d'outils Standard de l'écran VBA.

DIFFÉRENTES SORTES DE MODULES

À chacune des quatre rubriques de la hiérarchie dépendant du projet correspond une sorte de module. À *Microsoft Access Objets de classe* correspondent des modules où se trouveront les programmes de réponse aux événements d'un formulaire (ex. *Sur fermeture* d'un formulaire).

À *Modules* correspondent les différents modules « normaux » introduits. C'est dans ces modules (en principe, on les regroupe en un seul) que sont les procédures de calcul propres au problème.

La dernière sorte de modules dépend de la rubrique *Modules de classe* ; les modules de classe permettent de définir des objets propres au programmeur. Ils sont beaucoup moins souvent utilisés car, vu la richesse des objets prédéfinis en Access VBA, on en utilise rarement plus de 10%, alors on a d'autant moins de raisons d'en créer d'autres !

Une dernière rubrique, *Références* peut être présente dans l'arborescence, mais elle n'introduit pas de modules.

OPTIONS DE PROJETS

LA COMMANDE OUTILS-OPTIONS

Cette commande concerne les projets par ses onglets *Général* et *Ancrage*. L'onglet *Ancrage* décide quelles fenêtres vont pouvoir être ancrées c'est-à-dire fixées en périphérie de l'écran. Ce n'est pas vital. L'onglet *Général* a plus à dire :

- ☑ *Afficher les info-bulles* affiche les info-bulles des boutons de barre d'outils.
- ☑ *Réduire le proj. masque les fenêtres* définit si les fenêtres de projet, UserForm, d'objet ou de module sont fermées automatiquement lors de la réduction du projet dans l'Explorateur de projet.
- Le cadre <u>Modifier et continuer.</u>
  - ☑ *Avertir avant perte d'état* active l'affichage d'un message lorsque l'action demandée va entraîner la réinitialisation de toutes les variables de niveau module dans le projet en cours.
- Le cadre <u>Récupération d'erreur</u> définit la gestion des erreurs dans l'environnement de développement Visual Basic. L'option s'applique à toutes les occurrences de Visual Basic lancées ultérieurement.
  - ⊙ *Arrêt sur toutes les erreurs* : en cas d'erreur quelle qu'elle soit, le projet passe en mode Arrêt.
  - ⊙ *Arrêt dans les modules de classe* : en cas d'erreur non gérée survenue dans un module de classe, le projet passe en mode Arrêt à la ligne de code du module de classe où s'est produite l'erreur.
  - ⊙ *Arrêt sur les erreurs non gérées* : si un gestionnaire d'erreurs est actif, l'erreur est interceptée sans passage en mode Arrêt. Si aucun gestionnaire d'erreurs n'est actif, le projet passe en mode Arrêt. Ceci est l'option la plus conseillée.

OPTIONS DE PROJETS

- Compilation
    - ☑ *Compilation sur demande* définit si un projet est entièrement compilé avant d'être exécuté ou si le code est compilé en fonction des besoins, ce qui permet à l'application de démarrer plus rapidement, mais retarde l'apparition des messages d'erreur éventuels dans une partie de programme rarement utilisée.
    - ☑ *Compilation en arrière-plan* définit si les périodes d'inactivité sont mises à profit durant l'exécution pour terminer la compilation du projet en arrière-plan, ce qui permet un gain de temps. Possible seulement en mode compilation sur demande.

LA COMMANDE OUTILS-PROPRIÉTÉS DE <NOM DU PROJET>

Cette commande fait apparaître une BDi avec deux onglets :

- L'onglet *Général* permet de donner un nom spécifique au projet, et surtout de fournir un petit texte descriptif. Les données concernant l'aide n'ont plus d'intérêt : la mode est maintenant de fournir une aide sous forme HTML. La compilation conditionnelle est sans réel intérêt.
- L'onglet *Protection* permet de protéger votre travail.
    - ☑ *Verrouiller le projet pour l'affichage* interdit toute modification de n'importe quel élément de votre projet. Il ne faut y faire appel que lorsque le projet est parfaitement au point !
    - La fourniture d'un mot de passe (il faut le donner deux fois, c'est classique) empêche de développer l'arborescence du projet dans la fenêtre Explorateur de projets si l'on ne donne pas le mot de passe. Donc un "indiscret" qui n'a pas le mot de passe n'a accès à aucune composante de votre projet.

LA COMMANDE OUTILS-RÉFÉRENCES

Permet de définir une référence à la bibliothèque d'objets d'une autre application pour y sélectionner des objets appartenant à cette application, afin de les utiliser dans votre code. C'est une façon d'enrichir votre projet.

Les instructions VBA se répartissent en instructions exécutables ou ordres et instructions non exécutables ou déclarations.

INSTRUCTIONS EXÉCUTABLES

Ce sont les instructions qui font effectuer une action par l'ordinateur. Elles se répartissent en :

- **Instructions séquentielles**, telles que l'instruction qui sera exécutée après est l'instruction qui suit dans le texte.
    - La principale instruction de cette catégorie est *l'instruction d'affectation*, de la forme `[Set] <donnée>=<expression>` , où l'expression indique un calcul à faire. L'expression est calculée et le résultat est affecté à la donnée. En l'absence de `Set` (on devrait normalement mettre `Let`, mais il n'est jamais employé), l'expression conduit à une valeur et <donnée> est une variable ou une propriété d'objet ; elle reçoit la valeur calculée comme nouvelle valeur. Avec `Set`, l'expression a pour résultat un objet et <donnée> est une variable du type de cet objet : après l'instruction, cette variable permettra de désigner l'objet de façon abrégée. À part l'appel de procédures, cette instruction est la plus importante de tout le langage.
    - *Toute une série d'actions diverses*, notamment sur les fichiers (Open, Close, Print#...) ou sur certains objets (Load, Unload ...) ou encore certaines opérations système (Beep, Time...). Ces instructions pourraient d'ailleurs aussi bien être considérées comme des appels à des procédures ou des méthodes prédéfinies.

- **Instructions de structuration**, ou de rupture de séquence, qui rompent la suite purement linéaire des instructions, aiguillant le traitement vers une séquence ou une autre selon des conditions, ou faisant répéter une séquence selon les besoins. Ces instructions construisent donc la structure du programme. La plus importante est :
    - *L'appel de procédure* : on déroute l'exécution vers un bloc d'instructions nommé qui remplit un rôle déterminé. La fin de l'exécution de la procédure se réduit à un retour dans la procédure appelante juste après l'instruction d'appel. Cela permet de subdiviser un programme complexe en plusieurs petites unités beaucoup plus faciles à maîtriser. La plupart du temps, l'instruction se réduit à citer le nom de la procédure à appeler.

Les autres instructions de structuration permettent d'implémenter les deux structures de la programmation structurée.

   - *La structure alternative* où, en fonction de certaines conditions, on fera une séquence ou bien une autre. VBA offre pour cela deux instructions principales, `If` qui construit une alternative à deux branches et `Select Case` qui permet plusieurs branches.
   - *La structure itérative* ou **boucle,** où on répète une séquence jusqu'à ce qu'une condition soit remplie (ou tant que la condition contraire prévaut). VBA offre pour cette structure les instructions `Do...Loop...`, `While...Wend` et, surtout, `For...Next` qui est la plus employée.

INSTRUCTIONS NON EXÉCUTABLES OU DÉCLARATIONS

Ces instructions ne déclenchent pas d'actions de l'ordinateur, mais donnent des précisions au système VBA sur la manière dont il doit traiter les instructions exécutables. La plus importante de ces instructions est la déclaration de variable qui :
- annonce qu'on va utiliser une variable de tel ou tel nom,
- indique le type (par exemple réel, ou entier, etc.) de la variable, c'est-à-dire des données qu'elle va contenir. Il est évident que les calculs ne s'effectuent pas de la même façon sur un nombre entier ou sur un réel. C'est en cela que les déclarations orientent le travail de VBA. **Elles sont donc aussi importantes que les instructions exécutables.**

LES DIFFÉRENTES SORTES D'INSTRUCTIONS

Place des déclarations de variables

Normalement, il suffit qu'une déclaration de variable soit n'importe où avant la première utilisation de cette variable. En fait on recommande vivement de placer les déclarations de variables en tête de leur procédure. Par ailleurs, certaines déclarations de variables doivent être placées en tête de module, avant la première procédure du module.

Parmi les déclarations importantes, les couples `Sub` … `End Sub` et `Function` … `End Function` délimitent respectivement une procédure ou une fonction. `Sub` et `Function` ont en outre le rôle de déclarer des éventuels arguments. Les deux `End` … sont à la fois des déclarations – elles délimitent la fin de la procédure ou de la fonction – et des instructions exécutables : lorsque l'on arrive sur elles on termine la procédure ou la fonction et on retourne à l'appelant.

DIRECTIVES

Les directives sont des déclarations particulières qui jouent un rôle global au niveau du projet. Elles sont placées tout à fait en tête de module. Certaines peuvent être spécifiées sous forme d'options de projet auquel cas la directive est écrite automatiquement en tête de tous les modules.

`Option Explicit`

Exige que toute variable soit déclarée. Nous conseillons vivement cette option car si vous faites une faute de frappe dans un nom de variable, en l'absence de cette option, VBA "croira" que vous introduisez une nouvelle variable, alors qu'avec cette option, il y aura un message d'erreur vous permettant de la corriger aussitôt.

`Option Base <0 ou 1>`

Fixe à 0 ou à 1 la première valeur des indices de tableaux. La valeur par défaut est 0. Souvent les programmeurs utilisent les indices à partir de 1 sans spécifier `Option Base 1` : l'élément 0 est laissé vide. Cette pratique a un inconvénient : si par erreur un indice était calculé à 0, la directive assurerait un message d'erreur.

`Option Compare <choix>`

Fixe la façon dont les chaînes de caractères sont comparées. Avec `Text`, une majuscule et sa minuscule sont confondues alors qu'avec `Binary`, la comparaison est complète et les minuscules sont plus loin que les majuscules dans l'ordre alphabétique. Avec `Database`, on obéit aux paramètres régionaux de la base de données en cours.

`Option Private Module`

Déclare le module entier comme privé, donc aucun de ses éléments, variables, procédures ou fonctions ne sera accessible depuis un autre module.

LES MENUS DE L'ÉDITEUR VBA

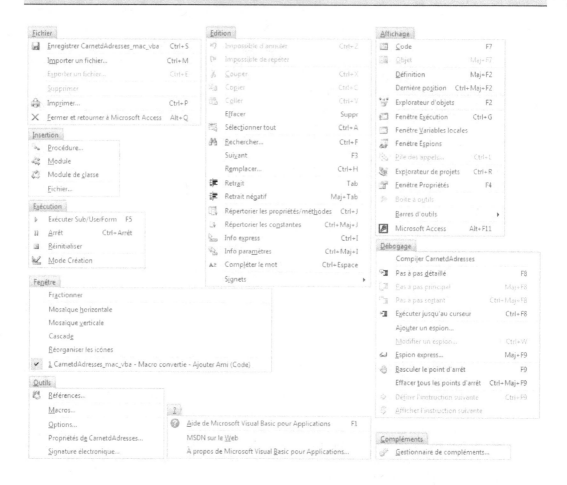

N.B. Certaines rubriques peuvent varier légèrement en fonction du contexte, selon qu'on est dans une procédure ou non et selon ce qu'on a fait précédemment ; ainsi *Edition - Impossible d'annuler* peut devenir *Edition - Annuler*, etc.

Vie d'un programme

2

Différentes façons de lancer une procédure

Mise au point d'un programme

Utiliser l'aide

L'explorateur d'objets

Récupération des erreurs

DIFFÉRENTES FAÇONS DE LANCER UNE PROCÉDURE

1 - PAR INSTRUCTION D'APPEL

Toute procédure peut être appelée depuis une autre procédure (ou fonction) par l'instruction d'appel de la forme :

```
[Call] <nom de la proc. appelée> [<arguments éventuels>]
```

Exemples :

```
Traitement 'il n'y a pas d'arguments
Calcul 5, 4       '2 arg. ; procédure supposée définie par :
                  'Sub Calcul (a as Integer, b as Integer)
```

Le mot-clé `Call` n'est presque jamais présent. Notez que la liste des arguments est entre parenthèses () dans la déclaration de la procédure, et sans parenthèse () dans l'appel. Les parenthèses () dans l'appel caractérisent une fonction ; si vous les mettez alors qu'il y a plusieurs arguments, il faut utiliser `Call`. Pour plus de détails sur ces points, voyez *Procédures, fonctions, arguments* au chapitre 4.

Cette manière de lancer une procédure est dite "méthode interne", mais elle pose une question : comment lancer la procédure appelante. On voit qu'il faut des méthodes "externes".

2 - PAR MENUS STANDARDS

Depuis l'écran Access

Lorsqu'on ouvre une base de données Access qui contient des programmes VBA, le comportement varie en fonction du niveau de sécurité choisi dans les options. Avec le niveau le plus conseillé, vous avez une barre en haut de l'écran :

- Si vous choisissez Activer le contenu vous pourrez essayer vos programmes.
- Si vous cliquez sur Du contenu actif a été désactivé, il vient la BDi de **Fichier** - *Informations* avec une partie d'avertissement :

- Cliquez sur *Paramètres du Centre de gestion de la confidentialité*. Il vient la même BDi que par **Fichier** - *Options* - *Centre de gestion de la confidentialité* - Paramètres du Centre de gestion de la confidentialité. Son onglet *barre des messages* doit être ainsi :

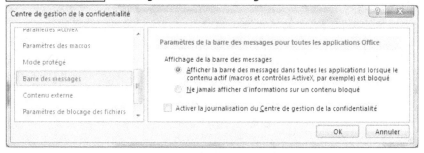

DIFFÉRENTES FAÇONS DE LANCER UNE PROCÉDURE

- Son onglet *Paramètres des macros* fixe le niveau de sécurité :

Paramètres des macros

1. ○ Désactiver toutes les macros sans notification
2. ⊙ Désactiver toutes les macros avec notification
3. ○ Désactiver toutes les macros à l'exception des macros signées numériquement
4. ○ Activer toutes les macros (non recommandé ; risque d'exécution de code potentiellement dangereux)

Le comportement que nous préconisons est obtenu avec l'option **②**. L'option **①** est pour les utilisateurs trop prudents. Si vous n'utilisez que les programmes de ce livre, vous pouvez choisir l'option **④**, ce qui vous évitera d'activer les contenus à chaque ouverture de base de données. Ce livre ne vous apprendra pas à créer des programmes à virus. Donc, le risque évoqué ici ne devrait pas trop nous effrayer. En revanche, avant tout essai de vos "œuvres", il est impératif que vous sauvegardiez le fichier, car il y a un risque réel de blocage de l'ordinateur suite à une erreur dans un programme VBA, même les exemples de ce livre : vous n'êtes pas à l'abri des fautes de frappe.

- Si vous utilisez aussi des bases de données "étrangères", choisissez l'option **②**, car **④** n'affiche aucune notification.

Cela étant, il n'est pas possible de choisir la procédure/fonction VBA à exécuter directement depuis l'écran Access, alors que c'est possible pour une macro.

Pour une procédure VBA, il faut combiner les méthodes 1 et 3 (ci-dessous). Ayant, disons, les procédures P1 et P2, vous créez un formulaire avec les boutons Commande1 et Commande2. Pour l'événement Sur clic de Commande1, vous appelez le générateur de code et écrivez la procédure Commande1_Click qui contient pour seule instruction l'appel de P1. Même chose pour P2.

Pour une fonction VBA, la technique est un peu plus simple : vous n'avez pas besoin de la procédure intermédiaire qui appelle la procédure P1 : ayant écrit la fonction FP1, vous fournissez comme valeur de la propriété « événement Sur clic » du bouton : =FP1() sans appeler ni générateur de code, ni générateur de macro. Si vous appelez le générateur d'expression vous pourrez choisir parmi la liste des fonctions déjà écrites.

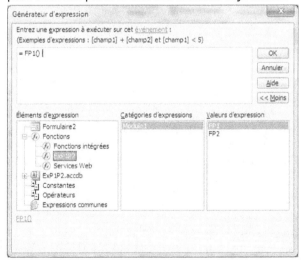

Ces diverses façons se trouvent dans la base ExP1P2.accdb que vous avez en téléchargement.

Depuis l'éditeur VBA

- Étant dans l'écran de VBA, faites afficher la fenêtre de module voulue si elle ne l'est pas déjà.
- Dans cette fenêtre, placez le curseur texte n'importe où à l'intérieur de la procédure voulue (entre Sub et End Sub).
- *Exécution – Exécuter Sub/User Form* ou touche de raccourci F5.

3 - PAR ÉVÉNEMENTS

Tout événement (clic, déplacement ou autre) peut être associé à une procédure/fonction qui sera exécutée à la survenance de l'événement. Si on fournit une procédure elle sera exécutée à l'arrivée de l'événement avant (ou, si la procédure le spécifie, à la place de) l'action standard du système pour cet événement. Cette action système peut être rien, auquel cas, si vous ne fournissez pas de procédure, votre application sera insensible à cet événement.

On distingue les *événements naturels* qui arrivent dans toute base de données (ex. ouverture d'un formulaire, entrée d'une valeur dans une zone de saisie, passage d'un contrôle à un autre *etc.*) et les *événements ad-hoc* qui sont introduits uniquement pour démarrer une certaine procédure par un simple clic, ce qui est beaucoup moins fastidieux que la méthode précédente.

Événements ad-hoc

On va créer un élément : bouton ou image dans un formulaire, bouton de barre d'outils, nouveau menu ou nouvelle rubrique de menu, et à l'événement clic sur cet élément on va associer la procédure que nous voulons lancer facilement. La personnalisation des barres d'outils et menus est discutée dans le chapitre *Boutons, barres d'outils et ruban*. Ici, nous ne regardons que le cas des boutons ou des dessins dans un formulaire. La première chose à faire est de créer un formulaire : s'il regroupe plusieurs éléments pour lancer différentes actions, il pourra servir de menu pour votre application. Nous supposons que votre formulaire est ouvert en mode Création.

- Pour implanter un contrôle bouton :
    - Cliquez sur l'outil Bouton ❶ dans ▭*Outils de création de formulaire Création-[Contrôles]* :

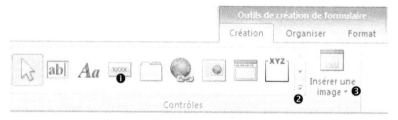

- Le curseur souris prend la forme d'une croix ; délimitez le rectangle du bouton par glissement souris sur le formulaire en création.
- Pour afficher la fenêtre de Propriétés, soit vous cliquez sur le bouton puis F4 ou ▭*Outils de création de formulaire Création-[Outils]- Feuille des propriétés*, soit clic droit sur le bouton et vous choisissez *Propriétés* dans le menu déroulant. Il est conseillé de changer le nom et la légende (libellé qui s'affiche sur le bouton) pour remplacer le libellé passe-partout par une mention spécifique du traitement (Ex. *Nouveau Client...*).
- Dans l'onglet Événement, définissez la propriété *Sur clic*. Pour une fonction (voir page précédente), il suffit de taper =<nom fonction>() ou clic sur **(...)** puis *Générateur d'expression* ; choisissez Fonctions et le nom de la base dans *Éléments d'expression* et la fonction voulue dans la liste.

DIFFÉRENTES FAÇONS DE LANCER UNE PROCÉDURE

- Pour une procédure, clic sur **(...)** puis *Générateur de code*. On passe alors à la fenêtre VBA et, dans un module intitulé Form_<nom du formulaire où se trouve le bouton>, on trouve l'enveloppe d'une procédure *<nom du bouton>_Click*. Il suffit d'y taper l'appel de la procédure à associer, c'est-à-dire son nom.
- Cliquez droit sur l'onglet du formulaire, *Enregistrer* puis *Fermer*.
- Pour implanter un contrôle dessin ou image :
  - Faites ☐*Outils de création de formulaire Création-[Contrôles]-Insérer une image* (❸)-*Parcourir* ou ☐*Outils de création de formulaire Création-[Contrôles]-* ❷ puis ❹ dans la galerie qui apparaît.

- Spécifiez le fichier image dans la BDi classique puis délimitez le rectangle qui recevra l'image.
- Cliquez sur l'image et, dans l'onglet Événement de la fenêtre des propriétés, procédez comme pour un bouton.

Événements naturels

Ce sont les événements pour lesquels il n'y a pas besoin de créer un objet à cliquer. Ces événements peuvent se produire d'office. Si vous ne fournissez pas de procédure affectée à un tel événement, c'est l'action normale du système qui prévaut. Si vous fournissez une procédure, elle est exécutée avant l'action système et elle peut éventuellement l'inhiber.

Ces procédures doivent être placées dans la fenêtre de code du module associé au conteneur de l'objet concerné. Ces fenêtres de code ont en haut deux listes déroulantes. Pour définir une telle routine, choisissez l'objet dans la liste de gauche, puis la routine dans la liste de droite.

- Pour un contrôle d'un formulaire, c'est le module de code du formulaire.

Principaux objets et événements :

Conteneur	Objet	Événements
Formulaire	Contrôle	`<Contrôle>_Click` : clic sur le contrôle
"	"	`<Contrôle>_Enter` : on arrive sur le contrôle
"	"	`<Contrôle>_Exit` : on quitte le contrôle
"	"	`<Contrôle>_Change` : on change la valeur du contrôle

Il y a aussi les événements BeforeUpdate, GotFocus, LostFocus, Dirty (mise à jour non encore enregistrée) plus les événements clavier KeyPress, KeyDown, KeyUp et les événements souris MouseMove, MouseDown, MouseUp et DblClick.

DIFFÉRENTES FAÇONS DE LANCER UNE PROCÉDURE

– Pour une table, on peut associer une « macro de données ». C'est une nouvelle fonctionnalité de la version 2010. Pour créer une telle macro, étant en mode création de la table voulue, appelez ⌐ *Outils de table Création-[Champ, enregistrement et événements de table]-Créer des macros de données.*

Choisissez l'événement dans la liste puis créez la macro : elle peut appeler une procédure VBA. La macro nommée n'est pas liée à un événement : elle est appelée sous son nom par une autre macro.

4 - PAR RACCOURCI CLAVIER

Une autre solution semble très séduisante : on peut associer une combinaison Ctrl, Alt ou Maj + Touche au déclenchement de l'exécution. Il faut que ce soit dans un formulaire ou un état.

En mode Création, donnez d'abord la valeur Oui à la propriété *Aperçu des touches* pour que les événements de touches clavier soient décelés au niveau du formulaire. Ensuite, cliquez sur **(...)** de *Sur touche appuyée* (KeyDown) du formulaire, choisissez le générateur de code et fournissez, par exemple :

```
Private Sub Form_KeyDown(KeyCode As Integer, Shift As Integer)
   If (KeyCode = vbKeyF9) And ((Shift And acCtrlMask) > 0) Then _
        MsgBox "Vous avez tapé Ctrl+F9"
End Sub
```

Bien sûr, au lieu du Msgbox de cet exemple, vous implantez l'appel de la procédure que vous voulez voir déclenchée par Ctrl+F9. Pour une touche de caractère imprimable, vous pouvez faire appel à l'événement *Sur touche activée* (KeyPress) en fournissant :

```
Private Sub Form_KeyPress(KeyAscii As Integer)
   If KeyAscii = Asc("a") Then MsgBox Chr(KeyAscii)
End Sub
```

L'inconvénient à notre avis rédhibitoire de ce dispositif est que si vous choisissez une combinaison qui a déjà une fonction, celle-ci disparaît et le système ne prévient absolument pas. Vous risquez ainsi de perdre irrémédiablement un raccourci extrêmement important. Ce qui modère un peu cet inconvénient, c'est que ce système ne fonctionne qu'à partir du formulaire concerné et qu'il faut que celui-ci soit ouvert. Il faut répéter l'installation si l'on veut que cela agisse dans plusieurs formulaires.

MISE AU POINT D'UN PROGRAMME

Une fois écrit, le programme ne donne pas forcément du premier coup les résultats souhaités. Différents comportements sont possibles au moment où on demande l'exécution pour un premier essai (redonnons d'ailleurs ce conseil qu'on ne répétera jamais assez : sauvegardez le fichier base de données avant de demander l'exécution) :

- le programme peut s'arrêter avant même d'avoir démarré en signalant une erreur de compilation (1) ;
- le programme s'arrête sur message d'erreur (2) ;
- le programme tourne indéfiniment (3) ;
- le programme s'achève, mais les résultats sont faux ; signalons que pour pouvoir déceler une telle erreur, il faut effectuer certains essais avec des données telles qu'on connaisse d'avance les résultats, ou qu'ils soient facilement calculables (4).

(1) Montre l'instruction en cause surlignée en jaune. Les erreurs de syntaxe concernées sont plus subtiles que celles qui sont décelées à l'écriture ; elles mettent souvent en jeu des incompatibilités entre plusieurs instructions alors qu'à l'écriture, l'analyse se limite à une instruction.

On peut faire apparaître ces erreurs en demandant *Débogage - Compiler* <nom du projet>. L'avantage par rapport à l'exécution est que ceci détecte toutes les erreurs de syntaxe alors que l'exécution ne donne que celles des instructions par où on est passé.

(2) Fait apparaître une BDi comme :

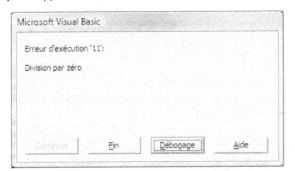

et le programme se trouve arrêté. Si le bouton Débogage est présent (il est absent si l'écran VBA n'est pas ouvert), et si vous cliquez dessus, vous passez à l'affichage du module et l'instruction en cause est surlignée en jaune. Nous verrons plus loin ce qu'on peut faire.

(3) Est vraisemblablement dû à une portion de programme qui boucle. Le plus souvent, on arrive à reprendre le contrôle par la combinaison Ctrl + Pause. On est alors ramené au cas précédent : une des instructions de la boucle en cause est surlignée. On peut donc voir quelle est la boucle infinie et, de là, comprendre si la condition d'arrêt est mal exprimée ou si les données qui y interviennent sont mal calculées.

(4) Est le plus difficile à gérer puisque là, c'est la logique du programme qui est en cause. Les outils à mettre en œuvre sont les mêmes que pour les autres cas.

OUTILS DE MISE AU POINT

Les outils offerts par VBA pour aider à comprendre les erreurs sont, d'une part des moyens d'affichage (info-bulles, fenêtre Variables locales, Pile des appels, Espions), d'autre part des moyens d'exécution (Pas à pas, Points d'arrêt, instruction Stop).

La fenêtre Exécution appartient aux deux catégories puisqu'on peut y afficher des données, mais aussi y taper des instructions. Ces moyens servent plus souvent en mode arrêt, mais certains peuvent être exploités pendant que le programme tourne et ce n'en est que mieux.

MISE AU POINT D'UN PROGRAMME

MOYENS D'AFFICHAGE

Info-bulles

Lorsque le programme est arrêté sur erreur, si vous amenez le curseur souris sur une variable dans la procédure où on se trouve, il apparaît une info-bulle qui donne la valeur.

L'exemple de code suivant sert à afficher le dialogue ; si vous amenez le curseur souris sur y, vous obtenez une info bulle $\boxed{y=0}$:

```
Sub Mauvaise()
Dim x As Double, y As Double, z As Double
    x = 5
    y = 0
    z = x / y
End Sub   y = 0
```

Fenêtre variables locales

On l'obtient par *Affichage – Fenêtre Variables locales* dans l'écran VBA. Elle donne la valeur des variables :

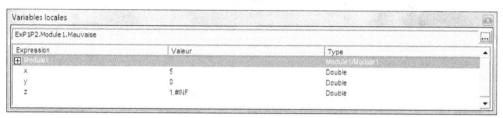

Un point très important est que vous pouvez modifier une valeur dans cette fenêtre : sélectionnez la valeur, modifiez-la puis cliquez ailleurs dans la fenêtre.

Pile des appels

Un clic sur le bouton [...] situé à l'extrême droite de la ligne du haut ou *Affichage – Pile des appels* donne une fenêtre qui affiche la succession des appels de procédures. C'est utile dans les cas les plus complexes.

Espions

- Sélectionnez la variable *y*.
- *Débogage – Ajouter un espion*. *y* apparaît comme expression espionne :

Les choix les plus intéressants sont les boutons radio. Ils parlent d'eux-mêmes.

MISE AU POINT D'UN PROGRAMME

Espion express

Si vous avez oublié de définir un espion avant que le programme ne s'arrête sur erreur, il est encore temps de :

- Sélectionnez l'expression voulue.
- *Débogage – Espion express*.

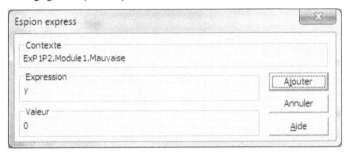

Un clic sur ┃ Ajouter ┃ ajoute l'expression comme espion.

MOYENS D'EXÉCUTION

Pas à pas

On peut demander l'exécution pas à pas, c'est-à-dire instruction par instruction. Ayant le curseur souris dans la procédure voulue, demandez *Débogage – Pas à pas détaillé*.

Ceci est extrêmement fastidieux et ne doit être utilisé qu'en dernier ressort si on ne comprend pas la cause de l'erreur. Un peu moins fastidieux sont (*Débogage –*)*Pas à pas principal* (qui exécute les procédures appelées à vitesse normale) et *Pas à pas sortant* (qui fait sortir de la procédure en cours à vitesse normale). En mode pas à pas, on avance d'une instruction par F8.

Points d'arrêt

Il peut être préférable d'introduire quelques points d'arrêt, par exemple avant un passage qu'on voudra surveiller particulièrement. Pour cela :

- Amenez le curseur sur l'instruction voulue.
- *Débogage – Basculer le point d'arrêt* (Raccourci F9). Cette même commande permet d'ailleurs de supprimer le point d'arrêt. Un point d'arrêt apparaît sous forme d'un point bordeaux dans la marge grise.

Supprimer les points d'arrêt

Nous venons de voir comment en supprimer un. Pour supprimer tous les points d'arrêt, c'est *Débogage – Effacer tous les points d'arrêt* (Ctrl+Maj+F9).

Exécuter jusqu'au curseur

Une autre commande qui fait le même effet qu'un point d'arrêt (mais il ne peut y en avoir qu'un) est *Débogage – Exécuter jusqu'au curseur* Ctrl+F8. Il faut bien sûr avoir préalablement placé le curseur dans la fenêtre module sur l'instruction voulue.

MISE AU POINT D'UN PROGRAMME

Instruction Stop

Les points d'arrêt ne sont pas conservés lorsqu'on sauve le programme. On peut à la place insérer des instructions `Stop` qui font arrêter le programme de la même façon et permettent tout autant d'examiner les variables et les espions.

Que faire après un arrêt ?

Après avoir éventuellement modifié certaines données, on peut :

– continuer pas à pas à coups de F8.

– reprendre l'exécution là où on est ; cela se fait par *Exécution – Continuer* ou F5 ou ▶.

– reprendre l'exécution à une autre instruction. Pour cela, il suffit de faire glisser à la souris la flèche jaune qui marque l'instruction où on en est dans la marge grise. Une autre manière est de cliquer sur l'instruction voulue puis *Débogage – Définir l'instruction suivante* ou Ctrl+F9.

– tout remettre à zéro, soit parce qu'on voudra réexécuter depuis le début, soit parce qu'on veut abandonner temporairement pour étudier le problème. Cela s'obtient par clic sur ▪ ou *Exécution – Réinitialiser* ou clic sur Fin dans la BDi de la figure page 33. Cela peut aussi avoir lieu si vous modifiez le programme : une BDi vous en prévient.

La fenêtre Exécution

En fait, la technique moins fastidieuse pour comprendre ce qui se passe dans un programme est de l'exécuter à vitesse normale, mais en insérant par endroits des ordres d'impression de données stratégiques. Pour cela, on peut utiliser `MsgBox`, mais cette instruction crée un arrêt ; exactement ce que nous voulons éviter. La solution est d'utiliser la fenêtre Exécution. Au lieu de `MsgBox <donnée>`, on utilise `Debug.Print <donnée>` et l'écriture se fera dans la fenêtre Exécution, sans causer d'arrêt. Les données à imprimer ainsi peuvent être des valeurs de variables, des textes du genre "On décèle l'événement ....", ou "On arrive à la procédure ...".

Pour visualiser la fenêtre Exécution dans l'écran VBA, faire *Affichage – Fenêtre Exécution.* (Ctrl+G).

<u>Le mode immédiat</u>

Une particularité très intéressante de la fenêtre Exécution est que vous pouvez y taper des instructions VBA. Chaque instruction sera exécutée dès que vous taperez Entrée. C'est ce qu'on appelle le mode immédiat.

L'instruction la plus utilisée dans ce contexte est `Print` (abrégé : ?) `<variable>`. Elle est intéressante car si l'on est en mode arrêt, les valeurs des variables avant l'arrêt sont connues, donc un `?<cette variable>` a autant d'efficacité que les espions et fenêtres Variables locales.

Par exemple, `? Screen.ActiveForm.Name` donne le nom du formulaire actif ; si ce n'est pas celui que vous avez prévu, vous avez bientôt compris pourquoi le programme ne fonctionne pas.

Vous pouvez aussi taper des instructions qui modifient des valeurs de variables ou des données dans les tables, et reprendre l'exécution avec les données modifiées à l'instruction que vous voulez.

Une autre possibilité de la fenêtre Exécution est qu'elle permet d'essayer des instructions : vous tapez l'instruction à essayer dans la fenêtre Exécution et vous vérifiez les effets.

L'instruction que vous essayez peut être l'appel d'une procédure, ce qui offre une manière supplémentaire de lancement à partir de l'écran VBA.

UTILISER L'AIDE

L'aide en ligne est un élément essentiel. Vous devez l'installer complètement. Si vous appartenez à une organisation où l'installation dépend du "service Informatique", vous devez obtenir qu'il installe l'aide en ligne.

L'aide intervient déjà dans le fait de proposer automatiquement de compléter les instructions lors de leur écriture. D'autre part, si vous tapez F1 après un mot-clé ou alors qu'il est sélectionné, l'aide sur ce mot-clé apparaît. En outre, les BDi qui apparaissent lors d'un arrêt ont un bouton [Aide] qui amène à une page en rapport avec le problème.

Appel direct de l'aide

- Vous devez être dans l'écran VBA, sinon, c'est l'aide sur Access que vous obtiendrez.
- *? – Aide sur Microsoft Visual Basic pour Applications* ou clic sur ⊙

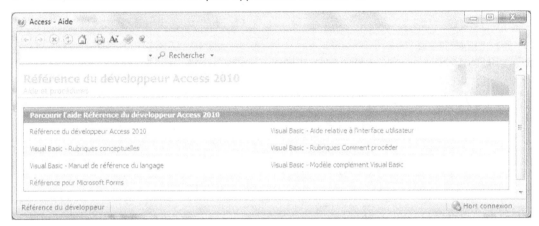

- Dans Référence du développeur Access 2010, vous aurez certainement à consulter les rubriques Référence du modèle objet Access et Référence des objets ADO... À part cela, les divisions les plus intéressantes sont :
  - Rubriques conceptuelles
  - Rubriques Comment procéder
  - Manuel de référence du langage

Dans cette dernière, les rubriques les plus significatives sont Constantes, Types de données, Fonctions, Index/Listes et Instructions.

Nous n'insistons pas sur le mode d'emploi de la navigation qui est classique : on développe une arborescence en cliquant sur le livre fermé et on la résorbe en cliquant sur le livre ouvert. Sinon, c'est un hypertexte classique.

La zone d'entrée *Rechercher* sert à taper un mot et le système propose des rubriques ou demande de reformuler la question.

Les versions antérieures à 2003 présentaient trois onglets : *Sommaire* qui jouait le rôle de la table des matières ci-dessus, puis *Aide intuitive* et *Index* maintenant remplacés depuis 2003 par la seule zone *Rechercher*.

L'EXPLORATEUR D'OBJETS

L'Explorateur d'objets est une extraordinaire source de renseignements, d'autant que la programmation VBA est surtout dépendante des objets de l'application hôte (Access dans notre cas).

- Dans l'écran VBA, faites *Affichage – Explorateur d'objets* (F2)

- Dans la première liste déroulante, choisir :
- – <Toutes bibliothèques>
  - Tapez le mot cherché dans la 2e liste déroulante.
  - Choisissez une classe ou un membre dans *Résultats de la recherche*.
  - Vous pouvez alors choisir un membre dans la dernière liste. Le type d'un membre se reconnaît à l'icône devant son nom :

  ☞ Propriété   ☞ Méthode   𝄢 Evénement

- – une des bibliothèques, par exemple VBA.
  - Choisissez une classe dans la liste *Classes*, puis un membre.

Une fois qu'un élément apparaît tout en bas, vous en avez déjà une description sommaire et, si vous tapez F1, vous aurez un écran d'aide sur cet élément.

RÉCUPÉRATION DES ERREURS

Il est très mauvais d'avoir un programme qui s'arrête sur une erreur, surtout s'il s'agit d'un développement pour un client, car les messages du système sont culpabilisants et laissent entendre qu'il y a une erreur de programmation. VBA permet au programme de garder le contrôle en cas d'erreur.

- Juste avant l'instruction (ou le groupe d'instructions) où l'erreur risque de se produire, implantez `On Error GoTo <étiquette>`. Après le groupe, implantez `On Error GoTo 0`.
- Après l'étiquette, on implante la routine de traitement de l'erreur. Elle contient sûrement des instructions `MsgBox` qui préviennent de l'erreur et sont moins rebutantes que le message normal du système.
- En principe, on sait quelle est l'erreur produite puisqu'on connaît les instructions qui suivent le `On Error`... Toutefois, on peut tester `Err.Number` pour vérifier que c'est l'erreur prévue. Par exemple, 11 est le numéro correspondant à la division par 0. `Err.Description` est une chaîne décrivant l'erreur.
- La routine doit se terminer par une instruction `Resume` :
    - `Resume` (tout court) fait revenir à l'instruction qui a causé l'erreur. Il faut donc que le traitement ait résolu le problème, sinon, elle se reproduit.
    - `Resume Next` fait revenir à l'instruction qui suit celle qui a causé l'erreur. Donc le traitement remplace celle-ci, ou on y renonce.
    - `Resume <étiquette>` (rarement employé) fait sauter à l'étiquette indiquée.
    - N'oubliez pas d'implanter un `Exit Sub` juste avant l'étiquette du traitement d'erreur, sinon, on tombe inopinément sur ce traitement.

Exemple : on essaie d'ouvrir un formulaire ; en cas d'impossibilité, on demande à l'utilisateur de fournir le bon nom. Le retour se fait sur l'instruction d'ouverture, puisque l'erreur est censée être corrigée.

```
Sub Ouvrir()
Dim FN As String
   FN = "Formulaire3"
   On Error GoTo TraitErr
   DoCmd.OpenForm FN
   On Error GoTo 0
. . . . . .
. . . . . .
   Exit Sub
TraitErr:
   FN = InputBox("Impossible d'ouvrir " + FN + _
     vbCr + "Entrez la bonne désignation")
   Resume
End Sub
```

Il y a un autre exemple page 98.

Manipulation des données

Désignation des données

Instruction d'affectation

Expressions et opérateurs

Déclarations de variables, types, tableaux

Traitements de chaînes de caractères

DÉSIGNATION DES DONNÉES

Toute opération d'un langage de programmation suppose d'agir sur des données. Pour qu'on puisse agir sur elle, une donnée doit être **désignée**. Puis, la principale action qu'on peut exercer sur une donnée est de lui donner une valeur résultant d'un calcul, c'est le rôle de l'**instruction d'affectation** qui sera vu dans la prochaine section.

VBA manipule deux sortes de données :

– des données propres au programme, que le programmeur introduit selon sa volonté, par exemple pour stocker un résultat intermédiaire,

– des données représentant des objets Access ou leurs propriétés : leurs désignations ne sont pas arbitraires, il faut bien manipuler les objets nécessités par le problème à traiter.

DONNÉES PROPRES AU PROGRAMME

Lorsque la donnée est connue du programmeur, on la désigne par une **constante**, lorsqu'elle n'est pas connue au moment de l'écriture du programme, on utilise une **variable**, ce qui est un des éléments les plus utilisés en VBA.

Constantes explicites ou littéraux

Puisqu'on connaît la donnée, il suffit de la citer. Par exemple, pour ajouter le nombre trois à la variable x, on écrira l'expression x + 3.

Selon l'écriture utilisée, VBA attribuera automatiquement le type le plus approprié.

Valeurs logiques

Les deux seules valeurs utilisables sont True et False. On devrait plutôt parler de constantes symboliques.

Valeurs entières

On écrit un simple nombre entier. Selon la valeur, le type Byte, Integer ou Long sera sous-entendu.

Valeurs réelles

Il y a une partie entière et une partie fractionnaire, **séparées par un point** (à la différence de ce qui a lieu dans l'écran Access). Ex. 1.5 sera considéré comme Single,

-7.000567891234 sera considéré comme Double. On peut aussi utiliser l'écriture <nombre>E<exposant> comme 0.15E10 (Single) ou 0.1E-200 (Double). On peut utiliser la lettre D pour forcer le type Double : 1.D0.

Dates

Un littéral de date se présente entre # : #1/1/04#   #1 Jan 2004#

Si vous mettez le nom du mois en entier, il faut le nom anglais.   #5 january 2004#

Chaînes de caractères

Les chaînes de caractères ou textes se présentent entre guillemets ("). Ex. "Bonjour"
"Le résultat est : "   "Dupont". Le texte que vous tapez sera mémorisé (et réutilisé ou ressorti plus tard) exactement comme vous l'avez tapé ; donc mettez les espaces et les majuscules exactement comme vous le voulez dans le résultat.

Chaîne vide

Deux guillemets consécutifs expriment la chaîne vide (""), chaîne qui a zéro caractère. Elle est souvent élément de comparaison dans des tests. Elle peut s'exprimer aussi par certaines fonctions dans le cas où le résultat est la chaîne vide comme Left("a",0).

DÉSIGNATION DES DONNÉES

Incorporer un guillemet dans la chaîne

Si vous tapez un ", VBA considèrera que c'est la fin de la chaîne. La solution est d'en mettre deux : l'instruction `MsgBox "Je vous dis ""Bonjour"""` fera afficher `Je vous dis "Bonjour"`.

Autre solution semblable à la méthode ci-dessous : concaténer Chr(34) qui est le " : `MsgBox "Je vous dis " + Chr(34) + "Bonjour" + Chr(34)`.

Incorporer un caractère spécial dans la chaîne

Le problème se pose pour les caractères qui ont une touche au clavier mais que l'éditeur VBA prend en compte de façon particulière (le principal est Entrée qui fait terminer la ligne), ou les caractères qui ne sont même pas au clavier. La solution est de concaténer Chr (<code caractère>). Pour certains caractères, il existe une constante symbolique prédéfinie. En voici quelques unes :

Caractère	Chr	Constante
Entrée ou ↵	Chr (13)	vbCr
Saut de ligne	Chr (10)	vbLf
Retour chariot +Nouvelle ligne	Chr (13)+Chr(10)	vbCrLf
Car. de code 0	Chr (0)	vbNullChar
Tabulation ⇆	Chr (9)	vbTab
Retour arrière ←	Chr (8)	vbBack

Vérifier le type d'une constante

Si vous voulez vous assurer que VBA interprète le type d'une constante comme vous le prévoyez, ouvrez une fenêtre Exécution et tapez `? TypeName(<constante>)`. Par exemple : `? TypeName(1.E0)` donne Single, `? TypeName(1.D0)` donne Double.

Constantes symboliques prédéfinies

VBA propose un grand nombre de constantes nominales prédéfinies dans pratiquement tous les domaines de programmation. `True` et `False`, les deux valeurs du type booléen, en sont. Les constantes représentatives de caractères ci-dessus en sont aussi. En voici quelques autres jeux :

Constantes générales

`Null`	Valeur d'une variable Variant qui ne contient aucune valeur valide
`Error`	Valeur d'une variable Variant pour signaler une erreur
`Empty`	Valeur d'une variable ou propriété non initialisée

Constantes de touches

`vbKeyReturn`	Touche ↵
`vbKeyShift`	Touche Maj
`vbKeyControl`	Touche Ctrl
`vbKeyEscape`	Touche Échap
`vbKeySpace`	Touche Espace
`vbKeyLeft`	Touche curseur gauche
`vbKeyUp`	Touche curseur haut
`vbKeyRight`	Touche curseur droite
`vbKeyDown`	Touche curseur bas
`vbKeyA....Z`	Touches lettres

DÉSIGNATION DES DONNÉES

Constantes de types de fichier

    `vbNormal, vbDirectory, vbHidden, vbSystem,` etc.

Constantes pour les BDi rudimentaires

    `vbOKOnly, vbYesNo, vbRetryCancel,` etc. décident quels boutons seront présents. `vbOK, vbCancel, vbAbort, vbRetry, vbIgnore, vbYes, vbNo` servent de valeur de comparaison pour savoir quelle réponse a été faite.

Cette liste n'est que partielle. Vous trouverez des compléments dans l'aide : *Visual Basic – Manuel de référence du langage/Constantes*. Les constantes propres à Visual basic commencent par vb, celles propres à Access commencent par ac ; il y a aussi mso (Office), xl (Excel) *etc.*

Constantes nominales créées par le programmeur

Le programmeur peut définir une constante nominale : désigner la constante par un nom parlant peut être plus clair que l'emploi d'un simple nombre. Par exemple, dans une routine d'impression où l'on veut tester si l'on a atteint la limite du nombre de lignes par page, une écriture de la forme `If ligne = NbLignesParPage ...` sera beaucoup plus parlante que `If ligne = 60 ...`

Créer une constante nominale

On procède à peu près comme pour déclarer une variable :

    `Const <nom> [As <type>]=<valeur>[,<autres définitions>...]`

Exemple : `Const NbLignesParPage = 60`

    `Const Rep As String = "C:\Clients", E As Double = 2.71828`

La clause `As <type>` est facultative si le type peut se déduire de la valeur imposée.

La constante s'utilise comme une variable, sauf que toute instruction susceptible de changer sa valeur est interdite, notamment l'affectation `<nom> = ...` Les règles concernant le nom sont les mêmes que pour une variable.

Variables

Dès qu'on a besoin de pouvoir manipuler une donnée inconnue qui n'est pas un objet Access, il faut pouvoir la désigner, donc introduire une variable. Une variable a :

- un *nom* qui sert à la désigner dans le programme,
- une *adresse* mémoire dont le programmeur n'a pas à se préoccuper (c'est l'avantage des langages de programmation évolués comme VBA),
- un *type* qui détermine le domaine de valeurs que la variable peut stocker,
- une *taille mémoire* décidée par le type et, surtout,
- une **valeur** qui, elle, est susceptible de changer au cours de l'exécution du programme, d'où le terme "variable" : ex. calcul d'un résultat par approximations successives.

Règles sur les noms de variables

Pour introduire une variable, la première chose est de lui attribuer un nom. Les noms sont arbitraires (c'est-à-dire choisis librement par le programmeur) sauf :

- Maximum 255 caractères (en fait, il est déraisonnable de dépasser 30).
- Le premier caractère doit être une lettre. Les lettres accentuées sont autorisées.
- Pas de caractères spéciaux point, espace, -, +, *, /, \ : En fait, pour séparer des parties du nom, utiliser le souligné _ (ex. `nom_client`).
- Les caractères %, &, !, $, #, @ ne peuvent être employés qu'en fin de nom et ils ont une signification particulière (voir les types).
- Pas de nom identique à un mot-clé (`If, For,` etc.). Certains noms prédéfinis peuvent être redéfinis, mais c'est déconseillé.

DÉSIGNATION DES DONNÉES

Vous pouvez utiliser les majuscules pour séparer les parties du nom. Si la première apparition du nom est *NomClient* et que vous tapez tout en minuscules, l'éditeur VBA substituera les majuscules. C'est un excellent moyen de déceler une faute de frappe : utilisez un peu de majuscules dans vos noms, tapez tout en minuscules et vérifiez que l'éditeur supplée des majuscules ; s'il ne le fait pas, c'est qu'il y a une faute de frappe.

<u>Quelques conseils sur les noms</u>

Le seul vrai conseil que l'on peut donner est d'employer des **noms parlants**, c'est-à-dire qui font comprendre de façon évidente le rôle que la variable joue dans le programme. `x` ne signifie rien alors que `RacineCherchée` a un sens. Bien sûr, VBA n'impose rien dans ce domaine : les noms lui sont indifférents.

Dans certains contextes de développement très professionnels, on suit des règles particulières de dénomination, avec des préfixes impliquant le type de la variable. Par exemple `intI`, `strNom`, ou `cTexte`, `nNuméro`, `dbIncrément`. Une telle notation est souvent appelée « hongroise » ; elle a été introduite avec les langages de la famille du C, mais elle est parfaitement utilisable en VBA. C'est pratique pour, par exemple, avoir la version chaîne et la version numérique d'une même donnée :

```
strNombrePages = TextBox1.Text            ' Le contenu d'une entrée
                                          ' texte dans une BDi est
intNombrePages = CInt(strNombrePages)     ' de type String :
                                          ' ici, il est converti
```

Voici les préfixes couramment utilisés pour les principaux types de données :

Catégorie	Type	Préfixe
Données simples	Boolean	bln
	Byte	byt
	Currency (monétaire)	cur
	Date	dt
	Double	dbl
	Integer	int
	Long	lng
	Single	sng
	String (chaîne de caractères)	str
	Défini par l'utilisateur	udt
	Variant	var
Objets	Object	obj
	Module de classe	cls
	Form	frm
	SubForm	fsub
	Report	rpt
	SubReport	rsub
	Macro	mac
	Module	mod
	Table	tbl
	Query (requête)	qry

DÉSIGNATION DES DONNÉES

Catégorie	Type	Préfixe
Contrôles de formulaire ou d'état	Field (champ)	fld
	Données ADO	ado
	CheckBox	chk
	ComboBox (Liste déroulante)	cbo
	CommandButton	cmd
	Frame (cadre)	fra
	OptionGroup	grp
	Image	img
	Label	lbl
	OptionButton	opt
	TextBox	txt

Notes :

On peut en plus faire précéder ces préfixes d'un indicateur de portée g ou p pour globale (Public), m pour module et l ou rien pour locale.

Nous n'utiliserons pas toujours ces préfixes dans les exemples de ce livre, mais vous ne devez pas hésiter à les employer si vous le jugez utile.

Déclarations de variables

En principe, toute variable est annoncée à VBA par une déclaration qui précise son type. Les déclarations de variables sont traitées dans la 3e section de ce chapitre.

DÉSIGNATIONS D'OBJETS

Objets prédéfinis

Les désignations des objets prédéfinis d'Access et de leurs propriétés ne sont pas arbitraires (c'est-à-dire définies par le programmeur), donc on peut les considérer comme des constantes symboliques prédéfinies. Elles obéissent au formalisme suivant, qui permet des désignations à étages où on passe d'un étage au suivant avec un point. Toute propriété se désigne par :

`<objet>.<propriété>`. Maintenant, une propriété peut elle-même être un objet, d'où : `<objet>.<sous-objet>.<propriété>` avec un nombre de niveaux quelconque. De fait, on ne parle de propriété que lorsqu'on est au dernier niveau et qu'on arrive à un élément de type booléen, numérique ou chaîne.

L'objet de niveau juste supérieur à un certain niveau s'appelle l'objet parent. Pour certains objets ou propriétés, le parent peut être sous-entendu dans la désignation. Ainsi, dans la plupart des désignations, l'objet *Application*, qui est au sommet de la hiérarchie et représente l'application Access elle-même, peut être sous-entendu.

Exemples

Quelques propriétés concernant les contrôles d'un formulaire : l'objet *Application* étant sous-entendu, le contenu d'un contrôle se désigne par :

`<désign. formulaire>.<désign. contrôle>.Value` ou `<désign. formulaire>.<désign. contrôle>.Text` si c'est une zone d'entrée texte.

Exemple : `Forms("Formulaire1").Controls("TextBox1").Text`.

DÉSIGNATION DES DONNÉES

Si on se trouve dans le module de classe du formulaire (module où se placent les procédures événementielles associées), la désignation du formulaire (`Forms`…) est facultative ou elle peut être remplacée par `Me`. La propriété qui représente la valeur contenue dans une zone de texte est `Value` ou `Text`. Pour une étiquette, le texte contenu est la propriété `Caption`.

Pour accéder au contenu d'une table, elle doit être ouverte et, alors, elle est désignée par `Screen.ActiveDatasheet`. À ce moment, la valeur du champ <nom> de l'enregistrement sélectionné est : `Screen.ActiveDatasheet.Recordset.Fields(<nom>).Value`.
Exemple : `Screen.ActiveDatasheet.Recordset.Fields("Age").Value`

Cela n'était que quelques exemples : il y en a plus au chapitre 5.

Objets collection

Certains exemples ci-dessus font appel à des noms avec un « s » : ce sont des collections d'objets. Par exemple `Forms` est un ensemble d'objets de type `Form` (sans « s »), collection de tous les formulaires ouverts. `Controls` est la collection des (`Control`) contrôles du formulaire parent.

Un objet individuel se désigne par :

- `<nom collection>(<numéro>)` (analogue à un élément de tableau indicé – mais dans ce cas les indices commencent toujours à 1). `Fields(1)` est le 1er champ.
- ou `<nom collection>("<nom>")`, exemple : `Forms("Formulaire1")` ou `Fields("Age")`.

Dans ce livre, nous n'utiliserons que cette notation avec le nom. Les notations <nom collection> !<nom sans "> ou <nom collection> ![<nom >] existent mais nous les déconseillons.

Tout objet collection a une propriété `Count` qui est le nombre d'éléments. La plupart des objets ont une propriété `Name` : pour un Formulaire, c'est le nom sous lequel il est enregistré ; pour ActiveDatasheet, c'est le nom de la table ; le nom peut servir à individualiser l'objet dans sa collection.

Méthodes

Après un objet, au lieu d'une propriété, on peut indiquer une *méthode*. Une méthode est une fonction ou une procédure attachée à un objet. Elle peut avoir des arguments.

`Screen.ActiveDatasheet.Recordset.MoveFirst` sélectionne le 1er enregistrement de la table.

Variables objets

On peut définir une variable susceptible de désigner un objet. Le type est spécifié par une instruction `Dim`, et est à choisir parmi `Object` (objet en général), `Form` (formulaire), `TextBox` (zone d'entrée de BDi), `Control` (contrôle en général), etc.

Ces variables permettent surtout de simplifier les écritures car une telle variable peut remplacer une longue désignation à étages, surtout si l'objet doit être appelé plusieurs fois. Exemple :

```
Dim rst As Object
Set rst = Screen.ActiveDatasheet.Recordset
rst.MoveFirst
Age = rst.Fields("Age").Value
```

et, partout où il faudrait écrire : `Screen.ActiveDatasheet.Recordset`, `rst` le remplace en bien plus court.

INSTRUCTION D'AFFECTATION

Après avoir désigné une donnée, on peut lui affecter une valeur par une **instruction d'affectation**.

AFFECTATION ARITHMÉTIQUE

C'est une des instructions les plus importantes de tout le langage : toute action pour modifier une donnée ou un objet passe par elle. Elle est de la forme :

`<variable> = <expression arithmétique>`

(exemple : `z = x * 0.012`)

L'expression arithmétique définit un calcul à faire. L'expression est calculée et le résultat stocké dans la variable indiquée. Le signe = peut donc se lire "prend la valeur" ou encore "nouvelle valeur de la variable égale résultat de l'expression". Le signe = joue un rôle dissymétrique : les variables qui figurent dans l'expression à droite sont seulement utilisées pour le calcul, elles ne sont pas modifiées ; la variable à gauche du signe = voit, elle, sa valeur modifiée :

`n = n + 1` augmente de 1 la valeur de n (nouvelle valeur de n = ancienne valeur +1).

Les variables à gauche du signe = et celles à droite peuvent aussi être des propriétés d'objets ; ceci permet de consulter des valeurs dans des formulaires ou de les modifier, ou encore d'agir sur des objets en changeant les propriétés :

`Remise = 0.1 * rst.Fields("Prix").Value` récupère la valeur du prix dans l'enregistrement courant de la table active et en calcule les 10 %.

`Label1.Caption = "Nom Client"` met le libellé Nom Client dans l'étiquette Label1 du formulaire (on est dans son module).

Les règles de calcul des expressions sont décrites dans le module suivant.

Conversion de type lors de l'affectation

Le résultat de l'expression a un type, et la variable réceptrice de l'affectation aussi. S'ils sont différents, le résultat sera converti vers le type de la variable. Si l'on convertit vers un type moins riche, il y aura perte d'information (exemple : de réel vers entier on perd les décimales). De numérique vers chaîne de caractères, il faut toujours utiliser une fonction de conversion : `Varchaine = Cstr(Nombre)` . Il faut en outre que la conversion soit possible : vers un type de plus faible capacité ou de chaîne vers numérique, ce n'est pas toujours le cas (une chaîne ne représente pas toujours un nombre).

AFFECTATION D'OBJETS

L'affectation d'une valeur arithmétique à une propriété d'objet fait partie de la section ci-dessus. L'affectation d'objet revient à affecter un pointeur vers l'objet concerné :

`Set <variable de type objet> = <désignation d'objet>`

```
Dim rst As Object
Set rst = Screen.ActiveDatasheet.Recordset
```

Le pseudo-objet `Nothing` signifie "aucun objet". Par exemple l'affectation `Set rst = Nothing` libère la variable.

INITIALISATION DES VARIABLES

À part sa déclaration, la première utilisation d'une variable doit être l'affectation d'une valeur (initiale) ou **initialisation**. Cette initialisation doit avoir lieu, sinon, le programme démarre avec des valeurs non décidées par le programmeur et, donc, peut calculer faux.

En VBA le mal est un peu atténué : on sait que les variables numériques ont par défaut la valeur 0, les chaînes la valeur chaîne vide, les cellules et les Variants la valeur `Empty`.

EXPRESSIONS ET OPÉRATEURS

Une expression arithmétique est l'indication d'un calcul à faire. Dans tous les cas elle est évaluée et c'est le résultat qui est utilisé. En VBA, on trouve des expressions arithmétiques :
- Soit à droite du signe = dans une affectation ; le résultat est affecté à la variable à gauche du signe =.
- Soit parmi les arguments d'une procédure ou fonction ; le résultat est calculé et la procédure ou la fonction travaillera avec ce résultat parmi ses paramètres.
- Une expression à valeur entière peut se trouver comme indice d'un tableau.
- Des expressions logiques se trouvent dans les instructions de structuration `If`, `While`, `Do`. Une expression de n'importe quel type gouverne une instruction `Select Case`.

Une expression combine des opérateurs et des opérandes. Tout opérande peut être de la forme (`<sous-expression>`) ce qui permet de rendre l'expression aussi complexe que l'on veut. L'ordre d'évaluation de l'expression est déterminé par le niveau de priorité des différents opérateurs et par les niveaux de parenthèses imbriquées. Lorsque deux opérateurs sont identiques ou de même priorité, c'est le plus à gauche qui agit en premier. N'hésitez pas à employer des parenthèses pour forcer l'ordre que vous souhaitez, ou même des parenthèses redondantes pour clarifier l'expression.

Normalement, les opérateurs sont séparés par des espaces, mais si vous ne les tapez pas, l'éditeur VBA les suppléera.

Opérateurs Arithmétiques

Dans l'ordre de priorité décroissante. Les traits séparent les niveaux.

^	Élévation à la puissance	
-	Prendre l'opposé	
*	Multiplication	
/	Division réelle	5/3 donne 1.6666...
\	Division entière	5\3 donne 1
Mod	Reste de la division	5 Mod 3 donne 2
+	Addition	
-	Soustraction	
&	Concaténation de chaînes (+ convient aussi)	

Comparaison

Tous au même niveau, inférieur aux opérateurs arithmétiques.

=	Égalité
<>	Différent
<	Inférieur
<=	Inférieur ou égal
>	Supérieur
>=	Supérieur ou égal
Like	Dit si une chaîne est conforme à un modèle (avec jokers)
	`"Bonjour" Like "Bon*"` donne `True` (vrai)
Is	Identité entre deux objets

EXPRESSIONS ET OPÉRATEURS

Logiques

Dans l'ordre de priorité décroissante ; tous inférieurs aux opérateurs de comparaison.

Not	Contraire	Not True donne False
And	Et logique	vrai si et seulement si les deux opérandes sont vrais
Or	Ou inclusif	vrai dès que l'un des opérandes est vrai
Xor	Ou exclusif	vrai si un des opérandes est vrai mais pas les deux
Eqv	Equivalence	vrai si les deux opérandes sont dans le même état vrai ou faux
Imp	Implication	a Imp b est faux si a vrai, b faux ; vrai dans les autres cas.

L'évaluation d'une fonction et l'évaluation du contenu d'une paire de parenthèses sont plus prioritaires que les opérateurs. Quelques exemples :

5 + 3 * 4 donne 17

(5 + 3) * 4 donne 32

7 < 5 + 3 donne vrai (5+3 est calculé d'abord et il est vrai que 7<8)

(7 < 5) + 3 donne 3 (7<5 est faux donc 0 converti en entier avant d'être ajouté).

Les opérandes

Les opérandes peuvent être :

— Toute sous-expression entre parenthèses, par exemple (a * x + b - 3 * c)
— Une constante explicite ou symbolique
— Une variable simple ou indicée, par exemple Montant   Mat(I, 5*J-4)
— Une propriété d'objet, par exemple TextBox1.Text
— Un appel de fonction avec ou sans arguments, par exemple Rnd   Sin(xrad) Left(NomClient,1)

Dans le cas d'une fonction, si les arguments sont sous forme de sous-expressions, celles-ci sont évaluées d'abord, la fonction travaille avec les valeurs obtenues et le résultat est utilisé dans l'expression.

Questions de types

La liste complète des types est dans le module qui suit. On a une notion intuitive des types et de leur ordre du plus petit (qui porte le moins d'information et occupe le moins de mémoire) au plus grand (le plus précis, le plus riche) : booléen < entier < long < single < double...

La conversion d'un type plus petit vers un plus grand conserve l'information tandis que la conversion vers un plus petit peut entraîner une perte : 1 converti en réel donnera 1.000... tandis que 1.23456 converti en entier donnera 1. Pour les booléens convertis en numérique, Faux donne 0, Vrai donne 1.

Lorsque deux opérandes sont confrontés pendant l'évaluation d'une expression, s'ils sont de même type, l'opération se fait dans ce type, sinon, il y a conversion automatique vers le type le plus fort. Exceptions : la division / pour deux entiers donne un réel ; pour ^, si la puissance est négative, le nombre à élever doit être positif.

Si la conversion automatique n'a pas lieu — c'est le cas pour les types chaînes de caractères et dates —, il faut employer des fonctions de conversions explicites. Explicite ou automatique, la conversion ne se fera que si la donnée est convertible : la chaîne "ABCDEF" ne pourra jamais être convertie en nombre. Dans le cas d'une concaténation entre chaîne et nombre, si vous employez +, VBA essaiera de convertir la chaîne en numérique, si vous employez &, il essaiera de convertir le nombre en chaîne.

DÉCLARATIONS DE VARIABLES, TYPES, TABLEAUX

DÉCLARATIONS DE VARIABLES

Obligation de la déclaration

Il est possible en VBA d'utiliser des variables sans déclaration préalable : à la première utilisation, VBA prend le nom en compte en tant que variable. Mais ceci est formellement déconseillé, et on recommande vivement de rendre obligatoire la déclaration des variables par la directive `Option Explicit` placée en tête de module. Ceci a deux avantages :

- 1) Gain d'efficacité : une variable non déclarée a toujours le type `Variant` alors qu'une variable déclarée a presque toujours un type déterminé ; elle prend donc moins de place en mémoire et ses manipulations sont plus rapides.
- 2) Aide à déceler certaines erreurs : si vous faites une faute de frappe dans le nom d'une variable, en l'absence d'obligation de déclaration, VBA considérera qu'il y a une nouvelle variable et le programme calculera faux puisque certaines opérations qui devaient être effectuées sur la donnée seront faites sur l'autre variable ; en présence de l'obligation de déclaration, il y aura un message d'erreur ("variable non déclarée") qui vous conduira à corriger immédiatement la faute.

Place de la déclaration

La seule obligation est que la déclaration se trouve avant toute utilisation de la variable. Mais, sauf pour `Redim`, nous conseillons de **regrouper toutes les déclarations en tête** de procédure ou de fonction. Quant à `Public` et `Private`, elles doivent être en tête de module avant toute procédure ou fonction.

La déclaration Dim

La principale déclaration de variable est `Dim`, de la forme :

```
Dim <nom1> [As <type>] [,<nom2> [As <type>] ]…
```

Il peut y avoir autant de groupes `<nom> As <type>` que l'on veut ; ils sont séparés par des virgules :

```
Dim NomClient As String
Dim x
Dim rst As ADODB.Recordset
Dim A As Integer, B As Integer, C As Single, D As Boolean
Dim I, J, K As Integer
```

Le principal rôle de la déclaration `Dim` est d'indiquer le type de la variable, ce qui implique la taille mémoire qui lui sera réservée et la gamme des valeurs qu'elle pourra prendre.

Si la clause `As` est absente, le type est `Variant`, c'est-à-dire "type indéterminé au moment de l'écriture du programme". En principe, on n'écrit pas … `As Variant` (mais on peut), on omet la clause `As`. Une variable non déclarée est d'office `Variant`. Le type `Variant` admet n'importe quel type de donnée : nombre, tableau, matrice.

L'existence du type `Variant` et la façon de le spécifier empêchent de "mettre en facteur" une clause `As` sur plusieurs variables (alors que les versions primitives de Basic le permettaient, ce qui économisait des écritures). Dans la 5e déclaration ci-dessus, seule K est entière ; I et J sont des Variants ; si les trois doivent être entières, il faut écrire :

```
Dim I As Integer, J As Integer, K As Integer.
```

Les noms sont choisis comme vu au début du chapitre. On ne doit en aucun cas déclarer le même nom deux fois dans le même domaine de portée, même si on attribue le même type.

DÉCLARATIONS DE VARIABLES, TYPES, TABLEAUX

Le mot-clé `Dim` peut être remplacé par `Public` (qui rend la variable accessible depuis d'autres modules), `Private` (qui rend la variable inaccessible depuis d'autres modules) et `Static` (qui garde la valeur d'une exécution à l'autre de la procédure).

LES TYPES

Les types attribuables par la clause `As` peuvent tout aussi bien être des types objets. Ici, nous ne traitons que les types "arithmétiques".

Nom	Taille mémoire	Nature et gamme de valeurs
Byte	1 octet	Entier de 0 à 255
Boolean	2 octets	Booléen : valeur logique `True` ou `False`
Integer	2 "	Entier -32 768 à +32 767
Long	4 "	Entier long -2 milliards à + 2 milliards (inutile de retenir les valeurs exactes !!!)
Single	4 "	Réel simple précision : 7 chiffres significatifs <0 : -3.xxE38 à 1.4xxE-45 >0 :1.4xxE-45 à 3.xxE38
Double	8 "	Réel double précision : >14 chiffres significatifs <0 : -1.79xxxxE308 à -4.94xxxxE-324 >0 : 4.94xxxxE-324 à 1.79xxxxE308
Currency	8 "	Monétaire : on a 4 décimales et la valeur absolue de la partie entière peut aller jusqu'à 9 millions de milliards !!!
Decimal	12 "	On peut avoir jusqu'à 28 décimales ***Usage non recommandé***
Date	8 "	Dates du 1/1/0100 au 31/1/9999 Heures de 0h00m00s à 23h59m59s
String	10 octets + longueur chaîne	Chaîne de caractères de longueur indéterminée (max. 2^31 caractères)
String*n	longueur chaîne	Chaîne de caractères de longueur indiquée dans la déclaration (max. 65 536 caractères) ***Usage non recommandé***

Il faut en principe choisir le type le plus petit compatible avec les données que la variable doit renfermer. Inutile de prendre un type réel si l'on est sûr que les données seront toujours entières. Toutefois, il faut prendre un type suffisant : par exemple, pour une variable `Ligne` qui doit représenter un numéro de ligne (enregistrement) dans une table, il faut un type entier, mais Integer ne suffit pas car il va jusqu'à 32 000, alors qu'un numéro d'enregistrement peut être beaucoup plus grand ; donc, sauf si on est sûr de n'avoir que peu d'enregistrements, la déclaration sera `Dim Ligne As Long`.

La déclaration comme `Dim x As String*15` déclare x comme chaîne dont la longueur sera limitée à 15 caractères. Le type `String` sans limitation est plus souple.

DÉCLARATIONS DE VARIABLES, TYPES, TABLEAUX

Types définis automatiquement

<u>Type impliqué par la première lettre</u>

On utilise une instruction de la forme :

`Def<type abrégé> <lettres>[,<lettres>]`

Où <type abrégé> est une désignation de type parmi `Bool` (Boolean), `Byte` (Byte), `Cur` (Currency), `Date` (Date), `Dbl` (Double), `Int` (Integer), `Lng` (Long), `Obj` (Object), `Sng`. (Single), `Str` (String), `Var` (Variant) et <lettres> représente une lettre ou un intervalle comme A-D (qui équivaut à A, B, C, D).

Toute variable commençant par une des lettres citées ou appartenant à un des intervalles sera du type spécifié.

Exemple : `DefInt I-N` fait que toute variable commençant par I, J, K, L, M, ou N sera Integer.

<u>Type impliqué par suffixe</u>

Les variables dont le dernier caractère est @, #, %, &, ! ou $ ont leur type défini d'office selon : @ (Currency), # (Double), % (Integer), & (Long), ! (Single) et $ (String). On est même dispensé de la déclaration, chose que nous avons déjà déconseillée. De fait, ce procédé, qui est une survivance des versions les plus primitives de Basic, n'est plus de mise avec un langage devenu très moderne.

LES TABLEAUX

On peut définir une variable qui, sous un seul nom, permet de manipuler plusieurs données (qu'on appellera "éléments"). C'est un tableau. Il est déclaré par :

`Dim <nom>(<dimension1>[,<dimension2>[,...]]) As <type>`

Cette fois, la déclaration est obligatoire. `Dim` peut être remplacé par `Public`, `Private` ou `Static`. Le nom suit les règles des noms de variables. Il peut y avoir jusqu'à 60 dimensions, mais il est déraisonnable de dépasser 3 ou 4 ne serait-ce que pour des raisons d'occupation mémoire. Un élément est désigné par `<nom>(<indices>)` où chaque indice est un numéro ; il y a un indice pour chaque dimension. Enfin <type> est le type de chaque élément. Tous les types sont utilisables. Les <dimensions> se spécifient :

- soit par un nombre
- soit par `<limite inférieure> To <limite supérieure>`
- si les dimensions sont laissées vides (`Dim A()`), on a un tableau variable ; si ni dimension, ni type ne sont indiqués, on a un tableau libre (équivalent à Variant).

Dans la première hypothèse, le nombre spécifie la limite supérieure. La limite inférieure est définie par la directive `Option Base 0` ou `1`. (C'est 0 par défaut). Avec 0, le nombre d'éléments est le nombre spécifié + 1. De fait, les programmeurs gardent souvent l'option par défaut, tout en n'utilisant jamais l'élément numéro 0.

Un indice peut être n'importe quelle expression à valeur entière, simple constante (4), variable (K) ou calcul par exemple 3*I + 4.

Ex. `Dim Vecteur(3) As Single, Matrice(10, 10) As Integer`
    `Dim NomsClients( 25 To 40) As String,T(),NC`

Une composante du Vecteur serait V(2). Un élément de la matrice pourrait être Matrice(I, J). Dans une telle matrice, VBA ne spécifie aucunement lequel des indices est celui de ligne et lequel l'est de colonne : c'est la façon dont vous écrivez votre traitement qui le décide. T et NC sont des tableaux libres. `NomsClients(Numéro)` = `"Dupont"` définit le nom du client de numéro *Numéro*.

DÉCLARATIONS DE VARIABLES, TYPES, TABLEAUX

Initialisation – Fonction Array

Une désignation d'élément de tableau peut figurer à droite d'un signe = pour utiliser l'élément, ou à gauche pour lui affecter une valeur. Pour l'initialisation, il faut soit une affectation pour chaque élément, soit utiliser la fonction `Array` (ce qui exige un tableau libre) :

```
Vecteur(1) = 1.5
Vecteur(2) = 4.5
Vecteur(3) = 12.78
T = Array(1, 2, 3)
NC = Array("Dupont", "Durand", "Duval")
```

Objets collection

Un objet collection est géré comme un tableau. Ainsi `Forms` est la collection de tous les formulaires ouverts (objets de type `Form`), `Controls` est la collection de tous les contrôles d'un certain formulaire. Un élément peut être désigné à l'aide d'un indice numérique (le premier indice est toujours 1, sans tenir compte de `Option Base`) mais il est plus commode d'employer le nom de l'élément.

```
...Forms(1)...
Nf=1
...Forms(Nf)...
...Forms("Formulaire1")...
NomForm="Formulaire1"
...Forms(NomForm)...
...Controls("TextBox1").Text...
```

© Tsoft/Eyrolles – VBA pour Access 2007 & 2010

TRAITEMENTS DE CHAÎNES DE CARACTÈRES

Ces traitements sont très importants car beaucoup de données sont par essence de type chaîne de caractères (exemple : le nom d'un client, l'état d'un compte Débiteur ou Créditeur). Par ailleurs, beaucoup de propriétés d'objets sont de type chaîne même si la donnée est numérique ; c'est le cas du contenu d'une zone d'entrée dans une BDi (formulaire) : `TextBox1.Text` est une chaîne, à convertir si l'on veut récupérer un nombre.

DONNÉES CHAÎNES

Une variable chaîne se déclare par `Dim Texte As String`. Nous déconseillons l'emploi des variables chaînes à longueur limitée (ex. `Dim Nom As String*10`).

Les constantes chaînes se présentent entre guillemets ("). Exemple : "Des mots...Des mots...". Les majuscules et les espaces comptent en ce sens qu'ils seront répétés tels quels. VBA ne fait aucune analyse syntaxique dans les guillemets. Rappelons que si une telle chaîne doit être à cheval sur deux lignes, il faut la scinder en deux parties concaténées.

Un paramètre important d'une chaîne est sa longueur = nombre de caractères. La chaîne de longueur 0 est la chaîne vide, notée "", élément neutre de la concaténation.

OPÉRATIONS SUR LES CHAÎNES

Une donnée chaîne peut être utilisée dans une expression à droite du signe =. Elle peut figurer à gauche pour recevoir une valeur : `Nom = "Dupont"`.

La seule opération définie sur les chaînes est la **concaténation** (= mise bout à bout : "Bon"+"jour" donne "Bonjour"). En toute rigueur, l'opérateur de concaténation est **&**, mais on peut aussi employer **+**. Le comportement est différent en cas de mélange avec numérique :

chaîne & chaîne	donne chaîne
chaîne + chaîne	donne chaîne
chaîne & nombre	donne chaîne (le nombre est converti)
chaîne + nombre	donne message d'erreur
nombre & nombre	donne message d'erreur
nombre + nombre	donne nombre

INSTRUCTIONS SUR LES CHAÎNES

On suppose
```
Ch1 = "123456789"
Ch2 = "wxyz"
Ch3 = "abcdefghijklmn"
```

`LSet <chaîne1> = <chaîne2>`

met la chaîne2 à gauche dans chaîne1. Si chaîne2 est plus courte que chaîne1, on complète par des espaces, si elle est plus longue, on ne prend que le nombre de caractères de chaîne1, `Len(<chaîne1>)`. Avec les initialisations ci-dessus :

`LSet Ch1 = Ch2` donne Ch1 = "wxyz□□□□□"

`LSet Ch1 = Ch3` donne Ch1 = "abcdefghi"

`RSet <chaîne1> = <chaîne2>`

met la chaîne2 à droite dans chaîne1. Si chaîne2 est plus courte que chaîne1, on complète par des espaces ; si elle est plus longue, on ne prend que le nombre de caractères de chaîne1, `Len(<chaîne1>)`, mais à partir de la gauche, donc le résultat est le même que Lset. Avec les initialisations ci-dessus :

`RSet Ch1 = Ch2` donne Ch1 = "□□□□□wxyz"

`RSet Ch1 = Ch3` donne Ch1 = "abcdefghi"

`Mid(<chaîne1>,<départ>[,<longueur>]) = <chaîne2>`

remplace dans chaîne1, à partir de la position départ, longueur caractères pris dans chaîne2. Si <longueur> n'est pas fourni, on considère toute la chaîne2. Si le nombre de caractères à installer dépasse la taille disponible, on ne prend que ce qu'il faut.

Avec les initialisations ci-dessus :

`Mid(Ch1,3) = Ch2` donne Ch1 = "12wxyz789"

`Mid(Ch1,3) = Ch3` donne Ch1 = "12abcdefg"

`Mid(Ch1,3,2) = Ch3` donne Ch1 = "12ab56789"

`Mid(Ch1,1) = Ch2` donne Ch1 = "wxyz56789". C'est cette solution et non `Lset` qui convient pour installer une sous-chaîne à gauche en gardant les caractères de droite.

Fonctions Chaînes

Celles de ces fonctions dont le résultat est une chaîne existent sous deux versions : <nom> et <même nom>$. La version avec $ est de type String alors que la version sans $ gère les chaînes en tant que Variants. La version $ est un peu plus efficace mais elle donne un aspect tellement démodé aux programmes que les programmeurs emploient plutôt les noms sans $. Nous ne citons qu'eux dans la suite. Nous omettons quelques fonctions vraiment peu utiles.

Fonctions d'extraction

`Len(<chaîne>)`

fournit la longueur (= nombre de caractères) de la <chaîne>. `Len("Bonjour")` vaut 7. Len est de type Long car les chaînes peuvent dépasser 32000 caractères.

`Left(<chaîne>,<n>)`

fournit les <n> caractères les plus à gauche de la <chaîne>. `Left("Bonjour",3)` donne "Bon". Si <n> est supérieur à la longueur, on obtient toute la <chaîne>. Si <n> vaut 0, on obtient la chaîne vide.

`Right(<chaîne>,<n>)`

fournit les <n> caractères les plus à droite de la <chaîne>. `Right("Bonjour",4)` donne "jour". Si <n> est supérieur à la longueur, on obtient toute la <chaîne>. Si <n> vaut 0, on obtient la chaîne vide.

`Mid(<chaîne>,<d>[,<n>]`

fournit les <n> caractères extraits de la <chaîne> à partir de la position <d>. `Mid("Bonjour",4,2)` donne "jo". Si <n> n'est pas spécifié ou est supérieur au nombre de caractères restants après <d>, on obtient toute la chaîne restante. Si <n> vaut 0, on obtient la chaîne vide.

Dans toutes ces questions, les positions de caractères sont comptées de gauche à droite à partir de 1. `Mid (Texte,I,1)` est très importante : c'est le I^e caractère de Texte, ce qui permet d'analyser une chaîne caractère par caractère.

Fonctions de test

`InStr([<d>,]<chaîne>,<sous-chaîne>)`

indique si <sous-chaîne> se trouve dans <chaîne> ; si non, le résultat est 0, si oui le résultat est la position où commence la première concordance. <d> est la position où commencer la recherche, 1 par défaut. `Instr("Bonjour","jour")` donne 4 ;

`InStr("Bonjour","Jour")` donne 0 (à cause du J majuscule) ;

`InStr("ABRACADABRA","BRA")` donne 2 ; `InStr(3,"ABRACADABRA","BRA")` donne 9.

`InStrRev(<chaîne>,<sous-chaîne>[,<d>])`

Agit comme `InStr` sauf que la recherche se fait en d'arrière en avant. Si Rep est le chemin d'accès à un dossier, `Left(Rep, InStrRev(Rep,"\")-1)` fournit le dossier père.

`IsDate(<chaîne>)`

est vraie si la <chaîne> peut représenter une date. `IsDate("10/10/04")` est vraie.

`IsNumeric(<chaîne>)`

est vraie si la <chaîne> peut représenter un nombre. `IsNumeric("1000 Euros")` est fausse mais `IsNumeric("1000 €")` est vraie car l'argument s'interprète comme un format monétaire.

Fonctions de transformation

`LCase(<chaîne>)`

renvoie la même <chaîne>, mais tout en minuscules. Seules les lettres sont transformées. `LCase("Bonjour")` vaut "bonjour". `If x = LCase(x)…` teste si x ne contient pas de lettres ou que des minuscules.

`UCase(<chaîne>)`

renvoie la même <chaîne>, mais tout en majuscules. Seules les lettres sont transformées. `UCase("Bonjour")` vaut "BONJOUR". `If x = UCase(x)…` teste si x ne contient pas de lettres ou que des majuscules.

`Trim, LTrim, RTrim`

Ces fonctions renvoient une copie de leur argument débarrassé des espaces à gauche (LTrim), à droite (RTrim) ou les deux (Trim). Les espaces internes restent. `LTrim("⬜⬜⬜⬜ab⬜cd⬜⬜⬜⬜")` donne "ab⬜cd⬜⬜⬜⬜"

`RTrim("⬜⬜⬜⬜ab⬜cd⬜⬜⬜⬜")` donne "⬜⬜⬜⬜⬜ab⬜cd"

`Trim("⬜⬜⬜⬜ab⬜cd⬜⬜⬜⬜")` donne "ab⬜cd"

`Replace(expression,find,replace[,start[,count,[compare]]])`

Les arguments sont nommés. On remplace dans `expression` les occurrences de `find` par `replace`. Si `start` est présent, on commence à la position qu'il indique, s'il est absent, on commence au début. Si `count` est présent, on fait `count` remplacements, s'il est absent, on fait tous les remplacements possibles. `compare` définit le mode de comparaison :

vbUseCompareOption : obéit à Option Compare.

vbBinaryCompare (défaut) : binaire.

vbTextCompare : texte (majuscules et minuscules confondues).

La valeur renvoyée par la fonction est `Mid(expression,start)` ; si `start` est absent, c'est la valeur de `expression` après transformation.

Fonctions de construction

`Space(<n>)`

fournit une chaîne formée de <n> espaces.

`String(<n>,<caractère>)`

où <caractère> est une expression chaîne de 1 caractère renvoie la chaîne formée de <n> fois ce caractère. `String(5, "⬜")` ou `String(5, Chr (32))` sont équivalents à `Space(5)`.

Fonctions de conversion

Conversions de caractères

`Asc(<chaîne>)`

renvoie le code (valeur numérique de la représentation binaire interne) du premier caractère de la <chaîne>. On ne l'utilise donc pratiquement qu'avec des chaînes de 1 seul caractère. `Asc("A")` vaut 65. `Asc("a")` vaut 97. `Asc("0")` vaut 48.

TRAITEMENTS DE CHAÎNES DE CARACTÈRES

`Chr(<n>)`

renvoie la chaîne de 1 caractère dont le code est `<n>`. C'est le moyen d'obtenir des caractères impossibles à obtenir au clavier (on peut aussi les obtenir avec les constantes comme vbCr *etc.*). `Chr(65)` est "A" ; `Chr(32)` est l'espace ; `Chr(13)` est le retour chariot, etc.

Conversions de nombres

`Val(<chaîne>)`

renvoie le nombre représenté par la `<chaîne>`. Il faut que la chaîne représente un nombre. Si vous connaissez le type du nombre, utilisez plutôt la fonction de conversion vers ce type `CBool`, `CByte`, `CCur`, `CDate`, `CDec`, `CDbl`, `CInt`, `CLng`, `CSng`.

Valeurs vides ou Null

Ces fonctions donnent une erreur si la chaîne à convertir est vide. La solution est de passer par l'intermédiaire de Val qui donne 0 pour la chaîne vide : `CInt(Val(TextBox1.Text))`.

Fonction `Nz`

Le cas où la variable x représente le contenu d'un champ de table qui n'a pas été rempli est pire : VBA considère que la valeur est la constante `Null`. La fonction `IsNull` appliquée à la variable donne `True`. Le mieux est d'utiliser la fonction `Nz` qui évitera que la valeur `Null` se propage dans les expressions. On écrit `Nz(<valeur>,<valeur si Null>)` ; `<valeur si Null>` peut être 0 ou "".

`CInt(Val(Nz(x, "")` est l'expression vraiment passe-partout.

`Str`, `CStr`

Ces fonctions font la conversion inverse. La différence est pour les nombres positifs : `Str` met un espace en tête (pour le signe), `CStr` n'en met pas. `Str(-2)` et `CStr(-2)` donnent "-2" ; `Str(2)` donne "□2" ; `CStr(2)` donne "2". Pour désigner une zone d'entrée texte de BDi dont le numéro est calculé parmi TextBox1, TextBox2 *etc.*, on écrit :

`Controls("TextBox"+CStr(I))`.

`Format`

contrôle la chaîne convertie d'un nombre conformément à une chaîne de format identique (mais en anglais) à celle qu'on fournit dans un Format personnalisé d'Excel.

`Format (0.12345,"##0.00")` donne "0,12" ; `Format(Date,"dd/mm/yyyy")` donne par exemple 11/10/2004.

`Oct` et `Hex`

traduisent respectivement leur argument en octal et en hexadécimal. `Hex(7860)` donne "1EB4".

Fonctions d'analyse

`Split(<chaîne>[,<délimiteur>[,<n>]])` fournit comme résultat un tableau d'indice de départ 0 dont les éléments sont les sous-chaînes extraites de la `<chaîne>` limitées par le `<délimiteur>`. Si le délimiteur est omis, on utilise espace " " ; si c'est chaîne vide, le résultat est un tableau à un seul élément (indice 0) formé de la chaîne de départ. `<n>` est la limite du nombre d'éléments à fournir ; -1 (valeur par défaut) ou omis signifie « pas de limite » donc fournir tous les éléments possibles.

Exemple : `x = Split("abra,cada,bra",",")` fournit `x(0)` : "abra", `x(1)` : "cada" et `x(2)` : "bra".

Structuration des programmes

Instructions de structuration : alternatives

Instructions de structuration : itératives

Procédures, fonctions, arguments

Sous-programmes internes

Instructions non structurées

INSTRUCTIONS DE STRUCTURATION : ALTERNATIVES

Tout traitement peut être construit à partir de trois structures de base : la **séquence** (bloc linéaire), l'**alternative** (où, en fonction d'une condition, on exécute une séquence ou une autre) et l'**itérative** (où un bloc est exécuté plusieurs fois). Comme ces structures peuvent être combinées et imbriquées à volonté, on peut obtenir un programme aussi complexe que nécessaire.

Pour les structures alternatives, VBA propose essentiellement deux constructions, `If` et `Select`, plus trois éléments moins usités, `Switch`, `Choose` et `Iif`. `If` est la construction la plus fondamentale.

IF

Un `If` peut être monoligne (sans `End If` – peu utilisé) ou multiligne (avec `End If`) ce qui avec la présence ou l'absence de la clause `Else` donne quatre formes :

	Monoligne	Multiligne

Sans `Else`	`If <condition> Then <In1>:<In2>`
	`<In5 (Suite)>`
		`If <condition> Then`
		`    <In1>`
		`    <In2>`
		`End If`
		`<In5 (Suite)>`

Avec `Else`	`If <condition> Then <In1>:<In2> Else _`
	`<In3>:<In4>`
	`<In5 (Suite)>`
		`If <condition> Then`
		`    <In1>`
		`    <In2>`
		`Else`
		`    <In3>`
		`    <In4>`
		`End If`
		`<In5 (Suite)>`

où <condition> est une expression logique que VBA évaluera vraie ou fausse, <In1>, <In2>, etc. sont des instructions ; bien sûr, il peut y en avoir plus de deux dans chaque branche. La forme monoligne est plutôt déconseillée et à n'employer que si les instructions internes sont très courtes. Par exemple :

```
If x=3 Then a = 0 : Exit For
If z="" Then m=0 Else m=CInt(z)
```

Remarquez les deux-points (:) s'il y a plusieurs instructions par branche.

Dans la forme multiligne, remarquez les indentations : les instructions de chaque branche sont décalées puisque subalternes à la structure. Pour la frappe d'une telle structure, nous vous conseillons de taper `If` ↵ ↵ `Else` ↵ ↵ `End If`. Vous tapez les instructions sur les lignes vides laissées (en décalant...) et, ainsi, vous n'oublierez pas le `End If`, faute souvent commise, et les mots clés seront alignés.

Que la forme soit monoligne ou multiligne, les instructions exécutées sont :

<condition>	Vraie	Fausse
Sans `Else`	<In1>, <In2>, <In5>	Tout de suite <In5>
Avec `Else`	<In1>, <In2><In5>	<In3>, <In4>, <In5>

Si la <condition> est vraie, on effectue les instructions de la clause `Then` puis on passe à la suite ; si elle est fausse, on effectue les instructions de la clause `Else`, si elle est présente ; si elle est absente, on passe immédiatement à la suite.

INSTRUCTIONS DE STRUCTURATION : ALTERNATIVES

LES CONDITIONS

Les conditions peuvent être simples :

– Simple comparaison   x < 3   Nom = "Dupont"
– Appel d'une fonction booléenne qui teste un état : exemple :
    `IsNull (rst.Fields("Nom").Value)`

ou composées, c'est-à-dire combinaison de conditions simples avec les opérateurs logiques, dont les principaux sont :

– **Not** (contraire) : `Not(a > 3)` est identique à `a <= 3`
– **And** (ET) : `<c1> And <c2>` est vrai si et seulement si `<c1>` et `<c2>` le sont ; pour exprimer « x compris entre a et b » écrire `(x >= a) And (x <= b)`
– **Or** (OU inclusif) : `<c1> Or <c2>` est vrai dès que l'une de `<c1>` ou `<c2>` (ou bien les deux) est vraie. « x est hors de l'intervalle a---b » s'écrit `(x < a) Or (x > b)`

Voir les autres opérateurs au chapitre 3. Les parenthèses des exemples ci-dessus étaient inutiles (sauf celles de `Not`) compte tenu des règles de priorité, mais il est conseillé de les employer pour raison de lisibilité.

Si x est un booléen, les écritures `If x = True Then` ou `If x = False Then` sont, bien que fonctionnant, ridicules ; écrire `If x Then` et `If Not x Then`.

IF imbriqués

La clause `Then` ou la clause `Else` peut elle-même contenir un If :

```
c = 1
If a < 100 Then
    If b > 30 Then
        c = 3
    Else
        c = 2
    End If
End If
```

Dans cet exemple, si a est supérieur ou égal à 100, c vaudra 1 ; si a<100 et b>30, c vaudra 3 ; si a<100 et b≤30, c vaudra 2.

FORME AVEC ELSEIF

Nous conseillons moins cette forme qui n'appartient pas à la programmation structurée stricte. On peut obtenir un traitement équivalent avec des `If Then Else` imbriqués.

On peut insérer autant de clauses `ElseIf` qu'on veut :

```
If <c1> Then                    Exemple équivalent aux If
    <i1>                        imbriqués ci-dessus :
ElseIf <c2> Then                If a >= 100 Then
    <i2>                            c = 1
ElseIf <c3> Then                ElseIf b > 30 Then
    <i3>                            c = 3
Else                            Else
    <i4>                            c = 2
End If                          End If
```

Dans l'exemple précédent, les instructions `<i1>` sont effectuées si `<c1>` est vraie ; `<i2>` si `<c1>` fausse, mais `<c2>` vraie ; `<i3>` si `<c1>` fausse mais `<c3>` vraie ; `<i4>` si aucune des conditions n'est vraie.

SELECT CASE

If permet de construire des alternatives à deux branches ; Select permet de construire des alternatives à branches multiples. Elle est de la forme :

```
Select Case <expression>
    Case <H1>
          <in 1>
    [Case <H2>
          <in 2>]
    ...
    [Case Else
          <in e>]
End Select
<in suite>
```

Remarquez les indentations. <H1>, <H2>, etc. sont des hypothèses, formées d'éléments séparés par des virgules ; un élément est soit une <donnée>, soit un intervalle <donnée 1> To <donnée 2> (<donnée> est une variable ou une constante), soit encore une assertion du genre Is <comp> <donnée>. <comp> est n'importe quel opérateur de comparaison, mais pas Is ni Like. Is est suppléé automatiquement si vous ne tapez que <comp>. Exemple : 1, 2, 6 To 10, 13, Is > 20. VBA commence par évaluer l'<expression>. Si le résultat est compatible c'est-à-dire se trouve parmi les valeurs d'une des hypothèses, les instructions <in x> correspondantes sont exécutées, puis on passe à <in suite>. Si aucune hypothèse ne convient, on exécute <in e> si la clause Case Else est présente, on passe immédiatement à <in suite> si elle est absente.

Les types de l'<expression> et des valeurs des hypothèses doivent être compatibles. L'*esprit* de la construction Select suppose que les hypothèses s'excluent, c'est-à-dire qu'il n'y a pas de valeurs appartenant à deux hypothèses mais VBA ne l'interdit pas. Si c'est le cas et que l'<expression> prend une telle valeur, deux séries d'instructions seront exécutées, ce que le programmeur n'envisageait probablement pas ; donc veillez à l'exclusion mutuelle des hypothèses. Exemple :

```
Select Case Montant
    Case 0 To 2000
          Taux_Remise = 0
    Case 2001 To 5000
          Taux_Remise = 0.05
    Case 5001 To 10000
          Taux_Remise = 0.07
    Case Else
          Taux_Remise = 0.1
End Select
```

```
Select Case Situation_Famille
    Case "Marié"
          Nc = InputBox("Nom de votre conjoint ? ")
    Case "Divorcé"
          D = InputBox("Date du divorce ? ")
End Select
```

(Cet exemple montre que Select peut être basé sur des chaînes de caractères.)

AUTRES CONSTRUCTIONS

Ces constructions sont beaucoup moins importantes que les précédentes, surtout `If`.

Fonction choose

`Choose(<i>,<expr 1>, <expr 2>…,<expr n>)` où <i> aura une valeur inférieure ou égale au nombre des expressions <expr n> a pour résultat la valeur de l'expression numéro <i>.

`Choose (2, "Monsieur", "Madame", "Mademoiselle")` donne "Madame".

C'est utile pour passer d'un code entier à la donnée codée.

Fonction switch

`Switch(<el 1>,<valeur 1>,<el 2>,<valeur 2>…)` avec autant de paires expression logique / valeur qu'on veut, suppose que seule l'une des expressions logiques soit vraie : alors le résultat est la valeur correspondante. Si aucune expression n'est vraie, le résultat est Null.

`Switch(Pays="France", "Paris", Pays="Allemagne", "Berlin", _`

`Pays="Italie", "Rome")` donne "Paris" après l'instruction `Pays = "France"`.

Fonction iif

`Iif(<expr. logique>, <expr. si vrai>, <expr. si faux>)` a pour résultat la valeur de <expr. si vrai> si <expr. logique> est vraie, la valeur de <expr. si faux> si elle est fausse.

`Iif(x >= 0, x, -x)` est une manière sophistiquée de calculer `Abs(x)`.

Attention, dans toutes ces fonctions, toutes les expressions susceptibles de fournir le résultat sont évaluées, même celles qui ne serviront pas compte tenu de la valeur des expressions discriminantes ; en particulier des erreurs ne pourront pas être évitées par ces fonctions :

`Res = Iif(n <> 0, "Moyenne = " + CStr(S/n), "Effectif nul")` donnera une division par 0 car la division S/n sera effectuée même si la condition est fausse. L'extrait de programme suivant résout le problème :

```
If n <> 0 Then
    Res = "Moyenne = " + CStr(S/n)
Else
    Res = "Effectif nul"
End If
```

INSTRUCTIONS DE STRUCTURATION : ITÉRATIVES

Les instructions itératives permettent de répéter une séquence un certain nombre de fois : une exécution s'appelle **itération** ; l'ensemble s'appelle une **boucle**. VBA propose huit constructions dans ce domaine, la dernière étant plutôt une abréviation d'écriture. Toutes ces structures peuvent s'imbriquer entre elles et avec les structures alternatives. On conseille de respecter les indentations ci-dessous.

1 – WHILE...WEND (FAIRE... TANT QUE...)

C'est la seule construction rigoureusement conforme à la programmation structurée car elle n'a pas la possibilité d'instruction `Exit`. Elle est de la forme :

```
While <condition de continuation>
    <instr. à répéter>
Wend
```

Ce qui peut se traduire par Tant que <condition>, faire … La condition obéit exactement aux mêmes règles que dans If. L'exécution se fait ainsi : en arrivant sur le `While`, on évalue la condition ; si elle est vraie, on fait une itération, sinon, on saute derrière le `Wend`, donc cette structure peut effectuer 0 itération. Après une itération, on teste à nouveau la condition et tant qu'elle est encore vraie on refait une itération. Évidemment, il faut que les données évoluent de façon que la condition devienne fausse, sinon le programme boucle indéfiniment ; exemple :

```
While True
Wend
```

Il ne reste que Ctrl+Pause pour arrêter. Le problème est que les bouclages sont plus insidieux. Une simple faute d'orthographe dans le nom de la variable qui devrait causer l'arrêt suffit :

```
n = 10
While n > 5
    m = n-1      ← erreur : on a mis m au lieu de n
Wend
```

2 – DO WHILE...LOOP (FAIRE... TANT QUE BOUCLER)

```
Do While <condition de continuation>
    <instr. à répéter>
Loop
```

3 – DO UNTIL...LOOP (FAIRE ...JUSQU'À BOUCLER)

```
Do Until <condition d'arrêt>
    <instr. à répéter>
Loop
```

4 – DO...LOOP WHILE (FAIRE...BOUCLER TANT QUE...)

```
Do
    <instr. à répéter>
Loop While <condition de continuation>
```

5 – DO...LOOP UNTIL (FAIRE...BOUCLER JUSQU'À...)

```
Do
    <instr. à répéter>
Loop Until <condition d'arrêt>
```

INSTRUCTIONS DE STRUCTURATION : ITÉRATIVES

Si <condition d'arrêt> et <condition de continuation> sont contraires l'une de l'autre, les constructions 2 à 5 sont quasiment équivalentes (et équivalentes à 1). 2 et 3 sont dites à test en tête, 4 et 5 à test en fin. Ceci entraîne deux choses :
- Pour que le test en tête puisse être effectué, il faut, avant le Do, implanter les instructions nécessaires au 1er test alors que 4 et 5 n'en ont pas besoin.
- Puisque le test est en tête dans 2 et 3, si la condition pour arrêter est déjà réalisée en arrivant sur la boucle, il y aura 0 itération d'effectuée. Avec 4 et 5, quoiqu'il arrive, il y a une itération d'effectuée.
- La différence avec 1 est que ces quatre structures admettent parmi les instructions à répéter une instruction Exit Do qui fait sortir de la boucle, donc aller juste après le Loop. Cette instruction doit toujours être dans un If ; en somme la condition du While ou du Until orchestre le déroulement normal ou prévu de la boucle tandis que la condition de Exit Do prend en compte une raison accidentelle de quitter la boucle.

Par exemple, on cherche un client par son nom dans une table ; on s'arrête a priori à la fin de la liste❶, ou dès qu'on a trouvé le client voulu❷ :

```
L = 1
Do
   NomTr = rst.Fields("Nom").Value
   If NomTr = NomCher Then Exit Do  ❷
   rst.MoveNext
   L = L + 1
Loop Until rst.EOF  ❶
```

6 – FOR...NEXT

Voici la structure de boucle la plus employée : elle a l'avantage de gérer automatiquement une variable compteur des itérations, donc elle est idéale pour parcourir tous les éléments d'une variable tableau, toutes les lignes ou les colonnes d'une table, les caractères d'une chaîne à analyser un par un ; dans l'exemple ci-dessus, nous avons été obligé de manipuler explicitement la variable L. La forme est :

```
For <compteur> = <début> To <fin> [Step <pas>]
    <instr. à répéter>
Next [<compteur>]
```

<compteur> est la variable qui accompagne les itérations. <début>, <fin> et <pas> sont des expressions (le plus souvent des constantes, parfois des variables, mais toute expression est admise), formant respectivement la valeur initiale, la valeur finale et le pas d'incrémentation du compteur lors des itérations. Ces paramètres sont évalués une fois pour toutes à l'arrivée sur le For, donc, s'ils dépendent de variables que des instructions à répéter modifient (très déconseillé !), cela n'aura pas d'effet sur le déroulement de la boucle.

Le rappel de la variable <compteur> dans le Next n'est pas obligatoire, mais il est fortement recommandé, surtout en cas de For imbriqués. Le Step est facultatif ; en cas d'absence, la valeur par défaut du <pas> est 1. Le <pas> peut être négatif ; on dit alors que la boucle est « descendante » ; dans ce cas, le Step doit être présent et <début> doit être supérieur à <fin>. Pour les boucles ascendantes, <fin> doit être supérieur à <début>.

Si ces conditions ne sont pas réalisées, il ne devrait y avoir aucune itération de faite, mais For est une structure de type « test en fin », donc une itération est effectuée dans tous les cas. Par ailleurs, For admet une instruction Exit For (qui doit être conditionnelle), permettant de quitter la boucle avant que <compteur> atteigne la valeur finale prévue.

INSTRUCTIONS DE STRUCTURATION : ITÉRATIVES

Déroulement

On commence par donner à <compteur> la valeur <début>. On effectue la 1re itération avec cette valeur.

Arrivé sur le `Next`, on fait <compteur> = <compteur> + <pas> : <compteur> augmente si le <pas> est positif et diminue si le <pas> est négatif. On teste si l'on doit faire une autre itération ; c'est là que les boucles ascendante et descendante diffèrent :

- si le <pas> est >0, on teste si <compteur> qui vient d'être modifié est ≤ <fin> ; si oui on repart pour une itération.
- si le <pas> est <0, le test est <compteur> ≥ <fin>.

On voit que la dernière valeur de <compteur> pour laquelle une itération sera effectuée est <fin> si cette valeur fait partie de la suite <début> + n * <pas>. Sinon, elle est inférieure à <fin> pour une boucle ascendante, supérieure à <fin> pour une boucle descendante. Juste après l'instruction `Next` lorsque la boucle est terminée, <compteur> est > <fin> (boucle ascendante) ou < <fin> (boucle descendante).

Aucune des instructions à répéter ne doit modifier la variable <compteur> ; seul le mécanisme de la boucle le peut, sinon, il y a risque de bouclage infini.

Exemples

Boucle descendante et son équivalent avec Do :

```
                                    N = 10.5
For N = 10.5 To 5 Step -1           Do
    MsgBox N                            MsgBox N
Next N                                  N = N - 1
MsgBox  "A la fin, N = " & N         Loop While N >= 5
                                    MsgBox  "A la fin, N = " & N
```

Les valeurs affichées seront 10.5, 9.5, 8.5, 7.5, 6.5, 5.5 et à la fin N = 4.5.

Parcours d'une table (calcul de la moyenne des âges)

```
    SommeAges = 0
    For L = 1 To 500
       If rst.EOF Then Exit For
       SommeAges = SommeAges + rst.Fields("Age").Value
       rst.MoveNext
    Next L
    MoyAges = SommeAges / (L - 1)
```

On sort de la boucle par `Exit For`, lorsque la fin du tableau est dépassée, donc L final est 1 de plus que le nombre de gens. Remarquez l'initialisation de la somme à 0.

For imbriqués

Les instructions à répéter peuvent contenir un `For` (ou aussi une autre structure). Le `Next` du `For` interne doit se trouver avant celui du `For` externe (règle d'emboîtement). La 2e boucle doit avoir une variable compteur différente. On peut d'ailleurs avoir un emboîtement invisible : la boucle externe appelle une procédure qui contient aussi un `For` ; à ce propos, les programmeurs devraient éviter la tendance naturelle à toujours appeler I la variable compteur ; le cas que nous évoquons montre l'intérêt à rendre la variable compteur locale à la procédure, quand on le peut.

INSTRUCTIONS DE STRUCTURATION : ITÉRATIVES

Produit de deux matrices
```
Dim A(10,10) As Double, B(10,10) As Double, C(10,10) As Double
For I = 1 To 10
    For J = 1 To 10
        C(I,J)=0
        For K=1 To 10
            C(I,J)=C(I,J)+A(I,K)*B(K,J)
        Next K
    Next J
Next I
```

7 – FOR EACH…NEXT

Cette structure permet de parcourir tous les éléments d'une collection, par exemple tous les formulaires ouverts de la collection Forms ou tous les contrôles de la collection Controls, etc. La variable d'accompagnement doit être du type élément de la collection :
```
For Each <variable> In <collection>
    <Instr. à répéter>
Next [<variable>]
```

Les programmeurs citent rarement la <variable> dans le Next, ce qui distingue de la boucle For I = …. L'exemple qui suit teste si le formulaire NouveauClient est ouvert :
```
Dim FF As Form, Trouvé As Boolean
Trouvé = False
For Each FF In Forms
    If FF.Name = "NouveauClient" Then Trouvé = True : Exit For
Next
```

Si le formulaire cherché est trouvé, on positionne le booléen et on sort de la boucle : il est inutile de tester les formulaires qui restent.

8 – WITH

La désignation d'objets par objet.sous-objet… propriété peut être longue. Si l'on a plusieurs propriétés du même objet à manipuler, With offre la possibilité de « mettre le préfixe en facteur » :
```
With <désign. objet>
    .<propriété 1> = …
    x = .<propriété 2>
End With
```

Ce n'est pas réellement une itération, mais une facilité d'écriture. Les With peuvent être imbriqués :
```
With Screen.ActiveDatasheet.Recordset
    .MoveLast
    .Edit
    With .Fields("Nom")
        Debug.Print .Type
        .Value = "Dupont"   ' (a)
    End With
    .Update              ' (b)
End With
```

La ligne (a) remplace Screen.ActiveDatasheet.Recordset.Fields("Nom").Value = "Dupont", la ligne (b) remplace Screen.ActiveDatasheet.Recordset.Update. On voit l'économie, surtout s'il y a beaucoup de propriétés ou méthodes à appeler.

PROCÉDURES, FONCTIONS, ARGUMENTS

La possibilité d'isoler dans un traitement des parties qui forment un tout individualisé est d'un grand secours pour le programmeur qui peut ainsi décomposer un traitement complexe en étapes plus simples et plus compréhensibles (a). Une autre utilité est d'individualiser une routine qui sert plusieurs fois, mais qu'il suffira d'écrire une fois et qui n'occupera qu'une seule fois sa place en mémoire (b).

(a)   (b)

Il y a trois sortes de telles entités : les procédures, les fonctions et les sous-programmes internes. Les procédures et les fonctions forment des entités séparées, qui peuvent avoir des variables locales, c'est-à-dire qui peuvent être traitées comme différentes tout en ayant le même nom. Les sous-programmes internes au contraire sont entre l'en-tête et le End d'une procédure ou d'une fonction : ils ont donc les mêmes variables. Les fonctions calculent une valeur sous leur nom ; elles sont appelées au sein d'une expression et la valeur calculée intervient dans l'expression à l'endroit de l'appel. Les procédures et les fonctions échangent certains paramètres avec l'appelant à l'aide d'arguments. Les procédures et les sous-programmes internes sont appelés par une instruction ; ils se terminent par une instruction de retour qui renvoie juste après l'appel.

	Fonction	Procédure	S-P interne
Nécessité d'une déclaration	Function	Sub	-
Passage d'arguments ; arg entre () dans déclaration	✓	✓	-
Possibilité de variables locales	✓	✓	-
Renvoie une valeur sous son nom et a un type	✓	-	-
Appel à l'intérieur d'une expression arithmétique	✓	-	-
Appel par instruction	-	✓	✓
Arguments dans l'appel	Entre ( )	Sans ( )	-

SYNTAXE DE LA DÉCLARATION

- (procédure) : Sub <nom> ([<argument>] [,<argument> …])
- (fonction) : Function <nom> ([<argument>] [,<argument> …]) [As <type>]

La fin de la routine est marquée par End Sub (respectivement End Function). Le mot-clé peut être précédé de Public, Private ou Static expliqués au chapitre 5. Le nom suit les mêmes règles que pour les variables. On peut, bien que ce soit très déconseillé, redéfinir une routine prédéfinie sauf quelques noms réservés (comme Auto_Open, Auto_Close, etc.).

Dans la déclaration de fonction, le type final (après les parenthèses) indiqué est celui de la valeur que la fonction calcule sous son nom ; si la clause As est absente, c'est que la fonction fournit un Variant.

Ce qui suit est valable à la fois pour les procédures et les fonctions. Le couple de parenthèses doit être présent : il est laissé vide s'il n'y a aucun argument.

PROCÉDURES, FONCTIONS, ARGUMENTS

Les arguments, s'ils sont présents, sont séparés par des virgules (pas des « ; »). Chaque argument est de la forme :

```
[Optional] [<mode>]<nom_arg> [As <type>] [=<valeur par défaut>]
```

`<nom_arg>` ne peut être que sous la forme d'un nom de variable dans la déclaration ; il suit les règles habituelles des noms ; si l'argument figure sous forme de nom de variable aussi dans l'appel, ce n'est pas forcément le même nom.

`<mode>` peut être `ByRef` (mode par défaut : par référence) ou `ByVal` (par valeur).

- en mode `ByRef`, l'argument doit être sous forme de variable dans l'appel et c'est l'adresse qui est transmise donc si la routine modifie l'argument, la modification sera répercutée dans la routine appelante. Ce mode est plus économe en mémoire que ByVal.
- en mode `ByVal`, c'est la valeur qui est transmise. L'argument peut être sous forme de n'importe quelle expression dans l'appel : l'expression est calculée et la valeur est transmise ; si c'est sous forme de variable, la valeur de cette variable est copiée pour être transmise. Donc si la routine modifie l'argument, la modification n'est pas répercutée (sauf quelques cas exceptionnels de procédures d'événements qui ont un traitement spécial de leur argument Cancel).

`Optional` déclare l'argument comme facultatif : il n'est pas obligatoire de le fournir lors de l'appel. Si l'argument est facultatif, on peut, mais ce n'est pas forcé, fournir une valeur par défaut par = … . On peut tester que l'argument n'a pas été fourni par :

`If IsMissing(<nom_arg>)`… Les arguments optionnels doivent être les derniers de la liste, c'est-à-dire qu'un argument facultatif ne peut être suivi d'un argument obligatoire.

Enfin, la clause `As <type>` détermine le type de l'argument, `Variant` si absente.

Transmission des tableaux

Lorsque l'argument est une variable tableau, il doit figurer sans dimensions mais avec parenthèses () et `As <type>` dans la déclaration, et sans rien dans l'appel :

```
Dim mat(10) As Integer
sp mat      ' appel
…
Sub sp(m() As Integer)   ' déclaration
```

Le dernier argument peut être déclaré sous la forme : `, ParamArray M() As Variant)`

Nous mettons la virgule « , » et la parenthèse «) » pour montrer que c'est le dernier argument et, dans l'appel, on termine par un nombre quelconque de valeurs : la routine les récupère par M(x) avec x compris entre `LBound(M)` et `UBound(M)`.

SYNTAXE DE L'APPEL

Normalement, l'appel d'une fonction se fait au sein d'une expression et l'ensemble des arguments est entouré de parenthèses ; la fonction renvoie un résultat sous son nom. L'instruction d'appel d'une procédure consiste simplement à citer le nom de la procédure, un espace suivi des arguments **sans** parenthèses. Maintenant, on peut appeler une fonction ou une procédure avec `Call`. À ce moment, la fonction ne renvoie pas de valeur et la procédure doit avoir la série d'arguments entre ( ).

		Function F		Sub S	
		Un argument	Plusieurs arg.	Un argument	Plusieurs arg.
Sans Call	ByRef	F(a) ❶	F(a,b)	S a	S a,b
	ByVal forcé	F((a))	F((a),(b))	S (a) ❷	S (a),(b)
Avec Call	ByRef	Call F(a)	Call F(a,b)	Call S(a)	Call S(a,b)
	ByVal forcé	Call F((a))	Call F((a),(b))	Call S((a))	Call S((a),(b))

Pour couronner le tout, une variable argument peut être individuellement entre parenthèses () : cela force le mode ByVal (non répercussion dans l'appelant d'une modification de l'argument). Noter que dans le tableau ci-dessus, ❶ et ❷ semblent identiques, mais les parenthèses ( ) n'ont pas le même statut ; en ❶, ce sont les ( ) autour de la série des arguments, en ❷, ce sont les ( ) de forçage du mode ByVal pour un argument individuel.

Si la fonction ou la procédure n'a pas d'argument, l'appel doit se faire sans ( ), alors qu'il faut un couple de parenthèses vides dans la déclaration.

Syntaxe des arguments

Les arguments sont séparés par des virgules. Ils peuvent être présentés sous forme :

- Simple, donc une constante, une variable ou une expression. L'ordre des arguments doit être identique dans l'appel et dans la définition. Un argument ByRef dont on souhaite que les modifications soient répercutées doit être spécifié sous forme de variable. Un argument facultatif doit être manifesté par sa virgule.

- Nominale, de la forme `<nom_arg> := <valeur>` ; ces locutions sont séparées par des virgules ; `<nom_arg>` est le nom employé dans la déclaration ; `<valeur>` est une constante, une variable ou une expression ; l'ordre est libre car on cite les arguments ; on ne met rien pour un argument facultatif non fourni. Notez le signe spécial de l'affectation d'argument : `:=`.

```
Sub Pers(Nom As String, Optional Age As Integer, _
    Optional Prénom As String)
```

On pourrait avoir l'appel : `Pers "David", , "Daniel"` ou :

`Pers Nom := "David", Prénom := "Daniel"`

Dans la 1re forme, le dernier des arguments facultatifs doit être fourni car la liste ne peut se terminer par ",".

SORTIE DE LA ROUTINE

Le corps de la procédure ou fonction réside entre `Sub` et `End Sub` ou entre `Function` et `End Function`. Il n'y a pas d'imbrication possible : une procédure ou fonction ne peut pas être entre le `Sub` et le `End Sub` d'une autre (alors qu'un sous-programme interne peut, et même doit être entre un `Sub` et un `End Sub`).

Lorsque le flux d'exécution arrive au `End Sub` ou au `End Function`, la routine se termine et on revient juste après l'appel pour `Sub`, dans l'expression appelante avec la valeur renvoyée pour `Function`.

Comme l'exécution peut se ramifier en plusieurs branches (par `If` ou autres), les branches qui n'arrivent pas au `End` doivent se terminer par `Exit Sub` ou `Exit Function`. Dans le cas d'une fonction toutes les branches doivent contenir une affectation de valeur au nom de la fonction sans arguments ni parenthèses. (Voir dans l'exemple ci-dessous.)

RÉCURSIVITÉ

Une procédure ou une fonction peut s'appeler elle-même, c'est la récursivité. Bien sûr elle doit contenir une branche où elle ne s'appelle pas pour permettre l'arrêt du processus. La fonction `Fact(...)` calcule la factorielle de son argument :

```
Function Fact(N As Integer) As Long
    If N <= 1 Then Fact = 1 Else Fact = N * Fact(N-1)
End Function
```

Tout ce que nous avons dit sur les procédures et les fonctions s'applique aux routines d'événements et aux méthodes d'objets : ce ne sont rien d'autre que des procédures et des fonctions.

SOUS-PROGRAMMES INTERNES

ÉTIQUETTE

Une instruction peut être repérée dans le programme par une étiquette sur la ligne qui la précède. L'étiquette est un simple nom (comme les noms de variables), mais terminé par « : ». Des instructions `GoSub` et `GoTo` s'y réfèrent en citant l'étiquette sans les deux-points « : ».

SOUS-PROGRAMME INTERNE

On appelle ainsi un bloc d'instructions entre une étiquette et l'instruction `Return`. Le bloc peut se ramifier en plusieurs branches : à ce moment, chacune doit se terminer par `Return`. L'ensemble est dans une procédure ou fonction, le plus souvent juste avant le `End`. L'étiquette doit être précédée de `Exit Sub` ou `Exit Function` pour que l'exécution normale ne tombe pas sur le sous-programme.

En effet, celui-ci ne doit être appelé que par `GoSub <étiquette sans :>`. `Return` renvoie juste après le `GoSub` : si VBA arrive sur un `Return` alors qu'il n'y a pas de `GoSub` pendant, il y a un message d'erreur.

COMPARAISON AVEC SUB

En somme, le couple `GoSub...Return` fonctionne comme le couple appel...`End Sub` d'une procédure. Les différences sont :
- `GoSub` n'a jamais d'arguments ; si l'on veut que le sous-programme dépende de paramètres, il faut donner des valeurs à des variables juste avant le `GoSub`.
- Le sous-programme ne forme pas une entité séparée, susceptible d'avoir des variables locales qu'il est seul à manipuler.
- Le sous-programme étant dans une procédure, il ne peut être appelé que par elle.
- Il faut penser au `Exit Sub` empêchant de tomber inopinément sur le sous-programme.

En définitive, ces sous-programmes sont plutôt à éviter au profit des procédures séparées, sauf pour une séquence figée qu'on appelle un grand nombre de fois.

EXEMPLE

De nombreuses fois dans une procédure on demande un nombre : on doit vérifier que la chaîne fournie est bien numérique, sinon on arrête la procédure :

```
Sub Acquisition()
Dim C As String
...
    GoSub Vérif
    N1 = CInt(C)
...
    GoSub Vérif
    N2 = CInt(C))
...
    Exit Sub
Vérif:
    C = InputBox("Entrez un nombre ")
    If IsNumeric(C) Then Return
End Sub
```

C'est le triomphe de la programmation non structurée : on tombe sur le `End Sub` par le sous-programme lorsque l'entrée est incorrecte et la sortie normale de la procédure est le `Exit Sub` !

INSTRUCTIONS NON STRUCTURÉES

GOTO

Puisqu'on est dans la programmation non structurée `GoTo <étiquette sans :>` fait sauter inconditionnellement à l'instruction qui suit `<étiquette:>` . On a démontré que l'usage de cette instruction nuisait à la lisibilité et à la compréhension des programmes. Nous recommandons de l'éviter sauf cas très exceptionnel.

ON

```
On <numéro> GoTo <liste d'étiquettes>
On <numéro> GoSub <liste d'étiquettes>
```

entraînent un `GoTo` ou un `GoSub` à l'étiquette de la liste correspondant au `<numéro>`. C'est bien moins souple que `Select`.

ON ERROR GOTO

Soit des instructions susceptibles de produire des erreurs qu'on veut contrôler. On les encadre :

```
On Error GoTo <étiquette>
<instructions à risque>
On Error GoTo 0
…
<étiquette> :
<traitement de l'erreur>
```

Le `On Error GoTo 0` désactive la surveillance. Si les `<instructions>` produisent l'erreur, on saute à l'`<étiquette>`, donc au traitement de l'erreur.

RESUME

Le traitement de l'erreur doit se terminer par un `Resume` qui fait revenir à l'instruction voulue, soit l'instruction qui a causé l'erreur (le traitement est censé avoir modifié des conditions de sorte que l'erreur ne se reproduise pas), soit à la suivante (on renonce à l'instruction erronée), soit ailleurs. Plus de détails et exemples dans le chapitre 2, *Récupération des erreurs*.

Manipulation fine des données

Portée des déclarations

Durée de vie des variables

Partage de fonctions entre Access et VBA

Gestion des dates

Types de données définis par le programmeur

Variants et tableaux dynamiques

Instructions de gestion de fichiers

PORTÉE DES DÉCLARATIONS

La portée d'une déclaration désigne le domaine dans lequel l'élément déclaré est connu et accessible – on dit « visible ». Pour une variable ou une constante, il y a trois niveaux possibles :
- La donnée est visible (et n'est visible que) dans une certaine procédure/fonction : on dit qu'elle est **locale** à cette procédure/fonction (1).
- La donnée est visible dans tout le module où elle est définie. On dit qu'elle est **globale** au niveau module (2).
- Une donnée globale à un module peut n'être accessible que dans ce module – elle est alors **privée**, ou être accessible depuis d'autres modules du même projet – elle est alors **publique** (3).

Pour une procédure ou une fonction, seuls les niveaux 2 et 3 sont en jeu : depuis une procédure/fonction, on peut toujours sans rien faire de spécial appeler les autres procédures/ fonctions du même module. Pour appeler une routine d'un autre module, il faut que la routine appelée soit publique.

DÉCLARATIONS

Pour rendre **locale** une donnée, il faut et il suffit que sa déclaration (Dim ou Const) soit dans la procédure/fonction concernée. Les arguments d'une routine sont déclarés (ils reçoivent leurs types) dans l'en-tête de la routine ; ils sont donc locaux bien que nommables dans la routine appelante, mais il est vrai que c'est dans la liste d'appel, donc déjà un peu dans la routine appelée.

Bien que ce soit très déconseillé, on peut déclarer dans une routine une variable/constante de même nom qu'une donnée globale : cela forme une nouvelle variable locale à la routine et, dans celle-ci, c'est la donnée locale qui est accessible.

Pour rendre une donnée globale au niveau module, il faut et il suffit que sa déclaration (Dim ou Const) soit placée en tête de module avant toute procédure ou fonction.

La question public/privé ne se pose que dans un projet multimodule. Il peut y avoir plusieurs modules normaux Module<n>, mais en principe, on les regroupe en un seul. Les vraies raisons d'avoir plusieurs modules dans le projet sont la présence de procédures d'événements de formulaires dans les modules associés aux objets de classe correspondants.

Pour déclarer une donnée publique ou privée, on utilise les mots-clés Public ou Private. Ces mots-clés remplacent Dim et s'ajoutent à Const, Sub et Function :

```
Public DX As Double
Public Const Chem = "C:\BasesAccess\"
Public Function Ouvert(NN As String) As Boolean
Private Sub B_OK_Click()
```

Maintenant, une variable ou une constante est privée par défaut donc Public est indispensable si on veut la rendre publique. Pour une procédure ou fonction dans un module ordinaire, c'est public qui est le défaut ; dans un module de classe, c'est privé qui est le défaut : les routines d'événements sont déclenchées par l'événement, pas par un appel venant de l'extérieur du module. Maintenant, vous avez remarqué que VBA met automatiquement Private.

Notre conseil est que vous utilisiez Public et Private même si c'est l'état par défaut : cela améliore la lisibilité et insiste bien sur l'état que vous souhaitez pour l'élément.

Enfin, Option Private Module placée en tête d'un module rend privées toutes les données de ce module.

DURÉE DE VIE DES VARIABLES

La durée de vie d'une variable est l'intervalle de temps pendant lequel la variable est accessible et conserve sa valeur. Cette durée n'est autre que le temps pendant lequel une certaine adresse mémoire reste attribuée à la variable. Dans les langages modernes, et VBA en fait partie, on essaie d'économiser la mémoire le plus possible donc on essaie de libérer les adresses dès que c'est possible.

Pour les variables locales à une procédure/fonction, cette durée est brève : en effet, on attribue des adresses aux variables locales seulement lorsque la routine est lancée et on libère les adresses dès la fin d'exécution de la routine, donc lors du `End` ou de l'`Exit`.

Hors de ce temps, la variable n'existe même pas : elle ne saurait donc conserver une valeur et, par suite, lorsqu'on rappelle la procédure/fonction, la variable n'a aucune chance d'avoir la dernière valeur qu'elle avait à la fin de l'exécution précédente, pour la bonne raison qu'elle n'a probablement pas la même adresse.

Les variables globales à un module, elles, existent et gardent leurs valeurs tant que le module existe, donc tant que la base de données est chargée.

STATIC

Pour qu'une variable garde la même valeur d'un appel à l'autre d'une procédure/fonction, il y a deux solutions :

- Utiliser une variable globale.
- Si vous tenez à ce que la variable soit locale (par exemple pour réutiliser un nom), vous pouvez utiliser la déclaration `Static` (à la place de `Dim`) :

```
Static Nombre As Integer, Mat(10, 10) As Double
```

Cette déclaration doit être en tête de la routine (conseil que nous donnons pour toutes les déclarations). Une procédure/fonction peut être déclarée `Static` : elle reste en mémoire , ainsi que toutes ses variables locales (sans avoir besoin de `Static`) tant que le module existe :

```
Static Sub Traitement()
```

LES DONNÉES DE FORMULAIRES

Les données (propriétés des contrôles) d'un formulaire font l'objet d'un problème assez voisin. Les propriétés des contrôles d'un formulaire sont accessibles comme sous-objets et propriétés de Forms("nom") et gardent leur valeur entre les moments où on ouvre et ferme le formulaire. Certaines propriétés (de conception du formulaire) sont accessibles comme attributs de CurrentProject.AllForms(<nom>) lorsque le formulaire est fermé.

UTILISATION SOUS ACCESS DE FONCTIONS ÉCRITES EN VBA

Une fonction que vous écrivez dans un module normal peut s'utiliser sans problème dans toute expression arithmétique que vous implantez sous Access. Lorsque vous avez une expression à construire, vous appelez le Générateur d'expression et celui-ci propose, à côté des fonctions Access, toutes les fonctions que vous pourriez avoir créées dans un module VBA.

Le seul problème potentiel est que les écrans Access constituent des modules différents, mais comme les fonctions sont publiques par défaut, le problème n'en est pas un : si vous voulez clarifier parfaitement la situation, déclarez votre fonction `Public`.

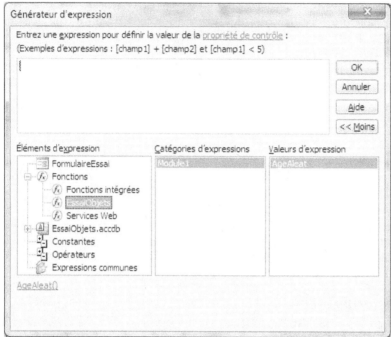

À ce moment, pour implanter votre fonction, cliquez sur le + à côté du bouton 🔣 puis sur le nom du projet ; vous devriez voir votre fonction dans la liste.

La question qui reste est : quelle raison a-t-on de développer ses propres fonctions compte tenu de l'extraordinaire richesse des fonctions déjà disponibles ? On pourrait même penser à l'inverse : exploiter sous VBA des fonctions Access : c'est l'objet du point suivant. En tout cas, on peut toujours avoir besoin d'adapter un détail exactement à son cas et donc d'écrire ses propres fonctions.

UTILISATION SOUS VBA DES FONCTIONS ACCESS

Le problème ne se pose en fait pas car les fonctions présentes dans VBA recouvrent en fait celles d'Access. Par exemple, dans les versions précédentes on avait besoin des fonctions financières d'Access, mais des fonctions financières ont maintenant été introduites dans VBA. C'est aussi le cas des fonctions dites de base de données comme DSum : elles sont maintenant présentes dans VBA, mais il faut utiliser leur nom anglais et présenter leurs arguments « à la VBA ».

PARTAGE DE FONCTIONS ENTRE ACCESS ET VBA

REMARQUES SUR QUELQUES FONCTIONS VBA

Les listes sont en annexe. Ici, nous nous bornons à quelques indications.

Fonctions mathématiques

`Rnd`

renvoie un nombre aléatoire de type Single. Il y a un argument facultatif N qui régit les résultats lors d'appels successifs. Le résultat a une valeur inférieure à 1 mais supérieure ou égale à zéro. Quelle que soit la valeur initiale indiquée, la même série de nombres aléatoires est générée à chaque appel de la fonction `Rnd`, car cette dernière réutilise le nombre aléatoire précédent comme valeur initiale pour le calcul du nombre suivant.

Argument N	Résultat généré par la fonction Rnd
Inférieur à zéro	Même nombre à chaque fois, en utilisant l'argument N comme valeur initiale.
Supérieur à zéro	Nombre aléatoire suivant dans la série.
Égal à zéro	Dernier nombre aléatoire généré.
Omis	Nombre aléatoire suivant dans la série.

Avant d'appeler `Rnd`, utilisez l'instruction `Randomize` sans argument pour initialiser le générateur de nombres aléatoires à partir d'une valeur initiale tirée de l'horloge système.

Pour générer des entiers aléatoires compris entre a et b, utilisez la formule ci-dessous :
`Int((b - a + 1) * Rnd + a)`

Pour obtenir plusieurs fois les mêmes séries de nombres aléatoires, appelez `Rnd` avec un argument négatif juste avant d'utiliser `Randomize` avec un argument numérique. L'utilisation de `Randomize` en répétant pour l'argument N la valeur précédente ne permet pas de reproduire une série de nombres.

`Int` et `Fix`

renvoient la partie entière de leur argument. La différence est que pour un argument négatif (ex. -4.5), `Int` renvoie l'entier immédiatement inférieur ou égal (-5), alors que `Fix` et `CInt` renvoient l'entier immédiatement supérieur ou égal (-4).

Fonctions d'information

`Error`
Message d'erreur correspondant au numéro en argument.

`IsArray`
Indique si l'argument est un tableau.

`IsDate`
Indique si l'argument est une date.

`IsEmpty`
Indique si l'argument a été initialisé.

`IsError`
Indique si l'argument est une valeur d'erreur.

`IsMissing`
Indique si un argument facultatif d'une routine est absent.

`IsNull`
Indique si l'argument est une donnée non valide.

`IsNumeric`
Indique si l'argument est numérique (peut être converti en nombre).

PARTAGE DE FONCTIONS ENTRE ACCESS ET VBA

```
IsObject
```
Indique si l'argument est un objet.
```
TypeName
```
Renvoie le type de l'argument.
```
VarType
```
Renvoie le sous-type de l'argument.

Fonctions d'interaction

```
R = Shell(<désign. fich.> [,<état fenêtre>])
```
fait exécuter le fichier exécutable dont on donne la désignation ; <état fenêtre> agit suivant :

Constante symbolique	Valeur	Effet
vbHide	0	La fenêtre est masquée et activée.
vbNormalFocus	1	La fenêtre est activée et rétablie à sa taille et à sa position d'origine.
vbMinimizedFocus	2	La fenêtre est affichée sous forme d'icône et activée.
vbMaximizedFocus	3	La fenêtre est agrandie et activée.
vbNormalNoFocus	4	La fenêtre est rétablie à sa taille et à sa position les plus récentes. La fenêtre active reste active.
vbMinimizedNoFocus	6	La fenêtre est affichée sous forme d'icône. La fenêtre active reste active.

Ex. : `R = Shell ("C:\WINDOWS\CALC.EXE", 1)` appelle la calculatrice.
```
Evaluate(<chaîne>)
```
transforme une chaîne en objet.

Fonction de recherche

`DLookup("<nom champ cherché>", "<nom table>", <critère>)` renvoie la valeur du champ demandé pour le premier enregistrement de la table indiquée qui satisfait au critère. Le critère est une chaîne de caractères analogue à une clause WHERE de requête SQL (sans WHERE). La valeur renvoyée est `Null` si aucun enregistrement ne satisfait au critère.

Ex. :
```
S = DLookup("Solde", "ComptesClients", "NumCompte='K12345'")
  S = DLookup("Solde", "ComptesClients", "NumCompte='" + Nc + "'")
```

GESTION DES DATES

REPRÉSENTATION INTERNE DES DATES

Une date-heure est stockée sous forme d'un nombre réel dont la partie entière représente la date (nombre de jours écoulés depuis le 1er janvier 1900 – on est actuellement dans les 38000) et la partie fractionnaire représente l'heure (xxx,00 est 0 heure, xxx,5 est le même jour à midi, etc.). Ce nombre s'appelle « numéro de série ».

METTRE UNE DATE DANS UNE CELLULE

On manipule souvent les dates sous forme de chaînes de caractères. Avec les variables *dDatact* et *cDatact* censées représenter la date actuelle respectivement en date et en chaîne de caractères, et sachant que la fonction Date donne la date actuelle système, on écrira :

```
Dim dDatact As Date, cDatact As String
dDatact=Date
cDatact= CStr(dDatact)
```

et on pourrait écrire dDatact=CDate(cDatact)

Pour avoir un contrôle plus complet de la chaîne, on écrit :

```
cDatact=Format(dDatact,"dd/mm/yyyy")
```

(Remarquez les d – day et y – year : on parle anglais !).

INSTRUCTIONS DE FIXATION DE LA DATE ET DE L'HEURE

```
Date = <date>
```

fixe la date système à la valeur indiquée par <date> qui peut être une chaîne de caractères comme "12/11/04" ou un littéral date comme #12/11/04#. Le mois peut être en nom, l'année peut être en quatre chiffres au cas où il y aurait un bogue de l'an 3000.

```
Time = <heure>
```

fixe l'heure système à la valeur <heure> qui peut être une chaîne de caractères comme "14:45:10" ou un littéral comme #14:45:10#. Les secondes peuvent être absentes ainsi que leur « : » ; on peut terminer par AM ou PM.

FONCTIONS DE BASE

Date sans argument est la date système actuelle. C'est un variant date. Utiliser CStr, ou mieux, Format pour obtenir une chaîne.

Time sans argument est l'heure système actuelle. C'est un variant date à convertir éventuellement. Rappelons que dans le format, les minutes doivent être représentées par nn puisque le m est réservé au mois : Format (Time,"hh:nn") ou Format(Time,"hh"" h ""nn").

Now sans argument est l'ensemble des deux précédents, c'est-à-dire la date-heure. C'est un variant date dont la conversion en chaîne pourrait être 12/11/2004 15:13:10.

Timer sans argument donne le nombre de secondes écoulées depuis minuit (au centième (?) près sur PC Windows).

AUTRES FONCTIONS

Conversions

```
CDate
```
convertit son argument en date.
```
DateValue
```
convertit son argument chaîne en date.

`TimeValue`

convertit son argument chaîne en valeur heure.

Dans tous les cas, lorsqu'on a une date, il faut convertir en nombre pour avoir la valeur date-heure série : `CSng(TimeValue("12:00"))` donne `0,5`.

`DateSerial(a,m,j)`

donne la valeur date correspondant à l'année a, mois m et jour j.

`TimeSerial(h,m,s)`

donne la valeur heure (de 0,00 à 0,99) correspondant à l'heure h, la minute m et la seconde s.

Extractions de parties de date

L'argument des fonctions suivantes est une date.

`Day`

fournit le jour (de 1 à 31).

`Hour`

renvoie l'heure (de 0 à 23).

`Minute`

renvoie la minute (de 0 à 59).

`Month`

renvoie le mois (de 1 à 12).

`Second`

renvoie la seconde (de 0 à 59).

`Weekday`

fournit le jour de semaine de 1 (dimanche) à 7 (samedi). Il y a un 2e argument facultatif qui spécifie le 1er jour de semaine : `vbMonday` spécifie lundi, etc.

`WeekdayName`

donne le nom du jour. Le 1er argument est le numéro de 1 à 7. Le 2e argument facultatif est comme ci-dessus. Si d est votre date de naissance, `WeekdayName(weekday(d))` vous dit quel jour c'était.

`Year`

fournit l'année. `Year(Date)` donne 2011 par exemple.

`DatePart(p,d)`

fournit la partie voulue de la date d. p est une chaîne qui spécifie la partie voulue :

"yyyy"	Année		"h"	Heure
"q"	Trimestre		"n"	Minute
"m"	Mois		"s"	Seconde
"y"	Jour de l'année			
"d"	Jour			
"w"	Jour de la semaine			
"ww"	Semaine			

Calculs de date

`DateAdd(p,n,d)`

fournit la date correspondant à d (expression date ou chaîne) à laquelle on ajoute n (qui peut être négatif) périodes de type spécifié par p selon le tableau précédent.

`DateAdd ("m",-3,"15/2/2004")` donne 15/11/2003.

`DateDiff(p,d1,d2)`

fournit le nombre de périodes de type spécifiées par p selon le tableau ci-dessus, écoulées entre les dates d1 et d2.

`DateDiff ("q","15/2/2003","19/10/2005")` donne 11 (nombre de trimestres)

`DateDiff("d","15/2/2004","15/3/2004")` et

`CDate("15/3/2004")-CDate("15/2/2004")` sont équivalents (nombre de jours entre deux dates).

Les fonctions `DatePart, DateAdd` et `DateDiff` admettent deux arguments facultatifs : `firstdayofweek` qui précise le 1er jour de la semaine (ex. `vbMonday`, défaut dimanche) et `firstweekofyear` qui précise comment choisir la 1re semaine de l'année (défaut : celle du 1er janvier). `vbFirstFourDays` fait commencer par la première semaine comportant au moins quatre jours dans l'année nouvelle. `vbFirstFullWeek` fait commencer par la première semaine complète de l'année.

TYPES DE DONNÉES DÉFINIS PAR LE PROGRAMMEUR

Le programmeur peut définir ses propres types de données. Un tel type représente un ensemble de plusieurs éléments-données : cela convient spécialement pour l'enregistrement dans une base de données. On écrit :

```
Type <nom_type>
    <élément1> As <type 1>
    <élément2> As <type 2>
…
End Type
```

où `<nom_type>`, `<nom_élément1>`, etc., obéissent aux règles habituelles des noms de variables, `<type 1>`, `<type 2>`, etc. sont des types classiques. La déclaration d'un type personnalisé doit être globale (en tête de module). On fait ensuite `Dim <nom_var> As <nom_type>` et on accède à un élément par `<nom_var>.<élément1>`.

Exemple : pour remplir un enregistrement d'une table avec les données d'un client :

```
Type Données_Client
    Nom As String
    Prénom As String
    Chiffre_Affaires As Single
    Ajour As Boolean
End Type
…
Dim Client As Données_Client
Rst.Fields("Nom").Value=Client.Nom
Rst.Fields("Prénom").Value=Client.Prénom
Rst.Fields("Chiffre_Affaires ").Value=Client.Chiffre_Affaires
Rst.Fields("Ajour ").Value=Client.Ajour
```

La forme étant celle des désignations d'objets, la structure `With` est très commode :

```
With Client
    .Nom = Rst.Fields("Nom")
    .Prénom = Rst.Fields("Prénom")
    .Chiffre_Affaires = Rst.Fields("Chiffre_Affaires")
    .Ajour = Rst.Fields("Ajour")
End With
```

DICTIONNAIRE

Un dictionnaire est un ensemble de couples nom (ou clé), valeur (ou élément). Traitons par exemple les notes d'un ensemble d'étudiants :

```
Dim Notes As Object
Set Notes=CreateObject("Scripting.Dictionary")
Notes.Add "Andréani", 15          'Ajout/création d'un élément
Notes.Add "Dupont", 13
Notes.Add "Durand", "Absent"
…
MsgBox Notes("Dupont")            'Utilisation comme mémoire
Notes("Durand")=12                'associative
Notes.Key("Dupont")= "Dupond"     'Rectification d'une clé
Notes.Remove  "Einstein"          'Suppression d'un élément
Notes.RemoveAll                   'Vidage du dictionnaire
Set Notes=Nothing                 'Libération de la mémoire
```

VARIANTS ET TABLEAUX DYNAMIQUES

Un tableau dynamique est un tableau qui change de dimension au cours de l'exécution du programme. Si toutes les dimensions sont susceptibles de varier, il faut traiter la variable comme variant, ce qui permet toutes les variations.

DECLARATION REDIM

Si le tableau est à une dimension ou si seule une dimension varie (il faut alors que ce soit la dernière), on peut utiliser ce qu'on appelle un tableau de taille variable. Raisonnons sur une seule dimension car c'est le cas dans 99 % des traitements. On écrit par exemple :

```
Dim TabVar() As Single
```

Puis un peu plus loin :

```
ReDim TabVar(<dimension>)
```

où `<dimension>` peut être une constante ou une expression arithmétique.

Lorsqu'un tableau est de dimensions variables, il y a lieu d'utiliser les fonctions `LBound(VarTab)` et `UBound(VarTab)` qui donnent respectivement les bornes inférieure et supérieure de l'indice de VarTab.

PRESERVE

Le problème est que si on redimensionne le tableau, les données sont perdues. Si on accompagne le `ReDim` de `Preserve`, les données seront conservées à condition que le redimensionnement augmente la dimension. S'il y a diminution, il y a irrémédiablement perte des données. On écrit par exemple :

```
ReDim Preserve TabVar(UBound(TabVar)+50)
```

Exemple : On a une série de mots dans le champ Mots de la table active. On veut constituer le tableau *VarMots* des mots sans doublons ; on lui attribue de la mémoire par blocs de 10 valeurs à mesure des besoins :

```
Sub mots()
Dim VarMots() As String, Rst As Object
Dim N As Integer, NMots As Integer, Mot As String, tr As Boolean
Set Rst = Screen.ActiveDatasheet.Recordset
ReDim VarMots(10) ' 1re attribution, pas besoin de Preserve
NMots = 0
Rst.MoveFirst
While Not Rst.EOF
  Mot = Rst.Fields("Mots").Value
  tr = False
  If NMots > 0 Then
    For N = 1 To NMots
       If Mot = VarMots(N) Then tr = True: Exit For
    Next N
  End If
  If Not tr Then
    NMots = NMots + 1
    If NMots > UBound(VarMots) Then ReDim Preserve _
       VarMots(UBound(VarMots) + 10)
    VarMots(NMots) = Mot
  End If
  Rst.MoveNext
Wend
```

INSTRUCTIONS DE GESTION DE FICHIERS

MANIPULATIONS EN BLOC DE FICHIERS OU RÉPERTOIRES

`ChDir <rep>`

change de répertoire actif. `ChDir "D:\Bases"`.

`ChDrive <d>`

change d'unité active.   `ChDrive "D"`.

`MkDir <rep>`

Crée un nouveau répertoire, sous-répertoire du répertoire courant si `<rep>` ne fournit pas le chemin complet : `MkDir "D:\Bases"`

`RmDir <rep>`

Supprime le répertoire indiqué. Il faut qu'il soit vide.

`CurDir[(<d>)]`

Renvoie le répertoire courant du disque `<d>`, du disque courant si `<d>` est absent.

`Name <ancien> As <nouveau>`

Renomme le fichier ou le répertoire indiqué. Pour un fichier, si le nouveau répertoire est différent, le fichier est déplacé puis renommé.

`Name "C:\ANCREP\ANCFICH" As "C:\NOUVREP\NOUVFICH"`

`FileCopy <ancien>,<nouveau>`

Copie le fichier indiqué : la copie doit avoir un nom différent si le répertoire nouveau est le même.

`FileDateTime(<fichier>)`

Fournit les dates et heure de dernière modification du fichier indiqué (avec disque et répertoire).

`FileLen(<fichier>)`

Donne la longueur en octets (type Long) du fichier indiqué.

`GetAttr(<nom>)`

donne le type du fichier ou répertoire indiqué. On obtient :

Constante	Valeur	Description
vbNormal	0	Normal
vbReadOnly	1	Lecture seule
vbHidden	2	Caché
vbSystem	4	Système. Non disponible sur le Macintosh.
vbDirectory	16	Répertoire ou dossier
vbArchive	32	Fichier modifié depuis la dernière sauvegarde

On obtient la somme des valeurs s'il y a plusieurs attributs.

`SetAttr <nom>,<attributs>`

Impose les `<attributs>` au fichier ou répertoire indiqué. `<attributs>` est la somme des valeurs correspondant aux attributs souhaités prises dans le tableau ci-dessus.

`Kill <fichier(s)>`

Supprime le fichier indiqué. On peut indiquer disque et répertoire. On peut utiliser des caractères jokers, donc prudence ! `Kill "*.txt"`

`Dir[(<nom>[,(<attributs>)])]`

est la fonction la plus intéressante. Elle fournit une chaîne de caractères qui est le nom du premier fichier/répertoire compatible avec le `<nom>` (il peut y avoir des caractères jokers) et avec `<attributs>` (valeur somme comme ci-dessus). Ensuite, des appels `Dir` sans arguments donnent les fichiers suivants. Le résultat est chaîne vide s'il n'y a pas/plus de fichier compatible.

INSTRUCTIONS DE GESTION DE FICHIERS

`Dir("D:\Access\Clients.accdb")` dit si le fichier existe dans le répertoire : si oui, on obtient "Clients.accdb", chaîne vide sinon.

Attention, <attributs> indique les attributs qu'on acceptera ; les fichiers « normaux » sont toujours obtenus. Exemple : imprimer dans la fenêtre d'exécution tous les sous-répertoires d'un répertoire ; on obtiendra aussi les répertoires . et .. :

```
Sub Sousrep()
   Dim x As String, c As String
   c = "d:\Tsoft\"
   x = Dir(c, vbDirectory)
   While x <> ""
     If GetAttr(c + x) And vbDirectory Then Debug.Print x
     x = Dir
   Wend
End Sub
```

ACTIONS À L'INTERIEUR DES FICHIERS

Numéro de fichier

L'écriture ou la lecture d'un fichier se fait en trois phases. La phase médiane est répétitive : c'est l'écriture ou la lecture des différents blocs de données par des instructions `Input` ou `Print` (et variantes). Dans toutes ces instructions, le fichier est représenté par un numéro (survivance du « numéro logique » des anciens langages). Le numéro figure sous forme d'une constante ou d'une variable. La phase initiale revient à établir la correspondance entre le numéro et le nom (disque et répertoire) du fichier tel que le système d'exploitation le connaît. Cette phase s'appelle l'ouverture : en complément, elle indique si on veut lire ou écrire et ce, de quelle manière. La phase finale est l'instruction de fermeture ; elle est indispensable : elle termine les opérations sur le fichier et elle libère le numéro. On obéit donc au schéma :

Ouverture `Open <disque, répertoire, nom> For <opération> As # <n°>`

Lectures `[Line] Input # <n°>, <variable>`

et/ou

Écritures `Print|Write # <n°>, <variable>`

Fermeture `Close <n°>`

Il y a en plus quelques instructions et fonctions auxiliaires.

Ouverture

`Open <desfich> For <opération> [<restr>] As # <n°> [Len=<longueur>]`

<desfich> est le nom complet du fichier (avec disque et répertoire). C'est une chaîne de caractères, qui peut être un littéral, une variable ou même une expression. <opération> peut être `Append` (ajout de données à la fin), `Binary` (mode binaire – nous ne l'utilisons pas dans ce livre), `Input` (entrée : lecture), `Output` (sortie : écriture) ou `Random` (accès direct : lecture/écriture – cas par défaut si la clause est absente). <n°> est le numéro utilisé dans les autres instructions. <longueur> est la longueur d'enregistrement : elle n'est à spécifier que dans le cas de l'accès direct.

Il y a en plus les éléments facultatifs [`Access <accès>`] où <accès> peut être `Read`, `Write` ou `Read Write` : cette clause n'ajoute rien par rapport à For <opération> et un mot-clé qui impose des restrictions d'usage pour un fichier ouvert par un autre processus : c'est un peu trop pointu pour nous.

Selon l'opération, le comportement est différent et différentes erreurs peuvent se produire :

`Input` : il faut que le fichier existe et on se positionne au début.

`Append` : il faut que le fichier existe et on se positionne à la fin.

`Output` : si le fichier n'existe pas, il est créé ; s'il existe un fichier de même nom, même répertoire, l'ancien sera écrasé.

`Random` : permet l'accès direct ; chaque ordre de lecture/écriture peut préciser le numéro d'enregistrement concerné donc la question du positionnement initial ne se pose pas.

Le <n°> attribué est arbitraire sauf qu'il ne faut pas prendre un numéro déjà en cours d'utilisation (ou alors, il faut fermer le fichier concerné). Vous pouvez utiliser la fonction `FreeFile` (sans argument) qui donne le prochain numéro de fichier disponible. Nous conseillons plutôt de bien planifier les numéros qu'on a l'intention d'utiliser.

Les lectures/écritures

Ces instructions marchent par couples car ce qu'on écrit devra être relu plus tard.

Nous vous renvoyons à l'aide pour le couple `Get`, `Put` et l'instruction `Seek` qui sont plutôt adaptées à l'accès direct et nous nous bornons à l'accès séquentiel.

`<variable chaîne>=Input(<nb>,#<n°>)`

transfère dans la variable <nb> caractères lus sur le fichier de numéro indiqué à partir de la position où a laissé la lecture précédente. Si <nb>=1, on analyse le fichier caractère par caractère. Exemple : `X=Input(1,#NF)`

À partir de maintenant, nous supposons l'accès séquentiel, donc toutes les opérations s'effectuent à la position où on est, là où a laissé l'opération précédente.

Couple Write #, Input

`Write #<n°>, <var1>[,<var2>…]`

écrit sur le fichier <n°> les variables <var1>, <var2>, etc. et termine par un fin de paragraphe/saut de ligne (chr(13)+chr(10)). Entre chaque donnée, `Write #` inscrit une virgule sur le fichier de sorte que la lecture par `Input #` sera évidente ; les données sont formatées conformément à leur type, notamment les chaînes sont incluses entre ".

`Input # <n°>, <var1>[,<var2>…]`

lit sur le fichier <n°> les données et les transfère dans les variables <var1>, <var2>, etc. On reconnaît la fin d'une variable à la virgule ou fin de paragraphe ; la donnée trouvée doit être de type compatible à la variable attendue et on ne doit pas tomber sur la fin de fichier alors qu'on attend encore des données. En fait, tout se passe bien à condition que la liste de variables de l'Input # soit la même que celle du Write # correspondant.

Couple Print #, Line Input

`Line Input #<n°>, <varchaîne>`

lit les caractères trouvés sur le fichier jusqu'au premier chr(13) rencontré et les transfère dans la variable. C'est parfait pour un fichier texte structuré en lignes.

`Print #<n°>, <expressions> [;]`

écrit les valeurs des expressions sur le fichier <n°>. Si le ; est absent, on inscrit un retour-chariot/saut de ligne, s'il est présent, on ne le fait pas. Nous conseillons d'utiliser la forme `Print #<n°>, <varchaîne>+vbCr;` où <varchaîne> ne contient pas de retour-chariot : elle forme un couple parfait avec le `Line Input #` ci-dessus.

`Width # <n°>, <largeur>`

fixe à <largeur> la largeur maximale de ligne du fichier <n°>. Une série de `Print # <n°>,… ;` remplira les lignes et insérera automatiquement un retour chariot après <largeur> caractères ;

la dernière ligne sera incomplète. Essayez :

```
Sub Ecrit()
  Dim i As Integer
  Open "d:\Tsoft\e1.txt" For Output As #1
  Width # 1, 3
  For i = 0 To 9
    Print # 1, Chr(48 + i);
  Next i
  Close #1
End Sub
Sub Lit()
  Dim x As String
  Open "d:\Tsoft\e1.txt" For Input As #1
  Do
    Line Input # 1, x
    Debug.Print x + "I"
  Loop Until EOF(1)
  Close #1
End Sub
```

Donc `Width #` n'est pas la solution pour avoir des lignes de largeur constante complétées par des espaces s'il y a lieu. Une solution de ce problème est donnée par LSet au chapitre 3.

Problème de la fin de fichier

Si on cherche à lire au-delà de la fin de fichier, une erreur est déclenchée. La fonction :

```
EOF(<n°>)
```

est `True` si la fin de fichier est atteinte de sorte que le schéma de lecture générale d'un fichier est celui de la procédure Lit ci-dessus. Autre exemple au chapitre 9.

Fermeture

```
Close #<n°>
```

ferme le fichier et libère le <n°> pour une autre ouverture (du même fichier ou d'un autre). L'opération de fermeture est indispensable (pour libérer le <n°>), mais elle est encore plus indispensable en écriture car elle écrit les dernières données.

Fonctions auxiliaires

```
FileAttr(<n°>,1)
```

fournit le mode d'ouverture du fichier : 1 (Input), 2 (Output), 4 (Random), 8 (Append), 32 (Binary). Le 2^e argument n'a maintenant de sens qu'avec la valeur 1.

```
Loc(<n°>)
```

donne la position où on en est sur le fichier (n° d'enregistrement pour Random).

```
LOF(<n°>)
```

donne la longueur du fichier ouvert de numéro indiqué (il faut qu'il soit ouvert pour avoir un numéro ; pour un fichier fermé, utiliser `FileLen`).

```
Lock <n°>,<zone>
```

où <zone> est soit un numéro d'enregistrement, soit un intervalle <m> To <n> verrouille les enregistrements indiqués du fichier vis-à-vis d'autres processus. `Unlock` avec les mêmes valeurs libère ces enregistrements.

Objets élémentaires d'Access

Objets Application, Screen, CurrentProject...

Objet DoCmd

BDi rudimentaires et prédéfinies

BDi ou formulaires : construction

BDi ou Formulaires : utilisation

Contrôles texte : Label, Textbox, ComboBox...

Contrôles Frame, OptionButton, CheckBox...

OBJETS APPLICATION, SCREEN, CURRENTPROJECT...

APPLICATION

L'objet Application est le parent de tous les autres objets. Il est le plus souvent sous-entendu dans les désignations (Ex. `DoCmd`, `Forms` etc., éléments fondamentaux décrits dans la suite). Voici des désignations où il ne peut pas être sous-entendu.

`Application.Menubar`	Définit la barre d'outils personnalisée à utiliser à l'échelle de la base de données.
`Application.Name`	Répond Microsoft Access.
`Application.Version`	N° de version (14.0 pour Access 2010).

Quelques méthodes

Ces méthodes n'ont pas besoin de préciser Application.

`CreateForm`	Crée un formulaire.
`CreateReport`	Crée un état.
`CreateControl`	Crée un contrôle dans le formulaire actif.
`FollowHyperLink`	Appelle le navigateur Internet pour consulter une page Web.

Les arguments utiles sont le 1er (adresse Web voulue) et le 3e (fournissez True) pour que le navigateur s'ouvre dans une nouvelle fenêtre. Exemple d'appel :

`FollowHyperLink "http://www.djdavid.fr",,True`

Ceci peut être très utile pour fournir des pages Web d'aide pour une application que vous vendez.

La fonction Nz est en fait une méthode de l'objet Application ; elle n'a pas besoin de préfixe.

Collections

Les deux collections les plus importantes sont celles des formulaires et des états. Le problème est qu'elles sont dédoublées. `Forms` est la collection des formulaires **ouverts** ; `AllForms` est la collection des formulaires définis qu'ils soient ouverts ou non. Même chose pour les états `Reports` et `AllReports`. Aussi `AllForms` et `AllReports` doivent être préfixés :

`CurrentProject.AllForms` et `CurrentProject.AllReports`.

Un formulaire ou un état est désigné à l'aide de son nom entre guillemets ou dans une variable :

`Forms("Formulaire1")`   `CurrentProject.AllReports("Facture")`   `Forms(nomF)`

`Set frm=CurrentProject.AllForms("Nouveau Client")`. La désignation peut, bien sûr, être suivie de sous-objets : `Forms("Formulaire1").Controls("TextBox1").Text` .

Comme nous le verrons dans la suite, les membres de la collection AllForms ont beaucoup moins de sous-objets que ceux de Forms ; même chose pour AllReports et Reports.

Il y a une collection `CurrentData.AllTables` qui désigne toutes les tables définies, mais il n'y a pas de collection <Tables> qui regrouperait les tables ouvertes. Il faut utiliser `Screen.ActiveDataSheet` qui désigne la table ouverte et active.

SCREEN

`Screen.MousePointer` Définit la forme du curseur-souris. Elle est en lecture-écriture donc vous pouvez imposer la forme que vous voulez selon la valeur :

0 (défaut), la forme sera choisie par Access ; 1 (normal) flèche � ; 3 « I-Beam » I ; 7 ⇕ ; 9 ⇔ et 11 sablier d'attente qui en Windows 7 apparaît sous forme de cercle animé ⟳. Exemple :

`Screen.MousePointer = 11` fait comprendre que le système est occupé.

`Screen.ActiveControl`	Désigne le contrôle actif dans le formulaire ou l'état actif.
`Screen.ActiveForm`	Désigne le formulaire actif (il est bien sûr ouvert).
`Screen.ActiveReport`	Désigne l'état actif.
`Screen.ActiveDataSheet`	Désigne la table active. C'est le moyen d'accéder aux données d'une table.

OBJETS APPLICATION, SCREEN, CURRENTPROJECT...

Manipuler les données d'une table

Sous Access, on ne peut pas comme sous Excel accéder aux données d'une table par une écriture du genre : `<désignation Table><cellule(ligne, colonne)>.Value`.

On ne peut qu'accéder à la table active `Screen.ActiveDataSheet` et on ne peut manipuler ses données que par l'intermédiaire du jeu d'enregistrements sous-jacent, c'est-à-dire son sous-objet `Recordset`.

Positionnement

Dans le Recordset, on ne peut agir que sur l'enregistrement actif, c'est-à-dire celui sur lequel on est positionné, ce qui se fait à l'aide des méthodes suivantes. Dans la suite, on suppose que la variable `Rst` représente le Recordset, grâce aux instructions :

```
Dim Rst as object
Set Rst = Screen.ActiveDataSheet.Recordset
```

`Rst.MoveFirst`	Se positionne au 1er enregistrement.
`Rst.MoveLast`	Se positionne au dernier enregistrement.
`Rst.MoveNext`	Avance au prochain enregistrement.
`Rst.MovePrevious`	Recule à l'enregistrement précédent.
`Rst.Move <n>`	Avance (n>0) ou recule (n<0) de n enregistrements. n doit être de type Long.
`Rst.BOF`	Vrai si on est au début du jeu d'enregistrements.
`Rst.EOF`	Vrai si on est à la fin du jeu d'enregistrements. Si EOF et BOF sont vrais simultanément, c'est que la table est vide. L'essai de se déplacer au-delà entraîne un message d'erreur.
`Rst.NoMatch`	Vrai après appel des méthodes Find si la recherche n'a pas réussi.
`Rst.FindFirst <critère>`	Positionne sur le 1er enregistrement satisfaisant au critère. La recherche va du 1er au dernier. Dans `FindLast`, on recule du dernier au 1er, dans `FindNext/FindPrevious` on avance/recule depuis l'enregistrement courant. Si `NoMatch` est `True`, il n'y a pas d'enregistrement courant défini. `<critère>` se présente comme une condition WHERE de SQL. Exemples : `Rst.FindFirst "NomCli='Dupont'"`

`Rst.FindFirst "ChiffreAffaires>2000"`.

Accès aux données

`Rst.Fields`	Collection des champs de l'enregistrement courant. Un champ se désigne par `Rst.Fields(<nom du champ>)`, exemple `Rst.Fields("NomCli")` et la valeur contenue est sa propriété `Value`. Pour l'utiliser, on écrit, par exemple :

`Nom_du_Client = Rst.Fields("NomCli").Value`.

Pour modifier la valeur, on écrit, par exemple :

`Rst.Fields("ChiffreAffaires").Value = 2550.50` mais **il faut au préalable avoir appelé la méthode `Edit` et, après coup, appeler la méthode `Update`.**

`Rst.Edit`	Autorise la modification de l'enregistrement courant.
`Rst.Update`	Sauvegarde le nouvel état de l'enregistrement courant.
`Rst.AddNew`	Ajoute un enregistrement. Après l'appel, vous devez fournir les valeurs par des `rst.Fields(<champ>).Value = ...` puis appeler `Update`.

Exemples : rectification du nom d'un client :

```
Rst.FindFirst "NomCli='Dupont'"
Rst.Edit
Rst.Fields("NomCli").Value = "Dupond"
Rst.Update
```

Ajout d'un client :

```
Rst.AddNew
Rst.Fields("NomCli").Value = "Dulac"
Rst.Fields("ChiffreAffaires").Value = 2550.50
Rst.Update
```

Notez que les champs qui n'ont pas reçu de valeur et qui n'ont pas de valeur par défaut sont considérés comme ayant la valeur `Null`.

Si une valeur numérique réelle doit être introduite dans un champ est fournie sous forme de constante, le séparateur décimal doit être un point, comme ci-dessus. Si c'est sous forme d'une chaîne de caractères qui sera convertie, il faut une virgule : la routine de conversion est francisée.

```
Rst.Fields("ChiffreAffaires").Value = CSng("2550,50")  .
```

CURRENTPROJECT

Cet objet nous intéresse en tant que conteneur des collections AllForms et AllReports qui regroupent les formulaires et les états définis mais non forcément ouverts. Le préfixe CurrentProject est nécessaire.

Les seules propriétés de CurrentProject.AllForms/CurrentProjectAllReports sont :

Application, Count, Item et Parent.

Seule Count (nombre d'éléments = nombre de formulaires/états définis) a, nous semble-t-il de l'intérêt.

Item est totalement inutile : pour désigner un certain formulaire, on peut écrire CurrentProject.AllForms.Item(<nom>), mais l'écriture CurrentProject.AllForms(<nom>) suffit toujours. Ex. `CurrentProject.AllForms("Formulaire1")`.

Les principales propriétés sont :

DateCreated, DateModified, FullName (identique à Name), IsLoaded, IsWeb, Name, Parent, Properties et Type.

Les seules utilisées dans ce livre sont `Name` (le nom) et `IsLoaded` (`True` si le formulaire/état est ouvert ; dans ce cas, il n'est pas sûr que ce soit l'objet actif ; voir au chapitre 9 le moyen de tester cela).

Ces propriétés ne sont pas les mêmes pour un Formulaire/état ouvert, désigné par Forms(<nom>)/Reports(<nom>). À ce moment, on a des sous-objets représentant les contrôles du formulaire/état. La propriété IsLoaded n'est pas définie dans Forms, donc il faut toujours tester par `If CurrentProject.AllForms("Formulaire1").IsLoaded`...

CURRENTDATA

Le même problème se pose pour les tables, à ceci près qu'il n'y a pas de collection des tables ouvertes. La collection AllTables comprend toutes les tables ouvertes ou fermées et elle doit être préfixée par l'objet conteneur CurrentData. Là aussi une table particulière est désignée par CurrentData.AllTables(<nom>). Les propriétés de CurrentData.AllTables sont les mêmes que celles qu'on a vues, `CurrentData.AllTables.Count` étant la plus intéressante.

Une table désignée comme membre de AllTables a les mêmes propriétés qu'un membre de AllForms, les deux seules qui nous concernent étant Name et IsLoaded. Pour savoir si TableClients est ouverte, écrivez `If CurrentData.AllTables("TableClients").IsLoaded Then` ...

Voyez au chapitre 9 des routines qui regroupent ces tests.

OBJET DOCMD

Cet objet dépend de Application, mais n'a pas besoin d'être préfixé. Sa particularité est de ne pas avoir de propriétés, mais seulement des méthodes. Ces méthodes forment un ensemble de procédures qui effectuent les actions élémentaires d'Access, un peu comme les éléments des macros. Par exemple `DoCmd.OpenForm "Formulaire1"` ouvre le formulaire Formulaire1.

Nous passons en revue les principales actions. Pour les autres, appelez l'Explorateur d'objets et cherchez DoCmd, puis, pour chaque méthode, sélectionnez-la et tapez F1 : vous aurez l'aide sur cette méthode, avec la description de ses paramètres. Dans les titres de paragraphes qui suivent, « DoCmd. » est sous-entendu, mais doit figurer dans les instructions effectives.

`Beep` — Fait entendre un son.

`CancelEvent` — Dans une procédure événementielle, annule le traitement système de l'événement.

`Close t, n, s` — Ferme un objet. Les arguments sont **t**, type de l'objet parmi acForm, acQuery, acReport et acTable ; **n**, nom de l'objet ; **s**, sauvegarde parmi acSaveNo, acSavePrompt (demande à l'utilisateur) et acSaveYes.

`CloseDatabase` — Ferme la base de données (à éviter).

`CopyObject d, nc, t, n` — Copie un objet dans la base active si **d** est laissé vide ; (il faut la 1re virgule) ; **nc** nom de la copie ; **t** type d'objet, comme pour Close ; **n** nom de l'objet à copier. Cela sert surtout pour créer un formulaire, un état ou une table semblable à un élément qu'on a déjà : on fait une copie en mode immédiat (dans la fenêtre Exécution), puis on modifie la copie.

`DeleteObject t, n` — Supprime l'objet de nom **n** et type **t** (comme Close).

`GoToControl n` — Active le contrôle de nom **n**. À n'utiliser que pour un sous-formulaire ; pour un autre contrôle, utilisez la méthode SetFocus du contrôle.

`GoToRecord t, n, r, no` — Va à l'enregistrement n° **no** de l'objet actif (laissez type **t** et nom **n** vides) et spécifiez acGoTo pour **r**.

`Hourglass` — Donne la forme « Attente » au curseur souris ; identique à `Screen.MousePointer=11`.

`Maximize` — Maximise la fenêtre d'Access.

`Minimize` — Réduit la fenêtre d'Access.

`MoveSize d, b, l, h` — Change les paramètres de position et taille de la fenêtre d'Access. Les nouvelles valeurs sont **d**, **b** abscisse et ordonnée du coin supérieur gauche, **l**, **h** largeur et hauteur. Les valeurs sont en twips (1 cm = 567 twips).

`OpenForm n, v, f, c, d, m, a` — Ouvre le formulaire de nom **n**. Les autres paramètres sont facultatifs ; **v**, mode de visualisation parmi acDesign (création), acFormDS (feuille de données), acNormal (formulaire – le défaut), acPreview (aperçu avant impression) ; **f** nom d'une requête SQL à appliquer ; **c** condition analogue à une clause WHERE ; **d** mode saisie des données parmi acFormAdd (on ne peut qu'ajouter des données), acFormEdit (on peut ajouter et modifier), acFormPropertySettings (on peut modifier les propriétés), acFormReadOnly (on ne peut que consulter les données) ; **m** mode d'affichage parmi acDialog (mode BDi avec Popup et Modal True), acHidden (caché), acIcon (réduit) et acWindowNormal (le défaut : affichage défini par les propriétés fixées à la création) ; **a** non utilisé dans ce livre.

`OpenReport n, v, f, c, d, m, a` — Ouvre l'état de nom **n**. Mêmes paramètres que OpenForm.

`OpenTable n, v, d` — Ouvre la table de nom **n**. **v** et **d** comme pour Openform.

`PrintOut` — Imprime l'objet actif. Tous les paramètres sont facultatifs.

`Quit`	Quitte Access en sauvegardant tout (par défaut). Microsoft conseille d'utiliser plutôt `Application.Quit`. Nous conseillons d'éviter les deux. En tout cas, par définition, aucune instruction VBA placée après Quit ne sera exécutée.
`Rename nn, t, an`	Donne le nouveau nom **nn** à l'objet d'ancien nom **an**, de type **t** comme pour Close.
`Requery nc`	Actualise le contrôle de nom **nc** dans le formulaire actif.
`Restore`	Rétablit la taille initiale de la fenêtre d'Access.
`RunMacro nm`	Exécute la macro de nom **nm**. Les autres paramètres sont facultatifs et ne sont pas utilisés dans ce livre.
`RunSQL r`	Exécute la requête SQL (action ou définition) formant la chaîne de caractères **r**. Laissez le 2e paramètre à sa valeur par défaut.
`Save t, n`	Enregistre sous le nouveau nom **n**, l'objet actif de type **t**.
`SearchForRecord t, n, r, c`	Recherche dans le formulaire, la table, l'état ou la requête de type **t** (défaut acActiveDataObject) et nom **n** un enregistrement satisfaisant à la condition **c** (analogue à une clause WHERE). **r** est parmi acFirst (on active le 1er enr.), acGoTo (active l'enr. spécifié, valeur recommandée), acLast (le dernier), acNext (le prochain), acPrevious (le précédent), acNewRec (active un nouvel enregistrement).
`SelectObject t, n, False`	Rend actif l'objet déjà ouvert de type **t** et nom **n**.
`SetWarnings x`	Active (**x**=True) ou inhibe (**x**=False) les messages système. Pensez à les activer après la séquence pour laquelle vous les avez inhibés.
`ShowAllRecords`	Supprime le filtre actif.
`ShowToolbar n`	Affiche la barre d'outils personnalisée de nom **n**.
`TransferDatabase dt, tt, db, t, n, nn, s, i`	Transfère un objet depuis une autre base de données. **dt** type de transfert parmi acExport (exportation), acImport (importation), acLink (liaison) ; **tt** chaîne donnant le type de base extérieure parmi "Microsoft Access", "dBase III", "dBase IV", "Paradox 7.x", "ODBC" etc. ; **db** nom (avec disque et répertoire) du fichier base externe ; **t** type de l'objet ; **n** son nom ; **s**=True si on ne transfère que la structure, False (défaut) si on transfère aussi les données ; **i**=True si on enregistre le code de connexion et le mot de passe d'une base ODBC.
`TransferSpreadSheet`	Transfère des données d'une feuille de calculs. Voir les paramètres dans l'aide.
`TransferText`	Transfère des données texte. Voir les paramètres dans l'aide.

BDI RUDIMENTAIRES ET PRÉDÉFINIES

La façon dont le programme dialogue avec l'utilisateur est un élément fondamental de l'ergonomie. Pour VBA avec Access comme application hôte, il n'y a que deux manières de communiquer : soit prendre des données dans des tables ou manifester ses résultats sous forme d'actions sur des tables ou des états, soit communiquer par dialogue avec l'utilisateur pour lui fournir des résultats ou lui demander des données.

Le dialogue avec l'utilisateur se fait par boîtes de dialogue (BDi). VBA permet trois sortes de BDi :

- les BDi obtenues par les instructions (en fait fonctions) `MsgBox` et `InputBox`. Ce sont les plus simples encore qu'elles puissent être assez élaborées ; nous les appelons « rudimentaires » vu la simplicité de mise en œuvre, il n'y a là rien de péjoratif.
- les BDi prédéfinies. On peut faire apparaître une des BDi standard d'Access, par exemple pour choisir un fichier, la BDi bien connue de la commande *Fichier – Ouvrir* ou *Enregistrer sous*. Cela permet à l'utilisateur de ne pas être dépaysé.
- les BDi entièrement définies par le programmeur : on les appelle aussi formulaires. Le programmeur implante les contrôles à volonté en fonction des données à demander à l'utilisateur. Il y a deux phases dans une telle implantation :
  - on crée la BDi proprement dite en plaçant les contrôles voulus.
  - on implante dans le module de code associé à la BDi les routines de traitement des événements liés aux contrôles : changement d'une valeur entrée, clic sur un bouton de validation.

Il y a un 3e élément, l'instruction d'invocation de la BDi dans le cours du programme ; on utilise la méthode `DoCmd.OpenForm`.

BDI RUDIMENTAIRES

Procédure MsgBox

La forme la plus simple est `MsgBox "Message"`. Elle affiche le message dans une BDi avec un bouton `OK` sur lequel il faut cliquer pour que le programme continue. On voit que l'argument doit être une chaîne de caractères. Pour transmettre un résultat, cette chaîne peut être formée par concaténation de textes et de conversions en chaîne de caractères des données voulues. Si l'on veut que le texte soit multiligne, il faut utiliser des vbCr. Ex.

```
MsgBox "Au bout de "+CStr(ni)+" itérations,"+vbCr+ _
    "le résultat est "+CStr(Res)
```

<ins>Autres arguments</ins>

Les deux arguments facultatifs qui suivent sont les seuls ayant un intérêt ; la forme devient (nous avons pris les noms des arguments, tels qu'on peut les utiliser en tant qu'arguments nommés) :
`MsgBox <Prompt>, <Buttons>, <Title>`

<Prompt> est le message ; <Title> est le titre de la BDi (défaut : Microsoft Access) ; <Buttons> se spécifie comme somme de constantes figuratives indiquant quels boutons on veut et quels pictogrammes on souhaite (les formes évoluent avec les versions) :

Constante	Valeur	Signification	Dessin
vbCritical	16	Message critique	
vbQuestion	32	Requête de réponse	
vbExclamation	48	Message d'avertissement	
vbInformation	64	Message d'information	

BDI RUDIMENTAIRES ET PRÉDÉFINIES

Les boutons sont surtout utilisés dans la forme fonction.

Fonction MsgBox

Sous la forme fonction, on présente différents boutons et le résultat renvoyé par la fonction (de type Integer, mais on utilise des constantes nommées) indique quel bouton a été cliqué.

```
R=MsgBox(<Prompt>, <Buttons>, <Title>)
```

Constante	Valeur	Boutons
vbOKOnly	0	Bouton OK uniquement.
vbOKCancel	1	Boutons OK et Annuler.
vbAbortRetryIgnore	2	Boutons Abandonner, Réessayer et Ignorer.
vbYesNoCancel	3	Boutons Oui, Non et Annuler.
vbYesNo	4	Boutons Oui et Non.
vbRetryCancel	5	Boutons Réessayer et Annuler.

Valeur R renvoyée		Bouton choisi
vbOK	1	OK
vbCancel	2	Annuler
vbAbort	3	Abandonner
vbRetry	4	Réessayer
vbIgnore	5	Ignorer
vbYes	6	Oui
vbNo	7	Non

On écrira quelque chose du genre :

```
If MsgBox("Voulez-vous continuer ?",vbYesNo+vbQuestion)=vbYes Then …
```

Fonction InputBox

La fonction `InputBox` permet d'obtenir une valeur de la part de l'utilisateur. La valeur est une chaîne, donc doit être convertie si c'est un nombre qu'on attend.

```
cRep=InputBox(<Prompt>[,<Title>][,<Default])
```

Les autres arguments sont sans intérêt (xpos et ypos positionnent la BDi). <Prompt> est le message qui dit à l'utilisateur quelle donnée on veut. <Title> permet de fournir un titre à la BDi (défaut Microsoft Access). <Default> permet de spécifier une valeur par défaut pour la réponse : elle apparaîtra dans la zone d'entrée où on attend la réponse. Ex. :

```
N=CInt("Nombre d'itérations ? ", "Calcul de Pi", "50")
```

La valeur est acquise si on clique sur OK, est une chaîne vide si on clique sur Annuler.

Normalement, `InputBox` ne permet d'entrer qu'une donnée à la fois. Les BDi prédéfinies ne sont pas souples du tout. Heureusement, VBA permet à l'utilisateur de construire des BDi sur mesures, où il est maître de l'ensemble des données qui seront demandées à l'utilisateur, ainsi que de leur forme. C'est le rôle des formulaires.

On peut en fait entrer plusieurs données avec InputBox : on obtient une chaîne de caractères qu'il faut décomposer. Il faut donc définir des caractères servant de séparateurs ; il faut choisir des caractères qui ne risquent pas de figurer dans les données attendues. L'exemple suivant obtient le nom, l'âge et la moyenne d'un élève ; le nom est séparé de l'âge par « ; » et la moyenne apparaît après « : ».

```
Sub NomAgeMoyenne()
  Dim Nom As String, Age As Integer, Moy As Single, p1 As Integer, _
      p2 As Integer
  Nom = InputBox("Nom;Age:Moyenne")
  p1 = InStr(Nom, ";")
  p2 = InStr(Nom, ":")
  Moy = CSng(Mid(Nom, p2 + 1))
```

```
  Age = CInt(Mid(Nom, p1 + 1, p2 - p1 - 1))
  Nom = Left(Nom, p1 - 1)
  MsgBox Nom & " : Age " & Age & " Moyenne = " & Moy
End Sub
```

La moyenne doit être tapée avec « , » pour séparer les décimales.

BDI PRÉDÉFINIES

On fait apparaître une telle BDi par `Application.FileDialog(<dialogue>).Show` où <dialogue> est une constante figurative ; la seule valeur qui nous intéressera est `msoFileDialogFilePicker` qui fournit la BDi classique de choix d'un fichier avec parcours dans les disques et dossiers.

Attention, il faut avoir installé la référence à Microsoft Office 14.0 Object Library. Pour cela :

■ Dans l'écran VBA, appelez *Outils – Références* et cochez ☒ *Microsoft Office 14.0 Object Library*.

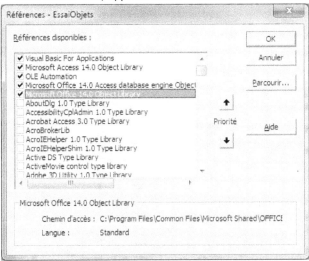

Les propriétés utiles de ce dialogue sont Title (titre de la BDi), AllowMultiSelect (autorise les choix multiples), Filters (ensemble des définitions et extensions de fichiers cherchés) et SelectedItems (ensemble des désignations choisies). La fonction suivante fournit la désignation complète d'un fichier cherché en parcourant disques et dossiers.

```
Function DesFichier() As String
Dim fDialog As Office.FileDialog, v
   DesFichier = "" 'Résultat si aucun choix
' Désigne la BDi prédéfinie
   Set fDialog = Application.FileDialog(msoFileDialogFilePicker)
   With fDialog
      .Title = "Choisissez un fichier"  'Le titre
      .Filters.Clear ' Définit les filtres
      .Filters.Add "All Files", "*.*"
' Affiche la BDi. Le résultat est True si l'utilisateur a fait
' un choix, False s'il a cliqué sur Annuler
      If .Show = True Then DesFichier = .SelectedItems(1)
   End With
End Function
```

Ainsi la routine d'erreur en fin de chapitre 2 pourrait s'écrire en appelant cette fonction :

```
TraitErr:
  MsgBox "Impossible d'ouvrir " + FN + _
    vbCr + "Choisissez dans la BDi qui suit")
  FN = DesFichier
  Resume
End Sub
```

BDI OU FORMULAIRES : CONSTRUCTION

Presque tout ce que nous disons ci-dessous pour les formulaires est valable aussi pour les états.

Access permet de gérer deux sortes de formulaires :

- les simples boîtes de dialogue qui permettent au programme de saisir quelques données ;
- les formulaires associés à une table ou une requête, permettant de consulter, modifier ou ajouter des enregistrements.

Les deux sortes sont traitées de la même façon ; si, dans les procédures événementielles associées à certain contrôles d'un formulaire on trouve des instructions de manipulations d'enregistrements, on sait qu'on a affaire au 2e type. Autres distinctions :

- Souvent une BDi « données simples » sera sous forme de fenêtre indépendante, mais un formulaire « enregistrements » peut l'être aussi. Elle peut aussi être modale (on ne peut continuer le programme que lorsque le formulaire aura été validé et fermé).
- Un formulaire enregistrements peut avoir des contrôles de navigation dans le jeu d'enregistrements, mais pour avoir une emprise totale sur la gestion dans une application VBA, il vaut mieux l'éviter et se déplacer dans les données par des instructions VBA écrites par vous.

Nous voyons dans ce chapitre les éléments communs aux deux sortes de formulaires ; la gestion des jeux d'enregistrements est dans le chapitre suivant.

LES CONTRÔLES

Les contrôles sont le constituant essentiel des formulaires. Les plus essentiels sont dans les tableaux suivants.

Icône	Aspect	Nom / rôle	Nom anglais Type VBA	Nom d'objet par défaut	Événements principaux
Aa	Label	Étiquette	Label	Étiquette\<n>	Aucun
ab		Zone d'entrée texte	TextBox	Texte\<n>	①,②,④,⑤, ⑥,⑦,⑧
		Zone de liste	ListBox	Liste\<n>	①,②,④,⑤, ⑥,⑦,⑧
		Zone de liste modifiable	ComboBox	Modifiable\<n>	①,②,④,⑤, ⑥,⑦,⑧
	☑	Case à cocher	CheckBox	Cocher\<n>	①, ⑥
	⦿	Bouton d'option	OptionButton	Option\<n>	①, ⑥
	Variable	Sous-formulaire	SubForm	Nom d'un formulaire	①, ②, ③, ④
xxxx	Bouton	Bouton de commande	CommandButton	Commande\<n>	①, ②

\<n> représente un numéro de séquence décidé par le système ; vous pouvez toujours changer le nom d'un contrôle. Les numéros de la colonne Événements renvoient aux descriptions à la fin de ce chapitre p 108. Pour le formulaire lui-même : ①, ②, ③ et ④.

BDI OU FORMULAIRES : CONSTRUCTION

CRÉATION D'UN FORMULAIRE PAR PROGRAMME

Nous ne disons rien ici de la création d'un formulaire directement sous Access, elle vous est sûrement familière. C'est d'ailleurs la manière la plus employée et la plus commode, même pour construire une grosse application Access VBA.

Mais on peut créer un formulaire et y installer des contrôles par une procédure VBA. Cela n'est employé que dans le cas, qui se présente quelquefois, où on a à implanter de très nombreux contrôles semblables. Il peut arriver qu'on ait besoin d'une cinquantaine de zones d'entrée texte. À ce moment, même en procédant par copier-coller, l'installation manuelle directe est très fastidieuse, donc vous allez créer une procédure qui implante le formulaire ; cette procédure sera exécutée une seule fois ou, si vous avez besoin de la modifier puis de la rappeler, vous la commencez par une instruction de suppression.

Types des objets formulaires

Le formulaire peut être du type général `Object` ou du type `Form`. Les constantes pour indiquer ces types sont `acObjectType` et `acForm`.

Pour les contrôles, le type général est Control et les types particuliers sont dans le tableau ci-dessus. Les constantes sont `acControlType` et ac suivi du type du tableau (Ex. `acTextBox`).

Créer le formulaire

Ayant Dim `frm as Form`, on écrit `Set frm = CreateForm` puis

`DoCmd.Save , <nom du formulaire>.`

L'opération de sauvegarde fixe le nom du formulaire ; on pourra ensuite s'y référer par la variable `frm` ou par `Forms(<nom>)`.

Fixer des propriétés

Parmi les propriétés intéressantes à définir, citons :

`frm.PopUp = True` définit le formulaire en fenêtre indépendante ;

`frm.Modal = True` rend le formulaire modal ;

`frm.InsideHeight` = hauteur de l'intérieur du formulaire ;

`frm.InsideWidth` = largeur de l'intérieur du formulaire ;

`frm.NavigationButtons = False` empêche la présence des boutons de navigation.

Créer des contrôles

Pour chaque contrôle à installer, vous écrivez :

```
Dim <variable> As <type>
Set <variable> = CreateControl (<nom formulaire>, ac<type>, <zone>,,, _
        bordgauche, bordhaut, largeur, hauteur)
```

Les « , » consécutives sont pour deux paramètres sans grand intérêt ; <zone> est le plus souvent acDetail. Comme les paramètres de taille du formulaire ci-dessus, les 4 paramètres de positionnement sont exprimés en twips. 1 cm vaut 567 twips. 1 twip = 1,76 centième de mm ; 500 twips font un peu moins d'1 cm ; 1000 twips font un peu moins de 2 cm. Exemple :

```
Set tb = CreateControl(NomForm, acTextBox, acDetail, , , 5000, 800, _
4000, 300)
```
crée une zone d'entrée texte de 7 cm de large sur ½ cm de haut.

Fixer des propriétés

Pour un label, le plus important est de fixer la Caption (texte qui apparaît), éventuellement TextAlign (l'alignement ; 1 gauche, 2 centré, 3 droite). Pour une zone d'entrée texte, le nom est important, soit pour être plus parlant (SaisieAge), soit pour une série avec numéros consécutifs, décidés par vous et non attribués par Access (TextBox1, TextBox2...). Pour un bouton, fixez le nom (Ex. B_OK) et la Caption (OK).

BDI OU FORMULAIRES : UTILISATION

L'utilisation d'un formulaire comporte trois phases et fait intervenir deux modules.

1 – Ouverture du formulaire.

2 – Actions de l'utilisateur dans les contrôles : saisie de données, clics sur des boutons.

3 – Utilisation des données.

1 et 3 sont accomplies par une ou plusieurs procédures situées dans un module ordinaire. 2 déclenche des procédures événementielles situées dans un module de classe associé au formulaire. En particulier il faut un bouton dit de validation, de libellé OK ou analogue, tel que sa procédure de clic se termine par l'instruction de fermeture du formulaire.

Phase 1

On utilise le plus souvent la forme :

```
DoCmd.OpenForm <nom formulaire>, ❶ , ❷, ❸, acDialog ❹
```

En ❶, le défaut est acNormal (Formulaire) ; on peut aussi avoir acFormDS (forme feuille de données) ou acPreview (aperçu avant impression, utile pour un état).

En ❷, on peut mettre un nom de requête ; en ❸, on peut mettre une condition analogue à une clause WHERE.

En ❹, si on n'utilise pas acDialog, le programme continue immédiatement, sans laisser le temps à l'utilisateur d'entrer des données. Voyez au chapitre 9 une solution à ce problème.

Phase 2

Les procédures du module de classe associé au formulaire jouent plusieurs rôles :

Initialisation de certains contrôles, notamment remplissage des listes de choix ;

Acquisition des données entrées et vérification de leur validité et cohérence avec des données entrées précédemment ;

Fermeture et validation du formulaire ; il y a souvent deux boutons de validation, un du genre « OK » et l'autre « Annuler ».

Phase 3 : Variables d'échange

Après fermeture du formulaire, les données telles que TextBox1.Text ne sont plus utilisables, même en écrivant Forms("Formulaire1").TextBox1.Text : le module de classe n'est même plus actif. Pour pouvoir utiliser les données acquises dans le module ordinaire, il faut des variables communes aux deux modules, donc déclarées Public.

Ces variables, que nous appelons « d'échange » reçoivent leurs valeurs et ont leur validité testée dans les procédures événementielles du module de classe, soit en réponse aux événements des zones d'entrée, soit sur clic du bouton OK. Elles sont utilisées ensuite dans le module ordinaire.

Une variable d'échange supplémentaire dont nous préconisons l'usage est le booléen Satisf qui est mis à vrai si les données sont satisfaisantes et faux si l'utilisateur clique sur Annuler. Voici un squelette de ce que vous pouvez implanter :

Module de classe

```
Private Sub B_Annul_Click()
  DoCmd.Close acForm, "Formulaire1", acSaveYes
End Sub

Private Sub B_OK_Click()
'Phase 2
  'Acquisition et test des données
  TexteNom.SetFocus   ❶
  If TexteNom.Text = "" Then
    MsgBox "Il faut entrer un nom."
    Exit Sub 'On ne ferme pas le formulaire   ❷
  Else
  'Donnée correcte
```

```
    Nom = TexteNom.Text
    Satisf = True    ❸
    DoCmd.Close acForm, "Formulaire1", acSaveYes
  End If
End Sub
```

Module ordinaire

```
Public Nom As String, Satisf As Boolean
Sub AcquiertNom()
'Phase 1
  Satisf = False    ❸
  DoCmd.OpenForm "Formulaire1", , , , acFormEdit, acDialog
'Phase 3
  If Satisf Then    ❹
  'Utilisation
  MsgBox "Le nom entré est " + Nom
  End If
End Sub
```

Quelques remarques :

❶ Pour pouvoir se référer aux données d'un contrôle (TexteNom.Text), celui-ci doit être activé par sa méthode SetFocus.

❷ Quand les données ne sont pas satisfaisantes, on affiche un message d'erreur et on ne ferme pas le formulaire : on s'attend à ce que l'utilisateur rectifie les données ou clique sur Annuler pour abandonner.

❸ Satisf est initialisé à faux ; il n'est mis à vrai que si les données sont satisfaisantes.

❹ Les données ne sont utilisées que si Satisf est vrai.

COMPLÉMENTS SUR LES BOUTONS DE VALIDATION

Il peut d'ailleurs y avoir des boutons de validation partielle en fonction des premières données entrées. Prenons l'exemple d'un formulaire pour modifier des données dans une BD, disons des clients. On aura une TextBox pour entrer le nom du client. Il y aura un bouton Chercher pour chercher l'enregistrement du client ; une fois un tel enregistrement trouvé, on affiche les autres données. Il faut un bouton Correct pour signaler que le client convient. En effet, il peut y avoir plusieurs clients du même nom, donc si ce n'est pas celui qu'il faut, l'utilisateur clique à nouveau sur Chercher. Les boutons de validation seront inactivés à l'initialisation (par exemple par B_OK.Enabled =False) et c'est la routine de clic du bouton Correct qui les activera.

Entrée de données en série

Dans un tel exemple, on peut envisager deux boutons de validation : OK et OK Dernier en plus du bouton Annuler. On emploie deux booléens publics pour pouvoir à volonté traiter plusieurs clients. Dans le module appelant, on a :

```
Dernier=False
While Not Dernier
    DoCmd.OpenForm "Formulaire1", , , ,acFormEdit, acDialog
    If Satisf Then … ' Exploiter les données
Wend
```

Dans le clic de OK, on a Satisf=True, dans OK Dernier, on a en plus Dernier=True. Ces instructions sont suivies de l'instruction de fermeture.

BDI OU FORMULAIRES : UTILISATION

Les boutons de validation ont deux propriétés booléennes `Default` et `Cancel`. Lorsque `Default` est `True`, le bouton est le bouton par défaut (il ne peut y en avoir qu'un dans ce cas) : taper Entrée revient à cliquer sur le bouton par défaut et valide la BDi. Lorsque `Cancel` est `True` (il ne peut y avoir qu'un bouton dans ce cas), taper sur Echap revient à cliquer sur le bouton Annuler. Un bouton peut avoir les deux propriétés vraies, ce qui fait que l'annulation a un maximum de chances d'avoir lieu ; cela peut être utile pour une BDi qui demande la confirmation d'une opération dangereuse ou irréversible comme une suppression.

Le texte qui apparaît dans le bouton est sa propriété `Caption`. Ce texte doit être bref mais précis pour que l'utilisateur prévoie bien l'action avant de cliquer. Vous pouvez utiliser `ControlTipText` pour donner un complément d'information qui apparaîtra dans une info-bulle. La `Caption` peut être modifiée par programme, si le rôle du bouton évolue. Vous pouvez mettre une image sur le bouton en cliquant sur sa propriété `Picture` dans la fenêtre Propriétés. Un clic sur le bouton ... qui apparaît, donne une BDi pour choisir le fichier image.

Les seuls événements à associer à des boutons sont le clic (Sur clic, `OnClick`) ① et, assez rarement, le double clic (sur double clic, `OnDblClick`) ②. (Les numéros sont ceux du tableau page 99.)

QUE METTRE DANS LA ROUTINE D'INITIALISATION ?

Les principaux événements du formulaire sont `OnCurrent` (le formulaire est ouvert et devient actif) ③, les clics ① et ②, et les événements clavier à condition que la propriété `KeyPreview` soit `True` : `OnKeyPress`, `OnKeyDown` et `OnKeyUp`, repère ④ pour les trois.

La routine *Formulaire1_Current* va contenir des initialisations de contrôles : choix de la `Caption` de la BDi, vidage ou mise à leurs valeurs initiales des contrôles données, initialisation des listes des ListBox et des ComboBox (indispensable : ces listes ne peuvent être initialisées dans la fenêtre de propriétés à la création), mise dans l'état de départ voulu des propriétés `Enabled` de certains contrôles et boutons.

CONTRÔLES TEXTE : LABEL, TEXTBOX, COMBOBOX...

LABEL

Access associe automatiquement un label à tout contrôle d'entrée de données. Pour créer un label indépendant, après avoir délimité son rectangle, vous devez taper un texte dedans. Ensuite, une icône avec un « ! » vous signale qu'Access croit qu'il y a une erreur ; choisissez *Ignorer l'erreur* dans le menu déroulant.

Les Labels peuvent fournir des messages à l'utilisateur. On peut changer le message en fonction des circonstances en donnant une valeur à la `Caption`. Par ailleurs, on peut avoir préparé deux labels différents au même endroit et on échange leur visibilité.

Nous n'insistons pas sur les propriétés de présentation, police, etc., d'ailleurs communes à tous les contrôles texte. Citons `TextAlign`.

TEXTBOX

Ce contrôle permet d'entrer une donnée : la propriété `Text` (ou `Value`) est la chaîne de caractères présente dans le contrôle. Si l'on veut un nombre ou une date, etc., il faut convertir la chaîne. Par ailleurs, vous pouvez avoir intérêt à changer le nom `Texte<n°>` ou `TextBox<n°>` en quelque chose de plus parlant, exemple : `tbNomClient`. Si `Enabled` est fausse, on ne peut entrer de données et le comportement devient très voisin du label. Ce n'est pas le but de ce contrôle : on peut le désactiver dans certaines circonstances si la donnée correspondante ne doit pas être changée ou n'a pas de signification pour le moment. La donnée peut être sur plusieurs lignes : on passe à la ligne suivante par `Ctrl`+`Entrée`, et simplement par `Entrée` si vous avez mis `EnterKeyBehaviour` à `True`. Vous pouvez mettre en œuvre une barre de défilement verticale par `ScrollBars=2`.

ÉVÉNEMENTS

Les deux événements importants sont `OnChange` (déclenché dès qu'un caractère est modifié ⑤) et `OnExit` (on quitte le contrôle par tabulation ou clic sur un autre contrôle ⑥). On peut aussi utiliser les événements `OnKey` (notamment `KeyPress` ④), `OnEnter` (on arrive sur le contrôle ⑦) et les événements souris `OnMouseMove`, `OnMouseDown` et `OnMouseUp` ⑧. `OnChange` ne peut servir pour déceler la fin de la frappe d'une donnée, en particulier pour faire une correction automatique (`TextBox1.Text=UCase(TextBox1.Text)` pour convertir en majuscule) ce serait une erreur d'utiliser `OnChange` car l'événement serait redéclenché.

Le mieux est d'utiliser `OnExit` : la routine peut contenir des vérifications de validité ; on peut d'ailleurs mettre l'argument `Cancel` à `True` pour forcer à rester sur le contrôle tant que la donnée n'est pas valide. Elle peut contenir des instructions de correction automatique ou des instructions d'interaction avec d'autres contrôles, activer ou désactiver certains boutons selon la donnée entrée, définir les données proposées au choix dans une ListBox ou ComboBox, proposer un début de valeur par défaut dans une autre zone d'entrée.

La routine suivante vérifie que la donnée est numérique sinon refuse de quitter, si oui prend l'âge en compte.

```
Private Sub TexteAge_Exit(Cancel As Integer)
  If IsNumeric(TexteAge.Text) Then
    Age = TexteAge.Text
  Else
    MsgBox "Il faut une donnée numérique"
    Cancel = True
  End If
End Sub
```

L'argument `Cancel` est `Integer` : la valeur `True` est convertie. Il n'y a pas de `TextAge.SetFocus` puisqu'on est dans une routine événement du contrôle : il est donc sélectionné.

CONTRÔLES TEXTE : LABEL, TEXTBOX, COMBOBOX…

L'événement `KeyPress` peut déceler un appui de la touche ⌷Entrée⌷ qu'on peut adopter comme indicateur de fin. Mais cela suppose qu'on n'a pas donné un rôle de validation générale à cette touche en mettant à `True` la propriété `Default` d'un bouton. L'événement *Enter* peut servir à installer dans le contrôle une valeur par défaut dépendant des valeurs déjà mises dans d'autres contrôles.

LISTBOX

La ListBox présente des textes à choisir : donc la propriété `Text` ne pourra avoir qu'une valeur parmi les propositions. Si les dimensions sont insuffisantes pour que toute la liste soit visible, des barres de défilement apparaissent automatiquement (alors qu'il faut agir sur la propriété `ScrollBars` pour un TextBox). Nous ne considérons ici que le cas d'une seule colonne. La propriété `MultiSelect` (à 1) permet d'autoriser les sélections multiples. `RowSourceType` doit avoir la valeur "Value List" ou "Liste valeurs".

Comme il n'y a pas de méthode Clear, nous fournissons la procédure `videListe`. `ListCount` est le nombre d'éléments, `ItemData(i)` l'élément n° i (commence à 0) et `Selected(i)` est `True` si l'élément n° i est sélectionné. Voici comment remplir une ListBox et l'exploiter :

```
Sub videListe(LL As ListBox)
  Dim i As Integer
  If LL.ListCount > 0 Then
    For i = LL.ListCount - 1 To 0 Step -1
      LL.RemoveItem i
    Next i
  End If
End Sub
Private Sub Liste0_Enter()
  videListe Liste0
  Liste0.AddItem "Dupont"
  Liste0.AddItem "Durand"
  Liste0.AddItem "Duval"
  MsgBox Liste0.ListCount
End Sub
Private Sub Liste0_Exit(Cancel As Integer)
  Dim t As String, i As Integer
  t = ""
  With Liste0
  For i = 0 To .ListCount - 1
    If .Selected(i) Then t = t + .ItemData(i)
  Next i
  End With
  MsgBox t
End Sub
```

COMBOBOX

La Combobox est plus utilisée. C'est la combinaison d'une ListBox et d'une TextBox puisqu'on peut fabriquer le contenu (`Text` ou `Value`) soit en tapant une chaîne soit en choisissant dans la liste déroulante. On peut limiter au choix dans la liste en mettant à `True` la propriété `LimitToList` (dans ce cas, on ne peut pas non plus laisser la réponse vide).

Il n'y a pas de multisélection possible. `ListIndex` est toujours le numéro d'élément choisi de 0 à `ListCount-1` ; il vaut -1 si on a tapé une donnée sans choisir dans la liste. Si on tape un élément de la liste, il est reconnu et `ListIndex` a pour valeur son numéro. Si on tape les 1res lettres d'un élément, la liste déroule jusqu'à lui et le présélectionne. On remplit la liste comme pour ListBox par appel de la fonction `videListe` adaptée (on remplace le type de LL par Control) puis des `AddItem`.

CONTRÔLES TEXTE : LABEL, TEXTBOX, COMBOBOX...

Ci-dessous, si on tape une valeur hors liste, elle est ajoutée en fin de liste :

```
Sub videListe(LL As Control)
  Dim i As Integer
  If LL.ListCount > 0 Then
    For i = LL.ListCount - 1 To 0 Step -1
      LL.RemoveItem i
    Next i
  End If
End Sub

Private Sub CB_Produit_Exit(Cancel As Integer)
  MsgBox CB_Produit.ListIndex
  If CB_Produit.ListIndex = -1 Then
    MsgBox CB_Produit.Text
    CB_Produit.AddItem CB_Produit.Text
  Else
    MsgBox CB_Produit.ItemData(CB_Produit.ListIndex)
  End If
End Sub
```

Le tableau ItemData est l'ensemble des données de la liste. Comme pour une ListBox, dans cet exemple, `RowSourceType` doit avoir la valeur "Value List" ou "Liste valeurs".

Les éléments de ListBox ou de ComboBox peuvent être formés de plusieurs colonnes d'où des propriétés `ColumnCount` *etc.* Consultez l'aide.

CONTRÔLES FRAME, OPTIONBUTTON, CHECKBOX...

FRAME

Une fois le rectangle du Frame tracé sur la BDi, et fournie la `Caption` qui est le titre, vous devez implanter les contrôles voulus sur la surface. Vous pouvez implanter une image de fond : il faudra régler le `BackStyle` des contrôles à transparent. L'intérêt principal est que des OptionButtons implantés dans le même Frame forment un groupe dont seul un peut être sélectionné. Le titre du Frame formera le nom du groupe (exemple : *Situation de famille*).

Un autre effet du Frame peut être de subdiviser la BDi en différents centres d'intérêt. La subdivision sera d'autant mieux marquée que vous aurez spécifié une bordure par `BorderStyle`. Les contrôles placés sur un Frame peuvent (et doivent) être désignés par leur nom sans préfixer par le nom du Frame.

CHECKBOX

C'est une case à cocher. Chaque case est indépendante des autres et plusieurs cases peuvent être cochées sans problème. Access attribue automatiquement une étiquette affichant le nom du contrôle. Mais vous pouvez à volonté changer le nom de la case à cocher et la `Caption` de l'étiquette.

Par simples déplacements, vous pouvez décider si cette étiquette sera à gauche ou à droite de la case, tandis que `TextAlign` décide si ce texte sera à gauche, centré ou à droite dans le rectangle qu'on a attribué à l'étiquette.

La propriété `TripleState` vraie permet d'avoir un 3e état « grisé » ou « coché en gris ». La propriété importante est `Value` qui représente l'état de la case : `True` (cochée), `False` (non cochée) et `Null` (grisée si `TripleState` est `True`).

Pour exploiter la valeur, l'événement utile est soit `OnExit` ⑥, soit `OnClick` ① : l'état obtenu sera celui qui résulte du clic. L'état peut servir de donnée ou alors de booléen pour orienter les traitements. On écrira quelque chose comme `If CheckBox1.Value Then` ...

On peut attribuer un nombre à la propriété `OptionValue`. Si une seule case est cochée, ce nombre sera transmis comme propriété `Value` du cadre (OptionGroup) qui contient la case à cocher.

OPTIONBUTTON

C'est un bouton radio ou bouton d'option. Il ne s'envisage en principe pas isolé, auquel cas il ne se distinguerait pas de CheckBox. Seuls, les boutons radio isolés peuvent avoir le 3e état. Parmi les boutons radio d'un même groupe, seul un peut être coché : le clic qui coche un des boutons radio décoche en même temps les autres. Access attribue automatiquement une étiquette affichant le nom du contrôle. Mais vous pouvez à volonté changer le nom de la case à cocher et la `Caption` de l'étiquette.

Par simples déplacements, vous pouvez décider si cette étiquette sera à gauche ou à droite de la case, tandis que `TextAlign` décide si ce texte sera à gauche, centré ou à droite dans le rectangle qu'on a attribué à l'étiquette.

Pour former un groupe, implantez les boutons radio dans un même Frame (OptionGroup).

L'état est représenté par la `Value` (`True` ⊙, `False` O ou `Null` grisé). La valeur `Null` ne peut se donner qu'à la création ou par programme et à condition que `TripleState` soit `Vrai` et le bouton isolé. Les événements les plus utiles sont `OnExit` ⑥ et `OnClick` ①.

La propriété `OptionValue` fonctionne comme pour un groupe de CheckBox, mieux même, puisqu'une seule option peut être choisie.

TOGGLEBUTTON

C'est un bouton qui s'enfonce ou ressort quand on clique dessus. La `Caption` est le texte en façade. À part l'aspect graphique très différent, les propriétés et le fonctionnement sont les mêmes que ceux d'une CheckBox.

Faux(0)   Vrai (-1)(enfoncé)

Si on n'a jamais cliqué sur le bouton, la valeur est `Null`. Donc l'expression passe-partout pour convertir en booléen est : `CBool(Nz(Bascule5.Value, 0))`.

Lorsque `TripleState` est `True`, on passe par les trois états par clics successifs. Les états sont représentés par `Value` (`Null` ne peut s'obtenir que par `...Value=...`).

SCROLLBAR (BARRE DE DÉFILEMENT) ET SPINBUTTON (INCRÉMENTEUR)

Ces contrôles qui existent dans d'autres logiciels ne sont pas offerts par Access VBA. La barre de défilement apparaît automatiquement en cas de besoin.

MULTIPAGE

Ce contrôle permet d'implanter une liasse de pages, chacune étant signalée par un onglet. L'intérêt est que la gestion est entièrement automatique. Il suffit d'implanter les contrôles voulus sur la page souhaitée : l'utilisateur n'aura qu'à cliquer sur la page correspondante pour accéder aux contrôles voulus. Il n'y a pas à préfixer les désignations de ces contrôles ni du nom du MultiPage, ni du nom de la page. Plus de détails sur les MultiPage au chapitre 8.

CONTRÔLES LIÉS

Pour les contrôles d'entrée de données, on peut associer un Recordset table ou requête en spécifiant le nom comme valeur de la propriété `ControlSource` : il y aura alors mise à jour automatique dans les deux sens. Le contrôle reflétera le contenu du recordset dès l'apparition de la BDi et, dès que la valeur du contrôle sera modifiée, la cellule sera modifiée en conséquence.

Nous conseillons plutôt de ne pas utiliser cela et de gérer l'association par instructions explicites.

ListBox et ComboBox ont aussi une propriété `RowSource` qui spécifie une table. La liste est remplie avec les valeurs de la plage spécifiée, ce qui évite une batterie d'instructions Additem.

RÉSUMÉ DES ÉVÉNEMENTS

Numéro	Nom	Description
①	Click	Clic
②	DblClick	Double clic
③	Current	Activation formulaire
④	KeyPress, KeyDown, KeyUp	Événements clavier
⑤	Change	Changement texte
⑥	Exit	Sortie du contrôle
⑦	Enter	Arrivée au contrôle
⑧	MouseMove,MouseDown,MouseUp	Événements souris

Le nom des événements est précédé de On pour désigner l'événement, et de <nom du contrôle>_ pour nommer la routine de traitement.

Gestion des bases de données par les objets ADO

7

Activer ADO

Objets connexion, jeu d'enregistrements, champs

Parcourir une table

Créer une requête SQL par programme

Access offre deux ensembles d'objets pour manipuler les bases de données, DAO (Data Access Objects) et ADO (ActiveX Data Objects). Nous avons effleuré le modèle DAO dans le chapitre 6 pour manipuler la feuille de données de la table active. Les deux modèles ont beaucoup de points communs, en particulier les objets essentiels Recordset et Fields. La différence est qu'ADO est plus récent et plus riche de possibilités : il permet de se connecter plus facilement à des bases de données extérieures dans des contextes divers.

Donc tout nouveau développement d'une application qui doit accéder par VBA aux données d'une table ou d'une requête doit plutôt se faire dans le cadre ADO.

Mais pour pouvoir utiliser ADO, vous devez non pas l'installer (car, en principe, il a été installé en même temps qu'Access), mais le mettre à disposition de votre base. C'est ce que nous appelons « Activer ADO ».

MISE EN ŒUVRE D'ADO

- Étant dans l'écran VBA, appelez *Outils-Références*.
- Cochez la ligne *Microsoft ActiveX Data Objects 6.0 Library*. Il y a plusieurs lignes de ce type : il faut cocher la plus récente. Cliquez sur   OK .

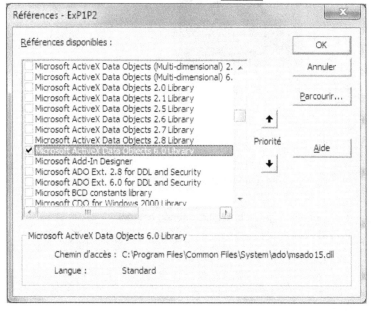

Attention : Cette opération doit être effectuée dans toute base de données dans laquelle vous comptez utiliser ADO. Cette opération ne constitue pas une option générale d'Access ; elle n'est valable que pour le fichier base de données .accdb dans lequel elle est effectuée : elle revient à mettre à la disposition de cette base les définitions des objets ADO.

Pour Access 2010 prenez l'ADO 6.0, pour les versions antérieures prenez l'ADO le plus récent adapté à votre version d'Access.

OBJETS CONNEXION, JEU D'ENREGISTREMENTS, CHAMPS

L'OBJET CONNEXION

Le premier objet à manipuler est la connexion à la base de données. Si on veut manipuler la base où on se trouve (ce qui sera toujours notre cas), on écrit :

```
Dim Connex As ADODB.Connection
Set Connex = CurrentProject.Connection
```

Si on doit manipuler une base extérieure ou depuis Word ou Excel, on écrit :

```
Set Connex = new ADODB.Connection
Connex.Open "Provider=Microsoft.Jet.OLEDB.4.0 ; " + _
     "Data Source=C:\Bases\Clients.accdb;"
```

La chaîne entre guillemets est la partie nécessaire de la propriété ConnectionString de la connexion. Le Provider ci-dessus correspond à une base Access. Voici quelques autres cas :

Base	Provider
Base ODBC	MSADSQL
SQL Server	SQLOLEDB
Base Oracle	MSDAORA
Base Access	Microsoft.Jet.OLEDB.4.0
Index Server	MSIDXS

Il est instructif de demander l'affichage de la propriété ConnectionString. Voici un exemple de ce que donnerait `MsgBox Connex.ConnectionString` :

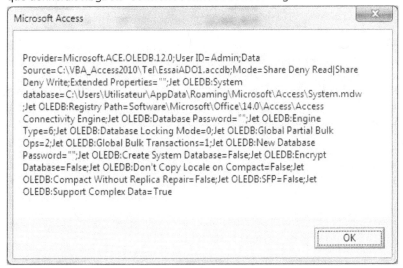

Microsoft Access

Provider=Microsoft.ACE.OLEDB.12.0;User ID=Admin;Data Source=C:\VBA_Access2010\Tel\EssaiADO1.accdb;Mode=Share Deny Read|Share Deny Write;Extended Properties="";Jet OLEDB:System database=C:\Users\Utilisateur\AppData\Roaming\Microsoft\Access\System.mdw ;Jet OLEDB:Registry Path=Software\Microsoft\Office\14.0\Access\Access Connectivity Engine;Jet OLEDB:Database Password="";Jet OLEDB:Engine Type=6;Jet OLEDB:Database Locking Mode=0;Jet OLEDB:Global Partial Bulk Ops=2;Jet OLEDB:Global Bulk Transactions=1;Jet OLEDB:New Database Password="";Jet OLEDB:Create System Database=False;Jet OLEDB:Encrypt Database=False;Jet OLEDB:Don't Copy Locale on Compact=False;Jet OLEDB:Compact Without Replica Repair=False;Jet OLEDB:SFP=False;Jet OLEDB:Support Complex Data=True

OK

L'objet Command

Une propriété importante de l'objet `Connection` est le sous-objet `Command`. Il permet d'exécuter une requête SQL de totalisation. Ses principales propriétés sont :

OBJETS CONNEXION, JEU D'ENREGISTREMENTS, CHAMPS

- `ActiveConnection` qui permet de rattacher la commande à la `Connection` dont elle doit dépendre ;
- `CommandType` type de la commande : valeur `adCmdText` pour une requête SQL ;
- `CommandText` le texte de la requête SQL ;

Pour effectuer la requête, on appelle la méthode `Execute`, qui est une fonction fournissant un Variant. Ce variant est un tableau dont l'élément 0 est le total produit par la requête de totalisation ou comptage. Voici un exemple squelettique :

```
Sub CommandeRequete()
  Dim Cm As ADODB.Command, Res ' Variant pour le résultat
  Set Cm = New ADODB.Command
  Set Cm.ActiveConnection = CurrentProject.Connection
  Cm.CommandType = adCmdText
  Cm.CommandText = _
     "select Count(Solde) from ComptesClients where Solde<0"
  Set Res = Cm.Execute
  MsgBox "Il y a " + CStr(Res(0).Value) + " débiteurs"
  Set Cm = Nothing
End Sub
```

N°	NumCompte	NomCli	DeptCli	Solde	Ajo
1	K12345	Dupont	75	1 200,50 €	
2	J23567	Durand	93	-700,10 €	
3	Z97654	Duval	75	-5,30 €	
4	X67835	Dumoulin	77	12 345,40 €	
*	(Nouv.)				

Microsoft Access

Il y a 2 débiteurs

OK

Gestion des transactions

L'objet `Connection` a lui-même une méthode `Execute` qui permet d'effectuer une requête SQL. Si cette requête doit modifier des données, on dit qu'on a une transaction. Celle-ci démarre par la méthode `BeginTrans` et on peut, soit confirmer les modifications et les enregistrer définitivement avec la méthode `CommitTrans`, soit les refuser et revenir à l'état de départ avec la méthode `RollbackTrans`. `Execute` est une fonction dont le résultat est un `Recordset`.

```
Sub Transaction()
  Dim Cnx As ADODB.Connection, chSQL As String, Nom As String
  Nom = "Durand"
  Set Cnx = CurrentProject.Connection
  Cnx.BeginTrans
  chSQL = "update ComptesClients set DeptCli = '94' " + _
    "where NomCli = '" + Nom + "'"
  Cnx.Execute chSQL
  If MsgBox("Confirmez-vous le passage de " + Nom + _
    " au dept 94 ?", vbYesNo) = vbYes Then
      Cnx.CommitTrans
  Else
      Cnx.RollbackTrans
  End If
  Set Cnx = Nothing
End Sub
```

OBJETS CONNEXION, JEU D'ENREGISTREMENTS, CHAMPS

Essayez cette procédure deux fois (F5) en cliquant d'abord sur Non : le département est inchangé, puis sur Oui : le département devient 94.

Les instructions `Set … = Nothing` que l'on implante à la fin libèrent la mémoire affectée aux variables objets introduites.

L'OBJET RECORDSET

Une fois qu'on a la connexion `Connex`, on peut ouvrir un `Recordset` qui est l'objet principal à manipuler. Le `Recordset` est un jeu d'enregistrements. Ce peut être une table entière ou un extrait associé à une requête. Ayant mis le texte de la requête dans la variable chaîne `chSQL` par `chSQL="....."`, on ouvre un `Recordset` par :

```
Dim Rst As ADODB.Recordset
Set Rst = new ADODB.Recordset
Rst.Open chSQL, Connex [, <Curseur>] [, <Verrou>]
```

Si on veut que le `Recordset` renferme une table entière, on spécifie le nom de la table au lieu du texte de la requête.

`<Curseur>` peut être `adOpenDynamic` (modifications possibles, celles faites par d'autres sont visibles), `adOpenForwardOnly` (modifications possibles, mais on ne peut se déplacer qu'en avant), `adOpenKeyset` (comme `adOpenDynamic`, mais les modifications faites par d'autres sont invisibles) et `adOpenStatic` (lecture seule, modifications impossibles).

`<Verrou>` peut être `adLockOptimistic` (optimiste, nécessaire pour la méthode `Update`), `adLockPessimistic` (pessimiste, nous ne l'utilisons pas), `adLockReadOnly` (lecture seule, modifications impossibles).

Propriétés

`EOF`	vraie si on est à la fin du `Recordset`.
`RecordCount`	Nombre d'enregistrements ; il faut que le `Recordset` soit en lecture seule ou ouvert avec `adOpenKeyset` ou `adOpenStatic`.
`Fields`	La collection des champs.
`Rst.Fields("<nom>").Value`	est le contenu du champ <nom> dans l'enregistrement en cours. Il faut donc se positionner sur l'enregistrement voulu à l'aide de certaines des méthodes ci-dessous.

Méthodes

`Open`	Vue ci-dessus.
`AddNew`	Ajoute un enregistrement. Après l'exécution, on est positionné sur le nouvel enregistrement et on peut définir les données ou on peut les définir sous forme d'arguments dans la méthode.
`Close`	Ferme le `Recordset`.
`Delete`	Supprime l'enregistrement en cours. Il vaut mieux utiliser une requête SQL.
`Find`	Cherche un enregistrement satisfaisant à des critères.
`GetRows`	Copie des enregistrements dans un tableau à deux dimensions.
`Move`	Se déplace parmi les enregistrements.
`MoveFirst, MoveLast`	Se déplace au premier, dernier enregistrement.

OBJETS CONNEXION, JEU D'ENREGISTREMENTS, CHAMPS

MoveNext, MovePrevious Avance, recule d'un enregistrement. La plus intéressante de ces méthodes est MoveNext.

Requery   Actualise le contenu.

Seek   Recherche dans un index

Update   Met à jour les données de la table concernée pour refléter les modifications qu'on a effectuées.

ACCÈS AUX DONNÉES INDIVIDUELLES

L'ensemble des champs de l'enregistrement courant du Recordset Rst est désigné par la collection Rst.Fields. Un champ particulier est désigné par Rst.Fields(<numéro>) ou, préférablement, par Rst.Fields(<nom>). Les principales propriétés sont :

Name   le nom du champ (utile pour afficher la liste des champs par une boucle For Each) ;

Type   le type du champ (3 → Numérique, 6 → Monétaire, 202 → Texte *etc.*) ;

Value   (la plus importante) la valeur contenue ;

OriginalValue la valeur de départ avant modification : Access la mémorise lorsqu'on fait une modification pour pouvoir revenir en arrière.

Utiliser une valeur

Ex. MsgBox Rst.Fields("NomCli").Value

Modifier une valeur (il faut que le Recordset ne soit pas ouvert en lecture seule)

Ex. Rst.Fields("PrixUnit").Value = Rst.Fields("PrixUnit").Value * 1.1

Il faut appeler la méthode Update après l'instruction.

Exemple

La procédure suivante affiche dans la fenêtre Exécution les noms et types des champs d'une table.

```
Sub Champs()
  Dim Cnx As ADODB.Connection, Rst As ADODB.Recordset, cp As Object
  Set Cnx = CurrentProject.Connection
  Set Rst = New ADODB.Recordset
  Rst.Open "ComptesClients", Cnx, adOpenStatic, adLockReadOnly
  For Each cp In Rst.Fields
    Debug.Print cp.Name & " " & cp.Type
  Next
  Rst.Close
  Cnx.Close
  Set Rst = Nothing
  Set Cnx = Nothing
End Sub
```

PARCOURIR UNE TABLE

Exemple : Le programme suivant affiche le numéro de compte, le nom et le solde des clients dont le solde est débiteur.

```
Sub Debiteurs()
  Dim Cnx As ADODB.Connection, Rst As ADODB.Recordset
  Dim Msg As String
  Set Cnx = CurrentProject.Connection
  Set Rst = New ADODB.Recordset
  Rst.Open "ComptesClients", Cnx
  Msg = ""
  Rst.MoveFirst
  While Not Rst.EOF
    If Rst.Fields("Solde").Value < 0 Then _
      Msg = Msg & vbCr & Rst.Fields("NumCompte").Value & " " & _
        Rst.Fields("NomCli").Value & " " & Rst.Fields("Solde").Value
    Rst.MoveNext
  Wend
  If Msg = "" Then Msg = "Pas de débiteurs" Else Msg = "Débiteurs :" & Msg
  MsgBox Msg
  Rst.Close
  Cnx.Close
  Set Rst = Nothing
  Set Cnx = Nothing
End Sub
```

Remarquez la gestion du message Msg. Quand on trouve un débiteur, il est ajouté dans Msg. Si Msg est resté vide, on affiche « Pas de débiteurs ». Mais ce qu'il faut surtout retenir, c'est la structure :

```
Rst.MoveFirst
While Not Rst.EOF
    Traiter l'enregistrement
    Rst.MoveNext
Wend
```

Voici une version avec requête ; elle est plus simple mais elle ne fonctionne que si on est certain qu'il y a au moins un compte débiteur. Elle est aussi plus rapide puisque le jeu d'enregistrements à parcourir est réduit.

```
Sub Debiteurs2()
  Dim Cnx As ADODB.Connection, Rst As ADODB.Recordset, chSQL As String
  Dim Msg As String
  Set Cnx = CurrentProject.Connection
  Set Rst = New ADODB.Recordset
  chSQL = "select NumCompte, NomCli, Solde from ComptesClients " + _
      "where Solde < 0"
  Rst.Open chSQL, Cnx
  Msg = "Débiteurs :"
  Rst.MoveFirst
  While Not Rst.EOF
    Msg = Msg & vbCr & Rst.Fields("NumCompte").Value & " " & _
        Rst.Fields("NomCli").Value & " " & Rst.Fields("Solde").Value
    Rst.MoveNext
  Wend
  MsgBox Msg
```

PARCOURIR UNE TABLE

```
   Rst.Close
   Cnx.Close
   Set Rst = Nothing
   Set Cnx = Nothing
End Sub
```

Modifier une série d'enregistrements

Faisons valser les étiquettes. Dans la table Produits, nous augmentons tous les prix unitaires de 10 %.

```
Sub Miseajour()
   Dim Cnx As ADODB.Connection, Rst As ADODB.Recordset
   Set Cnx = CurrentProject.Connection
   Set Rst = New ADODB.Recordset
   Rst.Open "Produits", Cnx, adOpenDynamic, adLockOptimistic
   Rst.MoveFirst
   While Not Rst.EOF
      Rst.Fields("PrixUnit").Value = Rst.Fields("PrixUnit").Value * 1.1
      Rst.Update
      Rst.MoveNext
   Wend
   Rst.Close
   Cnx.Close
   Set Rst = Nothing
   Set Cnx = Nothing
End Sub
```

Exercice : Simplifiez les écritures avec des `With`.

Avec une requête au lieu du nom de table, on pourrait rendre la mise à jour conditionnelle, par exemple augmenter de 10 % les prix inférieurs à 100 €, mais pas les autres, ou n'augmenter que les articles qui ont « Ballon » dans leur désignation.

CONSTRUCTION DE REQUÊTES SQL

Presque toutes les opérations sur une table peuvent se faire par le biais de requêtes SQL. Il est donc très important de savoir les créer sous VBA.

La construction de requêtes SQL est très simple. On constitue une chaîne qui est le texte SQL avec la syntaxe habituelle. Deux particularités :

- pas de « ; » à la fin ; les mots-clés peuvent être en minuscules ;

- pour une comparaison avec une chaîne, on met celle-ci entre ' qui peuvent sans problème être entre ". Si l'élément de comparaison est dans une variable on procède par concaténation :

```
chSQL = "select * from Clients where NomCli='"+ Nom +"'"
```

(après = on a ' puis " et après + on a ' entre deux ").

L'expression de la condition peut être complexe. Ainsi la condition sur le nom :

Nom like '<le nom spécifié>*' permet de ne spécifier que le début du nom cherché. Mais il serait préférable de spécifier n'importe quelle partie du nom (par exemple si on spécifie le nom d'épouse d'une femme mariée). On utilise la fonction InStr :

```
chSQL  =   "select    *    from   Gens   where   (Prénom='"+PrénomC+   _
    "' and (InStr(Nom, '"+NomC+"')>0)"
```

(on a successivement ' ", " ', ' " et " ').

Pour sélectionner les produits du type Ballon, on écrira :

```
chSQL = "select * from Produits where Instr(Désignation, 'Ballon') > 0"
```

Une telle chaîne requête peut figurer dans DoCmd.RunSQL et dans <Recordset>.Open ; elle peut être affectée comme propriété CommandText d'un objet Command ou comme propriété RecordSource d'un formulaire, d'un sous-formulaire ou d'un contrôle.

Événements et objets spéciaux

Formulaires et BDi dynamiques

Objet Scripting.FileSystemObject

Événements clavier et souris

Gestion du temps

Pilotage d'une application externe

Modules de classe – Programmation objet

FORMULAIRES ET BDI DYNAMIQUES

On dit qu'un formulaire ou une BDi est dynamique lorsqu'il/elle varie au cours de son usage. Les changements peuvent être de simples changements de légende (par exemple un bouton qui change de rôle) ou d'état activé (bouton inactivé tant qu'une condition n'est pas réalisée, contrôle d'entrée désactivé quand on n'a pas besoin de sa donnée).

Plus spectaculaire comme modification, on peut avoir deux ensembles de contrôles implantés dans la même zone de la BDi et tels que à certains moments, les contrôles du 1er ensemble ont `Enabled` et `Visible True`, les autres ayant `False`, et à d'autres moments, on inverse.

On sait qu'on peut créer un contrôle par programme. Mais cette technique est inapplicable dans ce contexte car le formulaire doit être ouvert en mode création et non en mode d'introduction de données.

BDI EN DEUX PARTIES

On peut avoir un bouton ⟨ Détails ⟩ tel que si l'on clique, il apparaît une 2e partie de la BDi avec ses contrôles et le texte du bouton devient « Réduire ». Voici un exemple de module de classe :

```
Private Sub B_Details_Click()
   If B_Details.Caption = "Détails" Then
     B_Details.Caption = "Réduire"
     Me.InsideHeight = 5670      ❶
   Else
     B_Details.Caption = "Détails"
     Me.InsideHeight = 3000
   End If
End Sub

Private Sub Form_Current()
   Me.InsideHeight = 3000
End Sub
```

Remarquez en ❶ la référence `Me` qui désigne le formulaire, lorsqu'on est dans son module de classe.

Pour essayer cet exemple, vous devez créer un formulaire de 10 cm de haut que vous appellerez Form2parts. Fixez les propriétés Fen indépendante Oui, Modale Oui, Boutons de déplacement Non et Barre défilement Aucune. Au-dessus des 5 premiers cm de hauteur, installez un TextBox et un bouton B_Details avec la légende Détails ; en dessous, installez deux TextBox. Voici les deux aspects du formulaire :

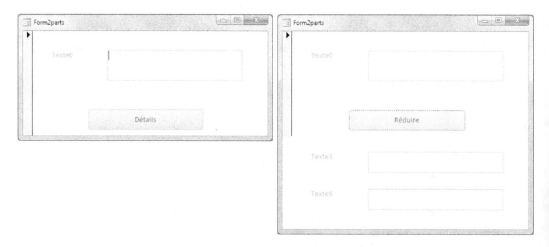

FORMULAIRES ET BDI DYNAMIQUES

MULTIPAGE

Une autre manière de simuler un formulaire en deux parties ou même plus est d'installer un contrôle MultiPage à onglets. Selon l'onglet cliqué, des contrôles différents apparaîtront.

Un MultiPage s'utilise sans aucun problème : VBA se charge de tout. Nous suggérons d'implanter le multipage dans la partie haute de la BDi, une petite zone dans le bas restant hors du multipage et étant réservée au(x) bouton(s) de validation.

Le MultiPage a deux pages au départ. Pour ajouter une page : clic droit sur un onglet, puis sur *Ajouter une page*. Pour renommer une page, clic droit sur l'onglet à renommer ; une BDi permet de spécifier le nouveau nom, une touche rapide (inutile puisque l'utilisateur arrive à la page qu'il veut par simple clic) et une info-bulle attachée à la page. Pour supprimer une page, clic droit sur son onglet et *Supprimer*.

À l'exécution, l'utilisateur peut aller et venir à son gré d'une page à l'autre et renseigner les contrôles voulus. Les contrôles sont désignés par leur nom, sans devoir préfixer par la désignation de MultiPage et de page. On peut ajouter des pages par programme, mais nous recommandons plutôt de créer toutes les pages à la création.

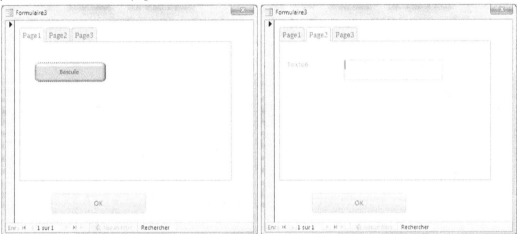

Le clic sur le bouton OK récupère les données de la bascule Bascule 5 et du Textbox Texte6 sans se préoccuper de savoir dans quelle page ils sont.

```
Private Sub Commande4_Click()
   Bascule5.SetFocus
   MsgBox CStr(CBool(Nz(Bascule5.Value, 0)))
   Texte6.SetFocus
   MsgBox Texte6.Text
   DoCmd.Close acForm, "Formulaire3", acSaveYes
End Sub
```

OBJET SCRIPTING.FILESYSTEMOBJECT

MANIPULATIONS DE FICHIERS EN BLOC

L'objet *Scripting.FileSystemObject* offre pour manipuler les fichiers une alternative aux instructions vues au chapitre 5. On crée une variable objet par :

`Set FS=CreateObject("Scripting.FileSystemObject")` . Cela étant, la méthode `FS.GetFolder(<chemin>)` renvoie l'objet répertoire indiqué qui a la collection `Files` de ses fichiers et la collection `subFolders` de ses sous-répertoires.

La séquence suivante liste les fichiers et les sous-répertoires d'un répertoire. Les deux dernières instructions indiquent l'existence d'un fichier et d'un répertoire.

```
Dim FS As Object, Rep As Object, ssRep As Object, Fich As Object
Set FS = CreateObject("Scripting.FileSystemObject")
Set Rep = FS.GetFolder("c:\vbaxl7")
For Each Fich In Rep.Files
   Debug.Print Fich.Name
Next
For Each ssRep In Rep.subFolders
   Debug.Print ssRep.Name & " " & ssRep.Size
Next
Debug.Print FS.FileExists("c:\vbaxl7\xx.pdf")
Debug.Print FS.FolderExists("c:\vbaxl7")
```

Comme propriétés des fichiers et répertoires, citons : `Path` (chemin d'accès), `Name` (nom seul), `Drive` (disque), `Size` (taille), `ParentFolder` (répertoire parent), `Attributes` et `Type` (Dossier ou Feuille Excel ou doc. Word, etc.).

`FS.Drives` est la collection des disques. `FS.GetExtensionName(<fich>)` obtient l'extension, `FS.GetParentFolderName(<fich>)` obtient le nom du répertoire parent. On cite les méthodes `CreateFolder`, `DeleteFolder`, `DeleteFile`, `CopyFile`, `CopyFolder`…

MANIPULATIONS DE DONNÉES DANS DES FICHIERS TEXTE

`Set Fich=FS.CreateTextFile("<nom>",x,y)` : crée un fichier, <nom> est le nom complet, *x* `False` empêche l'écrasement si le fichier existe déjà, *y* `False` (=ASCII), *y* `True` (=UNICODE).
`Set Fich=FS.OpenTextFile("nom",o,p)` : ouvre un fichier, o vaut 1 pour lire, 2 pour écrire, 8 pour ajouter ; si p est `True`, on crée le fichier s'il n'existe pas.
`Fich.AtEndOfLine` est `True` en fin de ligne, `Fich.AtEndOfStream` est `True` en fin de fichier. `Fich.Line` est le numéro de ligne en cours, `Fich.Column` est le numéro de colonne.

c=`Fich.ReadLine` lit une ligne, c=`Fich.Read(<n>)` lit *n* caractères.
`Fich.Write "texte"` écrit le texte, `Fich.WriteLine "texte"` écrit le texte et va à la ligne.

N'oubliez pas de fermer par `Fich.Close` et de faire `Set …=Nothing` pour les variables objets devenues inutiles. Ci-dessous, on recopie dans la fenêtre exécution le contenu du fichier texte indiqué :

```
Dim FS As Object, Fich As Object
Set FS = CreateObject("Scripting.FileSystemObject")
Set Fich = FS.Opentextfile("c:\ VBA_Access2010\ess1.txt", 1, False)
While Not Fich.AtEndOfStream
   Debug.Print Fich.ReadLine
Wend
Fich.Close
Set FS = Nothing
Set Fich = Nothing
```

ÉVÉNEMENTS CLAVIER ET SOURIS

ÉVÉNEMENTS CLAVIER DANS LES CONTRÔLES TEXTE

Les événements `KeyDown`, `KeyPress` et `KeyUp` se succèdent lorsqu'une touche est appuyée et relâchée. `KeyDown` et `KeyUp` ont deux arguments : `KeyCode`, le code de la touche et `Shift` (état des touches Maj, Ctrl et Alt, respectivement 1, 2 et 4, ajoutés si plusieurs touches simultanées). `KeyPress` n'a que l'argument `KeyAscii`, code ASCII du caractère. `KeyCode` est le même que `KeyAscii` pour les caractères « normaux », mais `KeyDown` reconnaît, entre autres, les touches de fonction (112 : F1 à 121 : F10).

Pour le problème de reconnaître la fin de frappe dans un contrôle texte, si l'on veut se baser sur la touche Entrée ou ↵, il faut faire attention à la propriété `EnterKeyBehavior` : si elle est `True` (Effet touche Entrée = Nouvelle ligne dans le champ), l'événement est déclenché et on va à la ligne dans la zone de texte ; si elle est `False` (Effet touche Entrée = Par défaut), l'événement est déclenché, mais la touche ne fait pas aller à la ligne dans le contrôle, elle fait quitter le contrôle.

En outre, si vous voulez que la touche Entrée valide le formulaire, donnez à un bouton de validation la propriété Par défaut = Oui (`Default = True`), et il faut en plus `EnterKeyBehavior` à `False`.

Ceci posé, l'événement `KeyPress` n'est pas déclenché par la touche ↵. Il faut donc utiliser `KeyDown` ; exemple :

```
Private Sub Texte0_KeyDown(KeyCode As Integer, Shift As Integer)
   If KeyCode = 13 Then MsgBox "Vous avez tapé " + Texte0.Text
End Sub
```

Dans tous les cas Alt+Entrée ne fait pas aller à la ligne.

ÉVÉNEMENTS CLAVIER AU NIVEAU FORMULAIRE

Pour que les événements clavier soient déclenchés au niveau formulaire, par exemple pour qu'une certaine combinaison de touches déclenche une certaine action quel que soit le contrôle actif, il faut mettre à Oui la propriété Aperçu des touches du formulaire (`KeyPreview = True`). Bien sûr, il faut fournir les routines pour les événements comme `Form_KeyDown`.

Dans ce cas, la routine Form_<événement> est exécutée en premier, puis la routine <contrôle>_<événement> si elle est fournie.

Sous Access, ces événements ne sont pas définis au niveau Application.

ÉVÉNEMENTS SOURIS

Les routines <contrôle>_MouseMove (déplacement), MouseDown (souris appuyée) et MouseUp (souris relâchée) ont pour arguments Button : le bouton enfoncé (1 gauche, 2 droite), Shift : la touche modificatrice du clavier enfoncée (comme ci-dessus), X et Y (les coordonnées écran où est la souris).

MARQUER UN CERTAIN DÉLAI

On utilise la fonction `Timer` qui donne le nombre de secondes écoulées depuis minuit. Voici une routine qu'on appelle par `Delai(s)` qui marque un délai de s (qui peut être <1) secondes :

```
Sub Delai(s As Single)
    s = Timer + s
    While Timer < s
        DoEvents
    Wend
End Sub
```

On appelle la fonction `DoEvents` dans la boucle pour permettre à Windows de traiter les événements qui arrivent. Nous déconseillons l'emploi pour un délai de moins de 0.1 s.

MESURER LA DURÉE D'UNE SÉQUENCE DE PROGRAMME

Insérez `T=Timer` juste avant la séquence et `T=Timer-T` juste après : T contiendra la durée de la séquence. Ceci peut servir pour comparer l'efficacité de deux méthodes de traitement : on peut être amené à incorporer les séquences dans une boucle effectuée 100 fois (ou 10 000 fois ou plus) si elles sont trop courtes pour que les temps soient appréciables.

TRAITEMENTS PÉRIODIQUES

Soit un traitement que l'on veut effectuer périodiquement. Les formulaires possèdent un événement Sur minuterie (`OnTimer`) qui se déclenche périodiquement. La période est la propriété Intervalle minuterie (`TimerInterval`) qui s'exprime en millisecondes.

Un chrono coûteux

Créez un formulaire Horloge-Chrono, Fen indépendante Oui, modale Oui, Boutons de déplacement Non ; Installez deux TextBox Texte0 pour l'heure et Texte2 pour le nombre de dixièmes de seconde, ainsi que les boutons Départ, Arrêt, RAZ et Fermer.

Voici son module de classe :

```
Dim NbDix As Long, Arr As Boolean
Private Sub B_Arr_Click()
    Arr = True
End Sub
Private Sub B_Dep_Click()
    Arr = False
    NbDix = 0
    Texte2.SetFocus
    Texte2.Text = CStr(NbDix)
End Sub
Private Sub B_Ferm_Click()
    DoCmd.Close acForm, Me.Name, acSaveNo
End Sub
Private Sub B_RAZ_Click()
    Texte2.SetFocus
    Texte2.Text = ""
End Sub
Private Sub Form_Current()
    TimerInterval = 100
    NbDix = 0
    Arr = True
    Texte0.SetFocus
    Texte0.Text = Format(Time, "hh:nn:ss")
    Texte2.SetFocus
    Texte2.Text = ""
End Sub
```

```
Private Sub Form_Timer()
  NbDix = NbDix + 1
  If Not Arr Then
     Texte2.SetFocus
     Texte2.Text = CStr(NbDix)
  End If
  If NbDix Mod 10 = 0 Then
     Texte0.SetFocus
     Texte0.Text = Format(Time, "hh:nn:ss")
  End If
End Sub
```

Le booléen Arr est vrai si le chrono est arrêté. S'il ne l'est pas, on écrit le nombre de dixièmes de secondes écoulés : le chrono fonctionne. Chaque seconde (NbDix est multiple de 10), on écrit l'heure.

Un traitement périodique

On va faire apparaître un message toutes les 20 secondes, tout en étant capable de faire autre chose entre temps. Pour cela, il faut que le formulaire base des événements Timer utilisés soit **non modal**.

Créez un formulaire appelé Périodique, Fen indépendante Oui, modale **Non**, Boutons de déplacement Non. Installez seulement un bouton Fermer. Cette fois, la routine appelée périodiquement sera dans le module ordinaire Module1. Il faut donc que ce soit une `Function`, soit `fper()`.

Voici le module de classe :

```
Private Sub B_Fermer_Click()
  DoCmd.Close acForm, Me.Name, acSaveNo
End Sub
Private Sub Form_Current()
  nb = 0
  TimerInterval = 20000     ❶
  OnTimer = "=fper()"       ❷
End Sub
```

Voici ce qui concerne notre problème dans Module1 :

```
Public nb As Long    ❸
Function fper()
  nb = nb + 1
  MsgBox nb
End Function
Sub lancer()
  DoCmd.OpenForm "Périodique"    ❹
  DoCmd.Minimize    ❺
End Sub
```

En ❶, on fixe la période à 20000 ms, soit 20 secondes.

En ❷, la propriété OnTimer prend pour valeur l'expression qui appelle la fonction fper() ; rappelons que, dans ce cas, il faut les parenthèses.

En ❸, nb est un comptage pour différencier les messages successifs.

En ❹, on lance le processus en ouvrant le formulaire : il ne faut pas acDialog pour qu'il reste non modal.

En ❺, on réduit le formulaire en icône.

On termine le processus en rétablissant le formulaire par clic sur ⬚ sur la barre de titre à laquelle se réduit le formulaire, puis clic sur Fermer. Voilà le 2e message obtenu au bout de 40 s.

PILOTAGE D'UNE APPLICATION EXTERNE

LANCEMENT PAR APPACTIVATE

```
Shell("<chemin><fichier.exe>[  <fich. document>]"[,<fenêtre>])
```

a pour résultat un numéro d'ordre de tâche et lance le programme indiqué. Si l'argument <fenêtre> est présent, il indique l'état de la fenêtre dans laquelle le programme va s'activer. On spécifie le plus souvent `vbNormalFocus`. On a `Normal`, `Maximized` ou `Minimized` et `Focus` ou `NoFocus` (laisse actif le programme qui l'était).

`AppActivate <n° tâche>` active la tâche `<n°>`

Le numéro est celui donné par un Shell précédent de sorte que l'on a une meilleure synchronisation avec la séquence `Shell` puis `AppActivate`.

SendKeys

Envoie des touches à la tâche active. `SendKeys "<touches>"[,True]` qui envoie les touches indiquées. Le 2e argument fait attendre qu'elles aient fait effet. On peut aussi ne pas mettre ce 2e argument, mais faire suivre l'appel d'un appel à *DoEvents*. Les touches caractères interviennent en tant que telles. Les caractères spéciaux sont fournis par des codes entre accolades (tableau en annexe). On peut fournir des combinaisons avec Alt, Maj et Ctrl représentés respectivement par %, ^ et +, ce qui est utile pour piloter le programme puisque de telles combinaisons sont les raccourcis des principales commandes. Exemple (vous devez, au préalable, créer un petit fichier dans *Mes documents* avec le Bloc-notes) :

```
Dim s
s = Shell("notepad.exe x.txt", 1) ' Appelle le bloc-notes
AppActivate s                      ' sur le fichier x.txt
SendKeys "Bonjour{ENTER}"          ' ajoute Bonjour au début
DoEvents
SendKeys "^s"                      ' sauve le fichier (Ctrl+S)
DoEvents
SendKeys "%{F4}"                   ' quitte le bloc-notes (Alt+F4)
DoEvents
```

PILOTAGE PAR OBJETS

On peut par le VBA d'une application Microsoft Office piloter une autre application de cette même suite, cela s'appelle « Automation ». Nous allons successivement manipuler Excel et Word depuis Access. La première chose à faire est de mettre à la disposition d'Access les bibliothèques d'objets de Word et d'Excel, de la même façon que nous l'avons fait pour ADO au chapitre précédent.

- Depuis l'écran VBA d'une copie de la base Access *EssaiADO1.accdb* que vous avez en téléchargement, appelez *Outils-Références*.

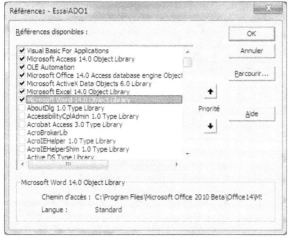

PILOTAGE D'UNE APPLICATION EXTERNE

- Cochez *Microsoft Excel 14.0 Object Library* et *Microsoft Word 14.0 Object Library* et OK.

Désignation de l'application

Il y a deux manières de procéder, la « liaison anticipée » et la « liaison tardive ».

Liaison anticipée

On écrit soit :

- `Dim <varobj> As New <nom programme>.Application` soit :
- `Dim <varobj> As <nom programme>.Application`
  `Set <varobj> = New <nom programme>.Application`

Ex. `Set objExcel = New Excel.Application`

On pourra ensuite écrire entre autres : `objExcel.Visible = True`.

Liaison tardive

On écrit par exemple :

```
Dim objWord As Object    'objet générique
Set objWord = CreateObject("Word.Application")
objWord.Visible = True
```

Ceci est pour créer une nouvelle instance de l'application. Si une instance est déjà ouverte, vous utilisez la fonction `GetObject(<désign.fich.>,<classe>)` qui donne l'objet document indiqué de la classe de logiciel indiquée. Exemple :

`Set Wdap=CreateObject(" Word.Application")`

où `<nom>` peut être aussi `Excel.Application` crée une instance de l'application indiquée et la nomme Wdap.

`Set dd=GetObject("désign.fich.")` permettra de se référer sous le nom dd au document indiqué.

Exemple Excel

Nous avons une table ComptesClients avec les champs N°, NumCompte, NomCli, DeptCli et Solde. Nous allons créer un classeur Excel et y copier cette table.

```
Sub RunExcel()
  Dim objXL As Excel.Application, Sh As Excel.Worksheet, _
        Wk As Excel.Workbook
  Dim Rst As Object, L As Integer, K As Integer, FF As Object
  Set objXL = New Excel.Application  'Crée l'application
  Set Wk = objXL.Workbooks.Add       'Crée un classeur
  Set Sh = objXL.ActiveSheet         'La feuille active
  DoCmd.OpenTable "ComptesClients", , acReadOnly  'Ouvre la table Access
  Set Rst = Screen.ActiveDatasheet.Recordset      'Accède à la table
  K = 1
  For Each FF In Rst.Fields 'Parcours des champs pour créer les en-têtes
    Sh.Cells(1, K).Value = FF.Name
    K = K + 1
  Next
  L = 2
  Rst.MoveFirst
  While Not Rst.EOF      'Parcours des enregistrements Access
    K = 1
    For Each FF In Rst.Fields  'Parcours des valeurs de chaque champ
      Sh.Cells(L, K).Value = FF.Value
      K = K + 1
    Next
```

```
      L = L + 1
      Rst.MoveNext
   Wend
   Wk.SaveAs FileName:="c:\VBA_Access2010\Tel\ComptesClients.xlsx"
   objXL.Visible = True   'Rend Excel visible après sauvegarde du classeur
End Sub
```

Les commentaires devraient vous suffire pour comprendre ce programme. Si vous voulez faire des exécutions répétées, vous devez changer le nom de fichier sous lequel on sauvegarde le classeur. Les critiques ne manqueront pas de faire remarquer que ce programme ne fait qu'une exportation, action qui existe sous forme d'une commande standard du logiciel. Il en sera d'ailleurs de même pour l'application Word que nous voyons maintenant : ces programmes ont un but essentiellement pédagogique.

Exemple Word

Nous créons un document Word qui formera une liste des clients ayant un solde négatif.

```
Sub RunWord()
   Dim objWd As Word.Application, Dd As Word.Document, FF As Object
   Dim Rst As ADODB.Recordset, Lignes As String, chSQL As String
   Set objWd = New Word.Application
   Set Dd = objWd.Documents.Add
   Set Rst = New ADODB.Recordset
   Rst.ActiveConnection = CurrentProject.Connection
   chSQL = "select * from ComptesClients where Solde < 0"
   Rst.Open chSQL      ❶
   If Rst.BOF And Rst.EOF Then     ❷
      Lignes = "Pas de découverts" + vbCrLf
      objWd.Selection.EndOf      ❸
      objWd.Selection.Text = Lignes
   Else
      Lignes = "Clients à découvert" + vbCrLf
      Rst.MoveFirst
      While Not Rst.EOF      ❹
         For Each FF In Rst.Fields
            Lignes = Lignes & FF.Value & " "     ❺
         Next
         Lignes = Lignes & vbCrLf
         Rst.MoveNext
      Wend      ❹
      objWd.Selection.EndOf
      objWd.Selection.Text = Lignes
   End If
   Dd.SaveAs2 FileName:=CurrentProject.Path + "\dd.docx"
   objWd.Visible = True
End Sub
```

En ❶, on ouvre le Recordset d'après la requête qui sélectionne les clients à découvert. En ❷, si à l'ouverture on a BOF et EOF vrais, c'est que le Recordset n'a aucun enregistrement, donc il n'y a pas de client à découvert. En ❸, toutes les écritures sont faites à la fin du texte déjà écrit.

En ❹, boucle classique de parcours d'un fichier. En ❺, on crée chaque ligne progressivement par concaténation ; on emploie l'opérateur & car il y a des données numériques et alphanumériques mélangées.

MODULES DE CLASSE - PROGRAMMATION OBJET

À part leur utilisation pour permettre l'implantation de routines d'événements, les modules de classe servent à implanter des objets propres au programmeur. Nous avons dit que la création de tels objets n'est pas cruciale, compte tenu de l'extrême richesse des objets prédéfinis offerts par VBA et ses applications hôtes. Nous allons baser leur étude sur un exemple.

PROCÉDURES PROPERTY

Un objet a tout d'abord des propriétés. Nous allons créer un objet *Voiture* : c'est l'exemple qui est toujours pris pour expliquer ce qu'est un objet ; ici, nous nous bornons à deux propriétés (nous en ajouterons une lors de la prochaine étape) : la couleur et le genre de carrosserie (berline, coupé, etc.).

Tout d'abord, il faut créer et nommer le module de classe :

- Faites *Insertion – Module de classe*.

- Pour le nommer, on dit que ce sera la classe *Voiture*. Donc, dans la fenêtre de *Propriétés*, imposez le nom *Voiture* à la propriété `Name`. Nous sommes prêts à taper des instructions dans le module de classe.

- Dans la liste déroulante de gauche, sélectionnez *Class*. La liste déroulante de droite donne le choix entre *Intialize* et *Terminate*. Il faut au moins fournir une routine *Initialize* qui intervient à chaque création d'objet de la classe et permet d'initialiser l'objet.

C'est là qu'un élément important de la programmation objet intervient : on va séparer l'accès aux propriétés telles que les connaît l'utilisateur de la façon dont sont réellement gérés les objets. Nos propriétés seront tenues respectivement dans les variables *Car* et *Teinte*. Ces variables ne sont accessibles que dans le module de classe, pas dans le module normal Module 1 où nous voulons utiliser la voiture. Pour accéder aux données, on va créer des procédures *Property*, qui, elles, seront publiques pour être accessibles depuis Module 1.

Les procédures Property vont par paires : il y a une `Property Get` qui permet de lire la propriété, et une `Property Let` (ou Set si la propriété est un objet) qui permet de lui donner une valeur. On peut écrire entièrement ces procédures, mais on peut aussi créer leurs en-têtes par le procédé qui suit :

- Faites *Insertion – Procédure*. Dans la BDi qui apparaît :

- Cochez ⊙ *Property* et ⊙ *Public*. Les en-têtes des deux procédures de la paire apparaissent ; c'est l'un des intérêts de ce procédé : vous n'oublierez pas un des membres de la paire.

Si vous ne fournissez pas de `Property Let` ou Set, la propriété est en lecture seule : il n'y aura pas moyen de lui donner une valeur directement par `<objet>.<nom>=`...

MODULES DE CLASSE - PROGRAMMATION OBJET

Un autre intérêt d'avoir une procédure, c'est qu'on peut tester la valeur que le programmeur cherche à imposer et rejeter les valeurs qui ne conviennent pas. Ici, nous n'en faisons pas usage. Ci-dessous, le module de classe et une routine d'utilisation :

Le module de classe Voiture

```
Dim Car As String, Teinte As String
Private Sub Class_Initialize()
   Me.Genre = "Cabriolet"
   Me.Couleur = "Rouge"
End Sub
Public Property Get Couleur() As String
   Couleur = Teinte
End Property
Public Property Let Couleur(ByVal vNewValue As String)
   Teinte = vNewValue
End Property
Public Property Get Genre() As  Variant
   Genre = Car
End Property
Public Property Let Genre (ByVal vNewValue As Variant)
   Car = vNewValue
End Property
```

Le module d'utilisation Module 1

```
Sub essaiVoiture1()
   Dim V As New Voiture
   MsgBox V.Genre + " " + V.Couleur
   V.Couleur = "Bleu"
   V.Genre = "Berline"
   MsgBox V.Genre + " " + V.Couleur
End Sub
```

DES MÉTHODES

Les objets ont des **méthodes**, c'est-à-dire des procédures ou des fonctions qui effectuent des actions spécifiques sur eux. Ces procédures étant dans le module de classe, elles ont accès à toutes les données. Ici, nous introduisons une propriété supplémentaire, le kilométrage, propriété KM, implémentation interne Kilom : elle sera en lecture seule car, seule, la méthode Rouler que nous introduisons pourra augmenter la valeur ; on n'autorise pas l'action directe sur la valeur comme le font certains garagistes indélicats.

Le module de classe Voiture

```
Dim Car As String, Teinte As String, Kilom As Long
Private Sub Class_Initialize()
   Dim s As String, p As Integer
   s=InputBox("Genre,Couleur?","Voiture","Cabriolet,Rouge")
   p = InStr(s, ",")
   Me.Genre = Left(s, p - 1)
   Me.Couleur = Mid(s, p + 1)
   Kilom = 0
End Sub
```

```
Public Property Get Couleur() As String
   Couleur = Teinte
End Property
Public Property Let Couleur(ByVal vNewValue As String)
   Teinte = vNewValue
End Property
Public Property Get Genre()As Variant
   Genre = Car
End Property
Public Property Let Genre (ByVal vNewValue As Variant)
   Car = vNewValue
End Property
Public Property Get KM() As Variant
   KM = Kilom
End Property
Public Sub Rouler(k As Long)
   If k < 0 Then Exit Sub
   Kilom = Kilom + k
End Sub
```

Le module d'utilisation Module 1

```
Sub essaiVoiture2()
   Dim V As New Voiture
   MsgBox V.Genre & " " & V.Couleur & " " & V.KM & " km"
   V.Couleur = "Bleu"
   MsgBox V.Genre & " " & V.Couleur & " " & V.KM & " km"
   V.Rouler (10000)
   MsgBox V.Genre & " " & V.Couleur & " " & V.KM & " km"
   V.Genre = InputBox("Transformer en ?", "Voiture", V.Genre)
   MsgBox V.Genre & " " & V.Couleur & " " & V.KM & " km"
End Sub
```

La méthode Rouler a un paramètre : le nombre de kilomètres roulé, qui va être ajouté au kilométrage précédent. Nous avons ici écrit les concaténations dans les MsgBox avec le signe & parce que le kilométrage *V.KM* est numérique. Il aurait fallu introduire des *CStr* pour pouvoir rester avec les signes +. Nous avons modifié la routine *Initialize* pour demander à l'utilisateur les paramètres initiaux de la voiture : en somme, on simule un bon de commande.

DES ÉVÉNEMENTS

Qu'est-ce qui manque à notre objet voiture ? Des événements. Nous allons implanter un événement Panne (excusez notre pessimisme !). Quand les pannes arrivent-elles ? Quand on roule. Pour simplifier, nous suscitons la panne à chaque appel de Rouler : c'est un peu trop pessimiste ; on aurait dû rendre cette instruction conditionnelle, soumise à un `Rnd` par exemple.

Le module de classe Voiture est peu modifié : il ne s'ajoute que la déclaration de l'événement : `Public Event Panne()` et l'instruction de déclenchement de l'événement dans Rouler : `RaiseEvent Panne`.

La modification la plus draconienne est celle de la déclaration de l'objet V (la voiture) : `Private WithEvents V As Voiture`. Le problème est qu'une telle déclaration ne peut pas être dans un module normal comme Module 1 ; elle doit être dans un module objet. Nous avons donc créé un formulaire EssaiVoitures avec deux boutons : Fermer qui ferme le formulaire et « Go ! » dont la routine de clic appelle essaiVoiture3.

MODULES DE CLASSE - PROGRAMMATION OBJET

Le Module d'objet Form_EssaiVoitures

```
Private WithEvents V As Voiture
Private Sub V_Panne()
  MsgBox "Panne à " & V.KM & " km"
End Sub

Sub essaiVoiture3()
  Set V = New Voiture
  MsgBox V.Genre & " " & V.Couleur & " " & V.KM & " km"
  V.Couleur = "Bleu"
  MsgBox V.Genre & " " & V.Couleur & " " & V.KM & " km"
  V.Rouler (10000)
  MsgBox V.Genre & " " & V.Couleur & " " & V.KM & " km"
  V.Genre = InputBox("Transformer en ?", "Voiture", V.Genre)
  MsgBox V.Genre & " " & V.Couleur & " " & V.KM & " km"
  V.Rouler (15000)
End Sub

Private Sub B_Fermer_Click()
  DoCmd.Close acForm, Me.Name, acSaveNo
End Sub

Private Sub Commande0_Click()
  essaiVoiture3
End Sub
```

La liste déroulante de gauche du module de formulaire fait apparaître l'objet V. Si vous le sélectionnez, l'événement Panne apparaît dans la liste déroulante de droite ; un clic implante l'en-tête et la fin de la procédure événementielle correspondante : il n'y a plus qu'à la remplir.

La routine que nous avons implantée comme réponse à l'événement est de fournir un simple message disant qu'il y une panne (en principe, un automobiliste s'en aperçoit !) et à quel kilométrage.

Le module de classe Voiture

```
Dim Car As String, Teinte As String, Kilom As Long

Public Event Panne()

Private Sub Class_Initialize()
  Dim s As String, p As Integer
  s = InputBox("Genre,Couleur ? ", "Voiture", "Cabriolet,Rouge")
  p = InStr(s, ",")
  Me.Genre = Left(s, p - 1)
  Me.Couleur = Mid(s, p + 1)
  Kilom = 0
End Sub
Public Property Get Couleur() As String
  Couleur = Teinte
End Property
Public Property Let Couleur(ByVal vNewValue As String)
  Teinte = vNewValue
End Property
Public Property Get Genre() As Variant
  Genre = Car
End Property
```

```
Public Property Let Genre(ByVal vNewValue As Variant)
   Car = vNewValue
End Property
Public Property Get KM() As Variant
   KM = Kilom
End Property

Public Sub Rouler(k As Long)
   If k < 0 Then Exit Sub
   Kilom = Kilom + k
   RaiseEvent Panne
End Sub
```

Ces programmes sont en téléchargement dans *EssaiADO1.accdb*.

PARTIE 2
MÉTHODOLOGIE ET EXEMPLES RÉUTILISABLES

Techniques utiles et exemples à réutiliser

Ajouter des contrôles

Schémas de routines

Exemples réutilisables

Boutons, barres d'outils, menus et ruban

AJOUTER DES CONTRÔLES

Si vous trouvez qu'il n'y a pas assez de contrôles dans la galerie ⬚*Outils de création de formulaire Création-[Contrôles]-* ⬚ vous pouvez en avoir d'autres. Certains sont déjà installés (leur fichier est déjà présent sur le disque) ; pour d'autres, il faut se procurer le fichier (le plus souvent .ocx) auprès d'un vendeur.

- Étant en mode création d'un formulaire ou d'un état, il suffit de cliquer sur *Contrôles ActiveX* sous la galerie pour faire apparaître une BDi liste.

- Le(s) contrôle(s) que vous choisirez vont s'implanter dans le formulaire en création. Nous suggérons de choisir *Contrôle Calendrier 12.0* et *Microsoft ProgressBar Control, Version 6.0*. Il y a aussi un incrémenteur *Microsoft UpDown Control 6.0*. Le contrôle calendrier permet de faire apparaître un calendrier très commode pour choisir une date :

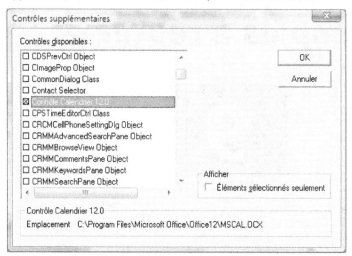

Voici l'aspect du contrôle à l'exécution ; il suffit de choisir l'année et le mois dans les boîtes déroulantes et de cliquer sur le jour :

Nous implantons le formulaire Formulaire3 avec un contrôle calendrier Calendar1 et un bouton ▭ OK ▭. Mettez à Oui les propriétés Fen indépendante et Fen modale, à Non Boutons de déplacement. Les valeurs choisies sont les propriétés *Day*, *Month* et *Year* de Calendar1 :

AJOUTER DES CONTRÔLES

Appel du formulaire :

```
Public Dat As Date
Sub ChDate()
  DoCmd.OpenForm "Formulaire3", , , , acFormEdit, acDialog
  MsgBox "Vous avez choisi " + CStr(Dat)
End Sub
```

Dans le module de classe du formulaire :

```
Private Sub B_OK_Click()
  With Calendar1
    Dat = DateSerial(.Year, .Month, .Day)
  End With
  DoCmd.Close acForm, "Formulaire3", acSaveYes
End Sub
```

Pour le contrôle ProgressBar, créez un formulaire Progression avec un seul contrôle ProgressBar : *ProgressBar0*. Fixez Boutons de déplacement à Non, Fen indépendante à Oui, et surtout Fen modale à Non pour qu'on n'attende pas sa fermeture : on continue à exécuter la routine appelante puisque c'est elle qui orchestre la progression, tout en ayant le formulaire affiché ; en outre, lors de l'ouverture, ne spécifiez pas acDialog.

Les propriétés utiles de *ProgressBar0* sont `Min`, `Max` et `Value`. L'utilisation est la suivante : on a une boucle qui orchestre le traitement et donc la progression ; à chaque fin d'itération, on affecte la valeur de l'indice courant à `ProgressBar0.Value`. Par ailleurs récupérez la routine `Delai` du chapitre 8 ; on l'utilisera pour marquer un délai d'une demi-seconde donc la ProgressBar avancera d'un cran toutes les demi-secondes :

```
Sub Progres()
Dim i As Integer, frm As Form
  DoCmd.OpenForm "Progression"
  Set frm = Forms("Progression")
  With frm.ProgressBar0
    .Min = 0
    .Max = 50
    .Value = 0
    For i = 1 To 50    ' Boucle de progression
      Delai (0.5)      ' Il y a normalement ici un
      .Value = i       ' traitement plus complexe
    Next i
  End With
  DoCmd.Close acForm, "Progression", acSaveYes
End Sub
```

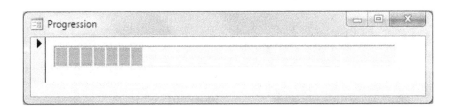

SCHÉMAS DE ROUTINES

SAVOIR SI UN FORMULAIRE EXISTE

```
Function FormExiste(n As String) As Boolean
Dim p As Object
  FormExiste = False
  For Each p In CurrentProject.AllForms
    If p.Name = n Then FormExiste = True: Exit For
  Next
End Function
```

L'argument n est le nom du formulaire. Exemple d'utilisation :

```
if FormExiste("NouveauClient") then …
```

SAVOIR SI UN FORMULAIRE EST OUVERT

Il suffit de tester `If CurrentProject.AllForms(n).IsLoaded Then` … mais ceci ne fonctionne que si le formulaire (n est son nom) existe. Donc il est prudent d'écrire :

```
Function FormOuvert(n As String) As Boolean
  FormOuvert = False
  If FormExiste(n) Then
    If CurrentProject.AllForms(n).IsLoaded Then
      FormOuvert = True: Exit Function
    End If
  End If
End Function
```

Autre solution

```
Function OuvertForm(n As String) As Boolean
Dim p As Object
  OuvertForm = False
  For Each p In Forms
    If p.Name = n Then OuvertForm = True: Exit For
  Next
End Function
```

SAVOIR SI UN OBJET (TABLE, FORMULAIRE OU ÉTAT) EST OUVERT

L'argument t est le type d'objet (valeurs possibles acTable, acForm, acReport).

```
Function Ouvert(t As AcObjectType, n As String) As Boolean
Dim p As Object, q As Object
  Select Case t
    Case acTable
      Set q = CurrentData.AllTables
    Case acForm
      Set q = Forms
    Case acReport
      Set q = Reports
  End Select
  Ouvert = False
  For Each p In q
    If p.Name = n Then
      Ouvert = True
      If t = acTable Then If Not p.IsLoaded Then Ouvert = False  ❶
      Exit Function
    End If
```

SCHÉMAS DE ROUTINES

```
   Next
End Function
```

Le cas de la table a un traitement spécial car la collection CurrentData.AllTables contient toutes les tables existantes ouvertes ou non (comme AllForms et AllReports) alors que Forms et Reports ne contiennent que les objets ouverts. Exemple d'utilisation :

```
If Not Ouvert(acForm,"Formulaire1") Then DoCmd.OpenForm "Formulaire1"
```

Remarque

L'instruction en ❶ doit être écrite comme elle apparaît et non :

```
If (t = acTable) And (Not p.IsLoaded) Then Ouvert = False
```

car si l'objet n'est pas une table, le 2e terme du And est calculé en VBA (il ne le serait pas dans d'autres langages puisqu'on sait que dès le 1er terme que le If est négatif) et il donnerait une erreur vu que IsLoaded n'est pas définie pour les membres de Forms et de Reports. Elle l'est pour AllForms et Allreports, d'où une 2e solution :

```
Function EstOuvert(t As AcObjectType, n As String) As Boolean
Dim p As Object, q As Object
  Select Case t
    Case acTable
      Set q = CurrentData.AllTables
    Case acForm
      Set q = CurrentProject.AllForms
    Case acReport
      Set q = CurrentProject.AllReports
  End Select
  EstOuvert = False
  For Each p In q
    If p.Name = n Then
      If p.IsLoaded Then EstOuvert = True: Exit Function
    End If
  Next
End Function
```

SAVOIR L'ÉTAT D'UN FORMULAIRE

La fonction suivante vaut 0 (formulaire non défini), 1 (existe mais pas ouvert) ou 2 (ouvert).

```
Function EtatForm(n As String) As Integer
Dim p As Object, k As Integer
  k = 0
  For Each p In CurrentProject.AllForms
    If n = p.Name Then k = k + 1
  Next
  For Each p In Forms
    If n = p.Name Then k = k + 1
  Next
  EtatForm = k
End Function
```

SAVOIR L'ÉTAT D'UN OBJET (FORMULAIRE, ÉTAT OU TABLE)

```
Function EtatObjet(t As AcObjectType, n As String)
Dim p As Object, q As Object, k As Integer
  k = 0
```

```
  Select Case t
    Case acTable
      Set q = CurrentData.AllTables
    Case acForm
      Set q = CurrentProject.AllForms
    Case acReport
      Set q = CurrentProject.AllReports
  End Select
  For Each p In q
    If p.Name = n Then
      k = k + 1
      If p.IsLoaded Then k = k + 1: Exit For
    End If
  Next
  EtatObjet = k
End Function
```

L'argument t, type d'objet vaut acForm (formulaire), acReport (état) ou acTable (table).

SÉLECTIONNER DES FICHIERS AVEC LA BDI PRÉDÉFINIE

```
Sub essFileDialog()
' Requiert reference à Microsoft Office 14.0 Object Library.
Dim fDialog As Office.FileDialog, NomFich As String, v
' Désigne la BDi prédéfinie
   Set fDialog = Application.FileDialog(msoFileDialogFilePicker)
   With fDialog
      .Title = "Choisissez un fichier ou plusieurs (touche Ctrl)"    'Le
titre
      .AllowMultiSelect = True 'Permet de choisir plusieurs fichiers
' Définit les filtres
      .Filters.Clear
      .Filters.Add "Access Databases", "*.accdb"
      .Filters.Add "All Files", "*.*"
' Affiche la BDi. Le résultat est True si l'utilisateur a fait
' au moins un choix, False s'il a cliqué sur Annuler
    If .Show = True Then
' Boucle sur les choix et écriture dans la fenêtre Exécution
      NomFich = .SelectedItems(1)
      MsgBox NomFich
      For Each v In .SelectedItems
          Debug.Print v
      Next
    Else
      MsgBox "Vous avez cliqué sur Annuler."
    End If
  End With
End Sub
```

CHERCHER UNE DONNÉE SUR LA FEUILLE D'UNE TABLE

La table a le nom et l'âge de personnages. On veut avoir l'âge de la personne dont on donne le nom.

```
Sub ChercheNom()
  Dim Rst As Object, NomCher As String, NomTr As String, L As Integer
  Set Rst = Screen.ActiveDatasheet.Recordset
```

SCHÉMAS DE ROUTINES

```
  NomCher = InputBox("Nom cherché")
  Rst.MoveFirst
  L = 1
  Do      ❶
     NomTr = Rst.Fields("Nom").Value
     If NomTr = NomCher Then Exit Do
     Rst.MoveNext
     L = L + 1
  Loop Until Rst.EOF   ❶
  If L <= Rst.RecordCount Then
     MsgBox NomCher + " est à la ligne " + CStr(L) + _
         " ; son âge est " + CStr(Rst.Fields("Age").Value)
  Else
     MsgBox "Non trouvé"
  End If
End Sub
```

La structure à retenir est la boucle entre les repères ❶ : on parcourt les enregistrements jusqu'à la fin (EOF) du Recordset. On n'a pas introduit de booléen devenant vrai lorsque l'enregistrement cherché est trouvé : on se base sur le n° de ligne qui devient supérieur au nombre d'enregistrements si la boucle va jusqu'au bout. Ici, on a donné le type `Integer` à L : c'est valable si on est sûr que la feuille n'a pas plus de 32000 lignes, sinon, il faudrait le type `Long`.

CALCULER UNE MOYENNE

```
Sub AgeMoyen()
  Dim Rst As Object, SommeAges As Integer, MoyAges As Single, L As
Integer
  Set Rst = Screen.ActiveDatasheet.Recordset
  Rst.MoveFirst
  SommeAges = 0
  For L = 1 To 500    ❶
     If Rst.EOF Then Exit For
     SommeAges = SommeAges + Rst.Fields("Age").Value
     Rst.MoveNext
  Next L
  MoyAges = SommeAges / (L - 1)
  MsgBox "Age moyen = " + CStr(MoyAges)
End Sub
```

Cette fois la structure est implantée par For ❶ ; la limite utilisée 500 est valable à condition qu'on soit sûr qu'il y a moins de 500 enregistrements. Le cas suivant résout le même problème sur un tableau en mémoire.

SOMME ET MOYENNE DES ÉLÉMENTS D'UN TABLEAU

On suppose le tableau *Valeurs* dimensionné et initialisé :

```
S=0
N=0
For I=LBound(Valeurs) To UBound(Valeurs)
    N=N+1
    S=S+Valeurs(I)
Next I
M=S/N
```

SCHÉMAS DE ROUTINES

COPIE D'UN FICHIER

Lorsqu'on ne sait rien sur le contenu du fichier, on procède caractère par caractère :

```
Open "C:\Tsoft\ess1.txt" For Input As #1
Open "C:\Tsoft\ess1cop.txt" For Output As #2
While Not EOF(1)
   x = Input(1, #1)
   Print #2, x;
Wend
Close 2
Close 1
```

REPÉRER LE MAXIMUM DANS UN TABLEAU

La fonction statistique `Max` nous donnerait la valeur du maximum ; ici, nous voulons le numéro de ligne du maximum. Le maximum provisoire est `MaxProv` (il deviendra le maximum définitif).

```
Lmax = LBound(Valeurs)
MaxProv=Valeurs(Lmax)
For L = LBound(Valeurs) To UBound(Valeurs)
    If Valeurs(L) > MaxProv then
        Lmax = L
        MaxProv = Valeurs Lmax)
    End If
Next Ligne
MsgBox "Maximum " & MaxProv & " à la ligne " & Lmax
```

RECHERCHE DICHOTOMIQUE DANS UN TABLEAU OU UNE FEUILLE

La recherche dichotomique est beaucoup plus efficace pour les grandes listes que la recherche séquentielle : on divise l'intervalle de recherche par 2 à chaque étape d'où un temps proportionnel à Log2(n). Il faut que le tableau soit classé (croissant dans notre exemple). Les arguments de la fonction `Dicho` ci-dessous sont le nom cherché, et le tableau des noms. Le résultat est le numéro trouvé ou 0 si le nom n'est pas présent.

```
Function Dicho(NomCher As String, Valeurs() As String) As Long
   Dim Linf As Long, Lsup As Long, Lmil As Long
   Linf = LBound(Valeurs)
   Lsup = UBound(Valeurs)
   If (NomCher > Valeurs(Lsup) Or (NomCher < _
     Valeurs(Linf)) Then Dicho = 0: Exit Function
   If NomCher = Valeurs(Linf) Then Dicho = Linf: Exit Function
   If NomCher = Valeurs(Lsup) Then Dicho = Lsup: Exit Function
   Lmil = (Linf + Lsup) \ 2
   While (Lmil <> Linf) And (NomCher <> Valeurs(Lmil)
     If NomCher > Valeurs(Lmil) Then
       Linf = Lmil : Lmil = (Linf + Lsup) \ 2
     Else
       If NomCher < Valeurs(Lmil) Then
         Lsup = Lmil : Lmil = (Linf + Lsup) \ 2
       End If
     End If
   Wend
   If NomCher = Valeurs(Lmil) Then Dicho = Lmil Else Dicho = 0
End Function
```

EXEMPLES RÉUTILISABLES

SUPPRIMER UN FORMULAIRE

```
Sub FormSupprime(n As String)
  If FormExiste(n) Then
    If CurrentProject.AllForms(n).IsLoaded Then DoCmd.Close acForm, n
    DoCmd.DeleteObject acForm, n
  End If
End Sub
```

On utilise la fonction FormExiste vue page 140.

CRÉER UN FORMULAIRE AVEC DE NOMBREUX CONTRÔLES

```
Public NomForm As String, NbTb As Integer, Données() as string
Sub CreeFormulaire()
  Dim frm As Form, lb As Label, tb As TextBox, cb As CommandButton
  Dim bdH As Integer, bdGL As Integer, bdGT As Integer, bdGB As Integer
  Dim ht As Integer, largL As Integer, largTB As Integer, i As Integer
  Dim htForm As Integer, largForm As Integer, IncrH As Integer
  bdH = 250        ❶
  bdGL = 500
  bdGT = 3000
  bdGB = 2000
  ht = 300
  IncrH = 400
  largL = 2000
  largTB = 4000
  largForm = 7500
  NomForm = InputBox("Nom du formulaire;nombre de TextBox")
  i = InStr(NomForm, ";")
  NbTb = CInt(Mid(NomForm, i + 1))
  NomForm = Left(NomForm, i - 1)
  htForm = 2 * bdH + ht + NbTb * IncrH
  FormSupprime (NomForm)     ❷
  Set frm = CreateForm
  DoCmd.Save , NomForm
  frm.PopUp = True
  frm.Modal = True
  frm.NavigationButtons = False
  frm.InsideHeight = htForm
  frm.InsideWidth = largForm
  For i = 1 To NbTb          ❸
    Set lb = CreateControl(NomForm, acLabel, , , , bdGL, bdH, largL, ht)
    lb.Caption = "Donnée" + CStr(i)
    lb.TextAlign = 3 'Droite
    Set tb = CreateControl(NomForm, acTextBox, , , , bdGT, bdH, largTB, ht)
    tb.Name = "TextBox" + CStr(i)
    bdH = bdH + IncrH
  Next i
  Set bt = CreateControl(NomForm, acCommandButton, , , , bdGB, bdH, largTB, ht)
  bt.Name = "B_OK"
  bt.Caption = "OK"       ❹
  DoCmd.Close acForm, NomForm, acSaveYes
End Sub
```

Notez que NomForm et NbTb sont déclarées à l'extérieur de la procédure car elles vont servir dans plusieurs routines.

À partir de ❶, initialisation des variables de positionnement et taille des contrôles bdH et bdG... ordonnée et abscisse du coin supérieur gauche, ht hauteur, larg... largeur, IncrH distance verticale de deux lignes consécutives. Les valeurs sont en twips (1/567 cm).

Normalement, un tel programme ne devrait être utilisé qu'une fois, pour créer le formulaire en évitant la répétition fastidieuse de l'implantation de nombreux contrôles. Mais comme toute routine nécessite d'être mise au point, il risque d'être appelé plusieurs fois avec des modifications de la présentation du formulaire à créer, d'où en ❷, la suppression de la création précédente.

Le 1er DoCmd.Save attribue le nom au formulaire. Ensuite on fixe quelques propriétés, notamment Popup (Fen indépendante) et Modal. Vous pouvez en définir d'autres.

En ❸, boucle de création des NbTb couples de Label et TextBox. Après la boucle, création d'un bouton OK et fermeture du formulaire avec sauvegarde.

LES PROCÉDURES ÉVÉNEMENTIELLES

En mode direct, la création des procédures événementielles qui réagissent aux actions effectuées sur les contrôles ne pose pas de problème. On clique sur le bouton ... de la ligne de l'événement concerné dans la feuille de propriétés du contrôle. Si dans le menu déroulant on choisit *Générateur de code*, la propriété prend la valeur "Procédure événementielle" et la procédure s'implante dans le module de classe du formulaire. Si on choisit *Générateur de macro*, la propriété prend pour valeur le nom de la macro ; si on choisit *Géhérateur d'expression*, la propriété prend pour valeur l'expression générée.

En création par VBA, les choses se compliquent car, lors de la suppression du formulaire version précédente (repère ❷ du listing ci-dessus), le module de classe associé disparaît ; donc il faudrait recréer toutes les procédures événementielles. La solution est la suivante :

- Pour chaque événement, implanter la routine dans le module ordinaire Module1 mais **sous forme de** `Function`. La raison en est le point suivant qui crée une expression d'appel : seule une fonction peut être appelée à l'intérieur d'une expression.

- Donner à la propriété On<événement> la valeur "=<nom fonction>()". Dans cette expression, contrairement à l'habitude de VBA, l'appel doit avoir son couple de parenthèses vides.

Traitons le cas du clic sur le bouton OK dans notre exemple ci-dessus. Dans Module1, implantez :

```
Function Clic_OK()
  Dim frm As Form, Données() As String, i As Integer
  Set frm = Forms(NomForm)
  ReDim Données(NbTb)
  For i = 1 To NbTb
    frm. Controls("TextBox" + CStr(i)).SetFocus
    Données(i) = frm.Controls("TextBox" + CStr(i)).Text
    Debug.Print Données(i)
  Next i
  DoCmd.Close acForm, NomForm, acSaveYes
End Function
```

Implantez aussi une procédure d'essai :

```
Sub EssaiFormCréé()
  CreeFormulaire
  DoCmd.OpenForm "Monform", , , , acFormEdit, acDialog
  MsgBox Données(5)
End Sub
```

EXEMPLES RÉUTILISABLES

Dans CreeFormulaire page 145, avant l'instruction de fermeture (repère ❹), implantez :
```
bt.OnClick = "=Clic_OK()"
```

UN PROBLÈME AVEC LES BDI NON MODALES

Si vous ne fixez pas Fen modale à Oui (`Modal = True`) ou ne spécifiez pas `acDialog` dans la commande d'ouverture, le formulaire reste ouvert mais VBA passe immédiatement aux instructions qui suivent le `DoCmd.OpenForm` et donc l'utilisateur n'a pas le temps de fournir la moindre donnée. Si les instructions qui suivent utilisent les données qu'on est censé entrer, en fait, on n'aura rien.

Ce qu'il faut, c'est introduire un booléen `Fini` que les routines des boutons de validation du formulaire mettent à `True` et suivre l'instruction d'ouverture d'une boucle d'attente.

```
Fini = False
DoCmd.OpenForm "NouveauClient", , , , acFormEdit
While Not Fini
    x = DoEvents
Wend
MsgBox NomCli
```

L'appel de la fonction `DoEvents` est indispensable : il rend Windows sensible aux événements qui se produisent, notamment les entrées de données et les clics sur les boutons de validation. En l'absence de ce `DoEvents`, la boucle ne se terminerait jamais.

COMPTE DES ENREGISTREMENTS

1re méthode

```
Sub CompteEnreg1()
    Dim Cnx As ADODB.Connection, Rst As ADODB.Recordset
    Set Cnx = CurrentProject.Connection
    Set Rst = New ADODB.Recordset
    Rst.Open "ComptesClients", Cnx, adOpenStatic, adLockReadOnly
    MsgBox "Nb d'enregistrements = " & Rst.RecordCount
    Rst.Close
    Cnx.Close
    Set Rst = Nothing
    Set Cnx = Nothing
End Sub
```

Si, au lieu du nom de la table, on met le texte d'une requête SQL avec clause WHERE, on comptera les enregistrements qui satisfont à une condition.

2e méthode

```
Sub CompteEnreg2()
    Dim Cnx As ADODB.Connection, Rst As ADODB.Recordset, Nb As Integer
    Set Cnx = CurrentProject.Connection
    Set Rst = New ADODB.Recordset
    Rst.Open "ComptesClients", Cnx, adOpenDynamic, adLockOptimistic
    Rst.MoveFirst
    Nb = 0
```

```
   While Not Rst.EOF
     Nb = Nb + 1
     Rst.MoveNext
   Wend
   MsgBox "Nb d'enregistrements = " & Nb
   Rst.Close
   Cnx.Close
   Set Rst = Nothing
   Set Cnx = Nothing
End Sub
```

Cette méthode est plus longue que la 1re, mais la 1re méthode exige que le Recordset soit en lecture seule. Donc, si, ensuite, vous avez à exploiter les enregistrements en écriture, vous devez fermer le Recordset qui était en lecture seule puis le rouvrir dans le mode voulu.

AJOUT D'UN ENREGISTREMENT

Voici la séquence-modèle des opérations. Rst est la variable qui désigne le Recordset.

```
Rst.AddNew
Rst.Fields("<nom champ1>").value = …
Rst.Fields("<nom champ2>").value = …
Rst.Fields("<nom champ3>").value = …
…
Rst.Update
..autre enregistrement…
Rst.Close
```

REMPLISSAGE AUTOMATIQUE DANS UN FORMULAIRE

On peut gagner beaucoup de temps dans le remplissage d'un formulaire si, dès qu'on a fourni une donnée, d'autres données se génèrent automatiquement, par exemple si la ville apparaît dès qu'on a fourni le code postal.

Pour cela, il suffit d'avoir une table qui donne la correspondance entre code postal et ville, et, dans la routine d'événement Exit (Sur sortie) du contrôle où vous donnez le code postal, vous implantez des instructions du genre :

```
Ville= DLookup("Ville", "TabCodesPost", "CP = '" + TexteCP.Text + "'"
TexteVille.SetFocus
TexteVille.Text=Ville
```

Traitons un exemple plus complet basé sur la table ComptesClients de la base *EssaiADO1.accdb* que vous avez en téléchargement.

Créez un formulaire Cherche Client avec les TextBox TexteNumCompte, TexteNomCli et TexteSolde, et un bouton B_Fermer. Le formulaire a Fen indépendante Oui, Fen Modale Oui et Boutons de navigation Non. Il est appelé par :

```
Sub ChercherClient()
  DoCmd.OpenForm "Cherche Client", , , , acFormEdit, acDialog
End Sub
```

Voici son module de classe où la routine de l'événement Exit fait apparaître automatiquement le nom et le solde du client aussitôt qu'on a donné le numéro de compte.

EXEMPLES RÉUTILISABLES

```
Private Sub B_Fermer_Click()
  DoCmd.Close acForm, "Cherche Client", acSaveNo
End Sub

Private Sub TexteNumCompte_Exit(Cancel As Integer)
  Dim Nc As String, Nom As String, S As Single
  Nc = TexteNumCompte.Text
  If IsNull(DLookup("NomCli", "ComptesClients", _
      "NumCompte='" + Nc + "'")) Then Cancel = True: Exit Sub  ❶
  Nom = DLookup("NomCli", "ComptesClients", "NumCompte='" + Nc + "'")  ❷
  S = DLookup("Solde", "ComptesClients", "NumCompte='" + Nc + "'")
  TexteNomCli.SetFocus
  TexteNomCli.Text = Nom
  TexteSolde.SetFocus
  TexteSolde.Text = CStr(S)
End Sub
```

En ❶, on ne quitte pas la zone d'entrée du numéro de compte si on a donné un numéro de compte inexistant : DLookup renvoie Null dans ce cas. Voyez en ❷ comment on spécifie un critère par rapport à une variable ; aussi, comme en SQL, la chaîne à comparer est entre apostrophes.

S'il y a plusieurs enregistrements satisfaisant au critère, la fonction DLookup fournit toujours la première occurrence ; cela ne peut pas arriver dans notre exemple puisque les numéros de compte sont uniques.

SAVOIR S'IL EXISTE UN ENREGISTREMENT SATISFAISANT À UNE CONDITION

Pour savoir si, dans une table, il existe un enregistrement où un champ a une valeur donnée, il y a trois méthodes :

- Ouvrir un `Recordset` en lecture seule sur la requête `"select * from <table> where <champ>=<valeur>"` et tester que `RecordCount` est non nul.
- Exécuter une commande dont le texte soit `"select count(<champ>) from <table> where <champ>=<valeur>"` ; avec `Set Res=<commande>.Execute`, testez que `Res(0).Value` est non nul.
- Vérifier que `DLookup("<nom champ>","nom table","<champ>=<valeur>")` n'a pas la valeur `Null`.

On peut d'ailleurs tester d'autres conditions qu'une simple égalité à une valeur ; la condition peut aussi faire intervenir plusieurs champs.

BOUTONS, BARRES D'OUTILS, MENUS ET RUBAN

La nouvelle interface d'Office à partir de 2007 par ruban, onglets et groupes a fortement modifié les possibilités de personnalisation. Par Access on peut soit installer sur la Barre d'outils Accès rapide (en haut de l'écran) des commandes qu'on veut pouvoir appeler rapidement soit créer des onglets personnalisés, avec des groupes personnalisés ; ce dernier cas est une nouveauté de la version 2010 et les seuls éléments que l'on peut installer dans un groupe d'un onglet personnalisé sont des boutons de commande associés soit à une commande existante, soit à une macro écrite par vous.

La personnalisation par macro des anciennes versions reste valable en version 2007 et 2010, mais au lieu d'installer de nouveaux menus ou barres d'outils, elle installe tous les éléments créés dans un onglet ajouté nommé « Compléments », groupe « Barres d'outils personnalisées ».

D'autres modifications du ruban passent par des fichiers XML. Vous pouvez consulter l'aide en étant dans l'éditeur VBA : faites *Rechercher* avec Ruban comme mot-clé.

PERSONNALISATION PAR ACCESS

Barre d'outils Accès rapide

- Dans l'écran Access : **Fichier** - Options – *Barre d'outils Accès rapide* :

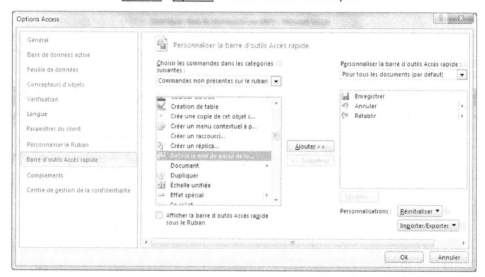

- Dans la liste déroulante de droite, vous avez le choix entre *Tous les documents* (par défaut) ou le classeur en cours (plus prudent).

- Dans la liste déroulante de gauche, les choix sont : *Commandes courantes, Commandes non présentes sur le ruban* (ce choix permet de récupérer des commandes de la version 2003 qui ont été écartées), *Macros* (ce choix permet d'accéder rapidement à des commandes implantées par macro ; il présente en particulier les procédures que vous avez écrites) et *Toutes les commandes*.

- Ayant choisi une commande, Ajouter >> la fait passer dans la liste de droite des commandes de la Barre d'Accès rapide. OK valide le nouvel état de la barre.

- Supprimer fait le contraire : elle supprime la commande sélectionnée de la liste de droite. Réinitialiser rétablit la barre d'Accès rapide dans son état initial.

- Si la commande était choisie parmi les macros, le bouton Modifier est actif : il permet de modifier le libellé et l'icône associée. Il vient une boîte de dialogue où vous pouvez taper le libellé et choisir parmi 180 icônes typiques :

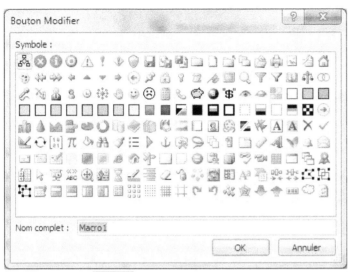

- Choisissez et **OK** deux fois : le nouveau bouton apparaît dans la Barre d'outils Accès rapide.

- Vous ne pouvez pas spécifier un fichier image de votre cru alors que c'est possible pour un bouton installé par macro dans l'onglet *Compléments*.

Onglet personnalisé

Pour créer un onglet personnalisé :

- Dans l'écran Access : **Fichier** - Options – *Personnaliser le ruban.*

- Choisissez *Onglets principaux* dans la liste déroulante de droite, sélectionnez l'onglet derrière lequel vous souhaitez implanter le nouveau et cliquez sur Nouvel onglet.

- Il apparaît un onglet intitulé Nouvel onglet (Personnalisé) avec un groupe Nouveau groupe (Personnalisé).

Pour renommer un onglet personnalisé (c'est impossible pour les autres) :

- Sélectionnez cet onglet, cliquez sur Renommer et tapez le nom.

Pour renommer un groupe personnalisé (c'est impossible pour les autres) :

- Sélectionnez ce groupe, cliquez sur Renommer et tapez le nom. La boîte de dialogue, analogue à celle vue ci-dessus permet aussi d'attribuer une icône au groupe.

Pour ajouter un groupe :

- Sélectionnez l'onglet et cliquez sur Nouveau groupe.

Pour installer une commande :

- Sélectionnez le groupe. En principe, choisissez *Commandes non présentes sur le ruban* dans la liste déroulante de gauche ; sélectionnez la commande et cliquez sur Ajouter>>. Si vous voulez introduire une commande qui déclenche une procédure que vous avez écrite, il faut que vous introduisiez une macro qui appelle cette procédure. Demandez *Macros* dans la liste de gauche : seules les macros apparaissent dans cette liste, pas les procédures.

- Sélectionnez la commande et cliquez sur Renommer. Dans la boîte de dialogue vue ci-dessus, choisissez une icône et tapez un nom.

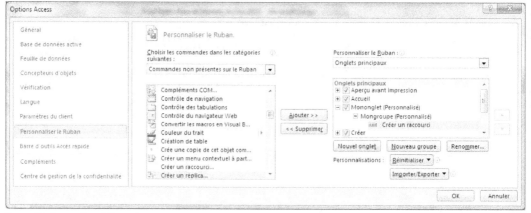

Pour déplacer des éléments :

- Sélectionnez l'élément et utilisez les flèches descendante et montante à droite de la liste des onglets.

Pour supprimer :

- une commande : sélectionnez-la et cliquez sur <<Supprimer ; un onglet ou un groupe : cliquez dessus du bouton droit et *Supprimer*.

- Le bouton Réinitialiser permet de supprimer toutes les personnalisations.

PERSONNALISATION PAR MACRO

Ayant `Dim nvBarre As CommandBar`, on crée une nouvelle barre (virtuelle en version 2007-2010 : c'est l'onglet *Compléments*) par :

```
Set nvBarre=Application.CommandBars.Add(Name:="<nom>", _
    Position:=msoBarTop, MenuBar:=True, Temporary:=True)
```

Tous les arguments sont facultatifs. <nom> est le nom attribué à la barre : elle pourra être désignée par `Application.CommandBars("<nom>")` ou par le nom de variable du `Set` (nvBarre). Si le nom n'est pas spécifié, VBA fournit un nom arbitraire. De toute façon, vous obtiendrez l'onglet *Compléments*, groupe *Barres d'outils personnalisées*.

Pour `Position`, on a le choix entre `msoBarTop`, `msoBarBottom`, `msoBarLeft` et `msoBarRight`. Top nous semble le meilleur. On peut spécifier aussi `msoBarFloating` (la barre ne sera pas ancrée) et `msoBarPopup` (la barre sera un menu contextuel).

Si `MenuBar` est `True`, la nouvelle barre remplace la barre des menus normale ; c'est sans effet en version 2010 : l'onglet s'ajoute au ruban. `Temporary` est mis à `True` (défaut) pour que l'onglet disparaisse quand on quitte Access.

Il faut penser à mettre à `True` les propriétés `Enabled` et `Visible` de la nouvelle barre pour la rendre utilisable. On met ces propriétés à `False` pour désactiver et faire disparaître une barre.

BOUTONS, BARRES D'OUTILS, MENUS ET RUBAN

Pour créer un contrôle sur la barre (en version 2010, dans le groupe de l'onglet *Compléments*) : `Set <varCtl> = nvBar.Controls.Add(<type>)` où `<type>` indique le type du contrôle parmi `msoControlButton` (bouton), `msoControlComboBox` (ComboBox) ou `msoControlPopup` (menu ou rubrique de menu). Les autres arguments sont facultatifs.

La propriété la plus essentielle d'un contrôle est `OnAction="<nom_proc>"` qui précise le nom de la procédure à appeler quand le contrôle est mis en œuvre.

L'exemple qui suit montre la création du groupe *Barres d'outils personnalisées* dans l'onglet *Compléments* avec deux boutons, une ComboBox et un menu déroulant. On voit comment on affecte un fichier image comme dessin du bouton (propriété `Picture` et méthode `LoadPicture`), comment on fixe le libellé des rubriques de menu (propriété `Caption`) et comment on remplit la liste des choix d'une ComboBox (méthode `AddItem`).

Toutes les routines de traitement sont ultrasimplifiées (réduites à un message). Il y a l'indispensable routine de rétablissement de l'état initial (suppression de l'onglet *Compléments*).

```
  Dim nvBar As CommandBar, Bout As CommandBarButton
  Dim Bout2 As CommandBarButton
  Dim cbb As CommandBarComboBox, Men As CommandBarPopup
  Dim men1 As CommandBarPopup, men2 As CommandBarPopup
Sub creBarre()
  Set nvBar = Application.CommandBars.Add(Name:="Barre2", _
    Position:=msoBarTop, MenuBar:=True, Temporary:=True)
  nvBar.Enabled = True
  nvBar.Visible = True
  Set Bout = nvBar.Controls.Add(msoControlButton)
  Bout.Caption = "Bouton"
  Bout.Style = msoButtonCaption       ❶
  Bout.Width = 20
  Bout.OnAction = "pBout"
  Set cbb = nvBar.Controls.Add(msoControlComboBox)
  cbb.AddItem "Choix 1"
  cbb.AddItem "Choix 2"
  cbb.Text = "Choix 1"
  cbb.Style = msoComboLabel
  cbb.Caption = "Choix"
  cbb.OnAction = "pcbb"
  Set Men = nvBar.Controls.Add(msoControlPopup)
  Men.Caption = "Menu0"
  Set men1 = Men.Controls.Add(msoControlPopup)
  men1.Caption = "Menu1"
  men1.OnAction = "pMen1"
  Set men2 = Men.Controls.Add(msoControlPopup)
  men2.Caption = "Menu2"
  men2.OnAction = "pMen2"
 Set Bout2 = nvBar.Controls.Add(msoControlButton)
  Bout2.Caption = "Bouton 2"
  Bout2.Style = msoButtonIconAndCaption    ❷
  Bout2.Width = 20
  Bout2.OnAction = "pBout2"
  Bout2.Picture = _
    stdole.StdFunctions.LoadPicture("C:\VBA_Access2010\Tel\imb.bmp") ❸
End Sub
```

```
Sub pBout()
   MsgBox "Bouton"
End Sub
Sub pBout2()
   MsgBox "Bouton 2"
End Sub
Sub pcbb()
  MsgBox cbb.Text
End Sub
Sub pmen1()
  MsgBox men1.Caption
End Sub
Sub pmen2()
  MsgBox men2.Caption
End Sub

Sub Retablir()
  CommandBars("Barre2").Delete
End Sub
```

Le 1ᵉʳ bouton a seulement un libellé ❶, tandis que le bouton 2 a un libellé et une icône ❷ et on voit comment on incorpore pour cela un fichier image créé par l'utilisateur ❸ (pensez à adapter disque et dossier).

Voici l'onglet *Compléments* qui est ajouté en dernière position :

CRÉER UN RUBAN PERSONNALISÉ

La création de rubans entièrement personnalisés est hors du sujet de ce livre ; elle implique les opérations suivantes pour chaque ruban :

1. créer un fichier ou un texte XML qui définit les onglets, les groupes et les contrôles du ruban ;

2. créer dans un module normal les procédures de réaction aux événements des contrôles ; par exemple un bouton a un attribut onAction="<nomproc>" : il faut fournir une Sub <nomproc> ;

3. créer une table appelée USysRibbons avec les champs RibbonName (type Texte) et RibbonXML (type Mémo) ; chaque enregistrement de cette table correspondra à un ruban ; le RibbonName est le <nom de ruban> et le RibbonXML est le texte XML indiqué en 1 ;

4. remplir un enregistrement de la table avec le nom de ruban et le texte XML ;

5. affecter le ruban soit à l'application, soit à un formulaire ou un état.

Pour affecter le ruban à l'application, ☐*Fichier-Options-Base de données active*. Sous Options de la barre d'outils et du ruban, choisir le <nom de ruban> voulu dans la liste déroulante *Nom du ruban*. Il faut que les étapes 1 à 4 aient été accomplies. Pour affecter le ruban à un formulaire ou un état, l'ouvrir en mode Création et attribuer le <nom de ruban> à la propriété *Nom du ruban*. Elle est facile à trouver dans l'onglet Autres.

BOUTONS, BARRES D'OUTILS, MENUS ET RUBAN

Exemple

Nous allons remplacer le ruban par un ruban personnalisé très rudimentaire avec un seul onglet, deux groupes et un contrôle dans chaque groupe.

Vous remarquerez que le menu Fichier est à part du ruban, donc il reste toujours présent, ce qui vous permet à tout moment de rappeler les Options pour rétablir le ruban standard.

Préliminaires – Partez d'une copie du fichier en téléchargement *EssaiObjets.accdb* dans lequel vous aurez remis à vide le nom de ruban dans ⌐*Fichier-Options-Base de données active*, et supprimez la table USysRibbons (il y a une procédure pour cela dans Module3. Appelez ⌐*Fichier-Options-Paramètres du client* (qui en version 2010 remplace *Options-Avancé* de la version 2007). Sous le titre Général, cochez *Afficher les erreurs du complément d'interface utilisateur*. **Ceci est impératif : sinon, s'il y a la moindre erreur dans votre XML, vous n'aurez aucun affichage pour comprendre l'erreur.**

Étape 1 – Préparez le fichier *Ruban1.xml* suivant à l'aide du Bloc-notes ou, mieux, de Notepad2 (téléchargeable gratuitement) :

```
<customUI xmlns="http://schemas.microsoft.com/office/2006/01/customui">❶
 <ribbon startFromScratch="true">❷
  <tabs>❸
    <tab id="Exemple" label="Onglet Perso" visible="true">❹
      <group id="Act" label="Actions">❺
        <button id="F" label="Go !" onAction="BoutGo"/>❼
      </group>❺
      <group id="Vac" label="Vacances">❻
        <comboBox id="chv" label="Choisissez" onChange="Choix">❽
          <item id="Mer" label="Mer"/>
          <item id="Montagne" label="Montagne"/>
          <item id="Campagne" label="Campagne"/>
        </comboBox>❽
      </group>❻
    </tab>❹
  </tabs>❸
 </ribbon>❷
</customUI>❶
```

Attention : toute erreur, même entre majuscules et minuscules est fatale.

❶ Le nœud racine.

❷ L'ensemble du ruban : le paramètre indique qu'il remplace entièrement le standard.

❸ L'ensemble des onglets.

❹ Un onglet ; tous les éléments ont un identifiant ; label est leur légende.

❺ Un groupe.

❻ Le 2e groupe.

❼ Bouton portant le texte « Go ! » ; le clic appelle la procédure BoutGo.

❽ Liste déroulante de choix entre trois items. Quand le choix change, la procédure Choix est appelée. La place nous oblige à nous borner à ces indications squelettiques. Il y a bien sûr d'autres contrôles editBox, dropDown, checkBox, menu, dialogBoxLauncher *etc*.

Étape 2 – Dans Module3, implantez les procédures de réaction aux événements. Elles sont réduites au minimum.

```
Dim chVac As String
Sub boutGo(ctl As IRibbonControl)
  MsgBox "Bonnes vacances à la " + chVac
End Sub

Sub Choix(ctl As IRibbonControl, Selection As String)
  chVac = Selection
  MsgBox "Vous avez choisi la " + chVac
End Sub
```

Les arguments dans la déclaration sont imposés ; on dit que c'est la signature de la routine.

Étapes 3 et 4 – Deux manières :

– *À la main* : créez une table de nom USysRibbons ; 1er champ nom : RibbonName, type Texte, clé primaire ; 2e champ nom : RibbonXML, type Memo (Texte ne suffit pas pour un long XML). Ensuite, tapez « Ruban1 » dans le champ RibbonName, et, ayant le texte XML affiché dans un bloc-notes, copiez-le et collez-le dans le champ RibbonXML.

– *Automatiquement* : si le texte XML est long, ce qui arrive dès que le ruban à créer est élaboré, exécutez la procédure :

```
Sub creeRuban()
  Dim p As Object, q As Object, k As Integer
  Dim chSQL As String, Rst As Recordset
  Dim chXML As String, FS As Object, Fich As Object
' Supprime table préexistante
  Set q = CurrentData.AllTables
  For Each p In q
    If p.Name = "USysRibbons" Then
      If p.IsLoaded Then DoCmd.Close acTable, "USysRibbons"
      DoCmd.DeleteObject acTable, "USysRibbons"
      Exit For
    End If
  Next
' Crée la table USysRibbons et l'ouvre
  chSQL = "create table USysRibbons (RibbonName TEXT (255) PRIMARY KEY"
  chSQL = chSQL + ", RibbonXML MEMO)"
  DoCmd.RunSQL chSQL
  DoCmd.OpenTable "USysRibbons"
```

```
' Lit le fichier XML
  Set FS = CreateObject("Scripting.FileSystemObject")
  Set Fich = FS.Opentextfile(CurrentProject.Path + "\Ruban1.xml", 1, False)
  chXML = Fich.ReadAll
  Fich.Close
  Set Fich = Nothing
  Set FS = Nothing
' Installe le XML du ruban
  Set Rst = Screen.ActiveDatasheet.Recordset
  Rst.AddNew
  Rst.Fields("RibbonName").Value = "Ruban1"
  Rst.Fields("RibbonXML").Value = chXML
  Rst.Update
  Rst.Close
  DoCmd.Close acTable, "USysRibbons", acSaveYes
End Sub
```

Si, suite à une erreur, vous avez à recommencer l'installation, il faut revenir au ruban standard dans les options et supprimer la table USysRibbons par l'instruction :

```
DoCmd.DeleteObject acTable, "USysRibbons"
```

ensuite la recréer puis l'ouvrir par : `DoCmd.OpenTable "USysRibbons"` et enfin la remplir.

Étape 5 – Appelez ▭*Fichier-Options-Base de données active*. La liste déroulante sous Options de la barre d'outils et du ruban doit normalement proposer Ruban1. Choisissez-le.

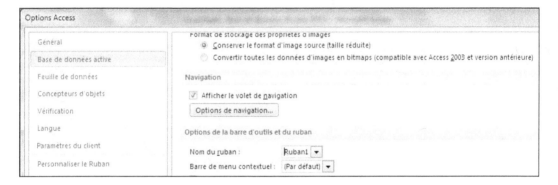

Cliquez sur OK . Le système vous avertit qu'il faut fermer puis rouvrir la base de données.

Faites-le. Vous devez avoir le nouveau ruban avec le bouton Go ! et la liste déroulante.

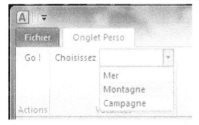

Lorsque vous choisissez une destination de vacances, un message confirme votre choix. Si vous cliquez sur le bouton, un message vous souhaite « Bonnes vacances » en se souvenant de votre choix puisque la variable ChVac est déclarée en tête de module.

Bien sûr, dans une application en vraie grandeur, il faudrait fournir des routines moins élémentaires.

Retour à la normale

Rappelez ⬜ *Fichier-Options-Base de données active* et videz le choix dans la liste déroulante *Nom du ruban*. Cliquez sur ⬜OK⬜ . Là aussi, il faut fermer puis rouvrir la base de données.

Compte tenu de la complexité de l'ensemble, nous conseillons plutôt, soit de se borner à l'onglet *Compléments* vu ci-dessus, soit d'utiliser la méthode du formulaire menu que nous expliquons au chapitre suivant.

Conseils méthodologiques

Principes : le formulaire menu

Développement progressif d'une application

Démarrage automatique

Création d'un système d'aide

Dictionnaire de données

Gestion des versions

PRINCIPES : LE FORMULAIRE MENU

Pour des applications d'une certaine complexité, nous mettons en avant trois principes : ergonomie, séparation programme-données et développement progressif de l'application.

ERGONOMIE

C'est le principe d'avoir le logiciel le plus commode à utiliser possible. Donc les différentes fonctions du logiciel doivent pouvoir être appelées par un simple clic, soit sur un bouton, soit sur un menu. Mais cela ne suffit pas, il faut que l'utilisateur ait accès à une brève mais précise description de la fonction pour pouvoir la choisir en connaissance de cause.

En outre, il faudra fournir à l'utilisateur un système d'aide adéquat et il se pose la question du démarrage automatique de certaines parties du programme. Aussi, on aura soin de développer des formulaires d'entrée de données les plus commodes possibles.

SÉPARATION PROGRAMMES-DONNÉES

Access offre presque automatiquement la séparation des programmes et des données. Les données sont dans leurs tables respectives et les programmes sont dans des modules, soit ordinaires, soit de classe associés à des formulaires ou des états. Les programmes peuvent aussi créer en tant que résultats des fichiers totalement indépendants du fichier base de données, notamment des fichiers texte. Nous le verrons dans l'exemple Gestion d'une association où on produit, entre autres, un fichier HTML pour former une page Web du site de l'association.

Il faut concevoir des règles de nommage des fichiers documents produits (ex. pour une facture : début du nom du client suivi d'un numéro de séquence) et décider les répertoires d'implantation.

Si vous voulez une indépendance totale entre données et programmes, vous implantez les données dans un fichier *bases.accdb* qui ne contiendra que les tables. Les modules des programmes seront dans un autre fichier *prog.accdb* qui aura des références aux tables en tant que tables liées. Nous ne le ferons pas dans les exemples pratiques de la 3ᵉ partie, mais vous retiendrez que c'est possible.

DÉVELOPPEMENT PROGRESSIF DE L'APPLICATION

Pour un programme assez complexe, il n'est pas possible de procéder à une mise au point en bloc de la totalité des fonctionnalités. Il faut que le développement soit progressif, c'est-à-dire implémenter les fonctionnalités une par une, et accepter qu'à un instant donné, il n'y ait qu'une partie des fonctions opérationnelles. Reprenant l'exemple de la facturation, on pourra commencer par la construction de la facture, en travaillant sur une base clients provisoire, laissant pour plus tard les fonctionnalités de gestion de la base clients.

FORMULAIRE MENU

La question de l'outil utilisé pour lancer une fonction se pose. Beaucoup de développeurs décident de construire des barres d'outils, menus et rubans personnalisés qui remplacent les éléments classiques d'Access pour le rendre méconnaissable afin que l'utilisateur final sache bien qu'il est en présence de leur programme et non d'Access classique.

Nous ne sommes pas, quant à nous, partisans de ce procédé. En effet, il ne faut pas oublier de rétablir le ruban classique d'Access. Bien sûr, ce rétablissement est possible et il suffit de rappeler les options. Mais il faut ensuite fermer la base de données et la rouvrir, ce qui peut être fastidieux pour l'utilisateur final.

Avec la nouvelle interface de la version 2010, au lieu de complètement remplacer le ruban par un autre, on a vu qu'on peut ajouter un onglet *Compléments* avec les commandes de l'application, mais alors, l'utilisateur ne voit pas très nettement qu'il est dans notre programme.

PRINCIPES : LE FORMULAIRE MENU

Nous préférons installer des boutons de déclenchement sur un formulaire, et donc garder les menus d'Access. Cette démarche a un inconvénient, mais qui est remédiable : puisqu'il a les menus Access, l'utilisateur peut agir directement sur les tables et les altérer ; il faut espérer que l'utilisateur sera raisonnable ; après tout ce sont ses données.

AVANTAGES

Du côté des avantages, le fait que, dès que le formulaire menu est chargé, une feuille couverte de gros boutons de déclenchement donne de la personnalité au programme, ce qui est plus lisible et parlant que des boutons de barres d'outils, des barres de menus ou un ruban. En outre, si le formulaire menu est assez grand pour occuper tout l'écran, l'utilisateur « oubliera » qu'il est sous Access.

Un autre avantage est qu'on peut, à côté de chaque bouton, mettre une étiquette avec un texte explicatif de la fonctionnalité correspondante. Voici ce qu'on pourrait avoir pour la facturation :

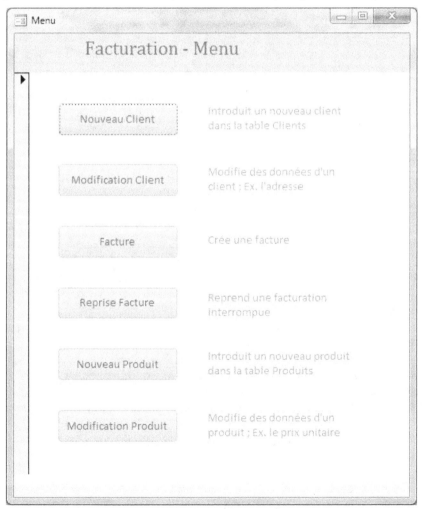

Le formulaire menu doit avoir Fen indépendante et modale à Oui, Boutons de déplacement à Non.

Pour les boutons, vous les implantez en annulant l'assistant. Pour les étiquettes, Access considère qu'une étiquette non liée à un autre contrôle est une erreur. Il apparaît soit un marqueur au coin supérieur gauche, soit un bouton avec « ! ». Cliquez dessus et appelez *Ignorer l'erreur* dans le menu déroulant qui apparaît.

DÉVELOPPEMENT PROGRESSIF D'UNE APPLICATION

Une fois les boutons créés, il faut affecter des procédures à leur événement Sur clic. Ces procédures sont dans le module de classe. Pour le formulaire menu, il y a en fait deux procédures par bouton. La procédure principale qui réalise la fonctionnalité est dans le module ordinaire, disons Module1. Mais la procédure de l'événement clic ne peut être que dans le module de classe : alors, elle se réduit à un appel de la procédure principale.

Tant que la fonctionnalité n'est pas implémentée, vous pouvez laisser la procédure principale vide : si on clique sur le bouton concerné, il ne se passera rien. Sinon, vous pouvez installer une instruction du genre : `MsgBox "Pas encore implémenté"`. Voici l'état de départ des deux modules au tout début du développement d'une facturation simplifiée :

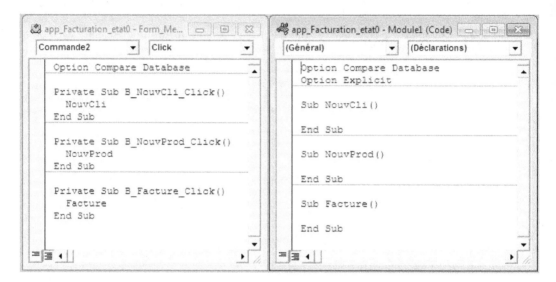

La progressivité est à plusieurs niveaux :

- **introduction des fonctionnalités**. On peut très bien ne pas avoir tout de suite pensé à toutes les fonctions à proposer. Mais rien n'empêche d'ajouter des boutons à tout moment, à mesure que le cahier des charges évolue.

Dans notre exemple de facturation on pourrait suggérer d'ajouter un bouton d'aide, greffer la gestion des stocks, établir les liens voulus avec la comptabilité...

- **échelonnement de l'écriture des fonctionnalités**. On peut reporter à plus tard le développement des fonctionnalités les moins indispensables. Dans un exemple qui utilise des bases de données, on peut développer d'abord les fonctionnalités d'utilisation des bases : on peut fonctionner en se contentant des bases dans leur état de départ, ou en les gérant par action directe par Access. Lorsqu'on implante la gestion des BD, on développe d'abord la fonction nouvel élément, et plus tard la modification.

- **développement progressif de la fonctionnalité**. On peut d'abord développer la fonctionnalité de façon simplifiée, en ne traitant que les cas les plus généraux et les plus souvent rencontrés, puis la perfectionner progressivement en incorporant de plus en plus de cas particuliers.

DÉMARRAGE AUTOMATIQUE

MOYENS DE DÉMARRAGE AUTOMATIQUE

Access a un moyen parfait pour démarrer automatiquement un traitement dès l'ouverture d'un fichier base de données .accdb. Il suffit d'installer une macro nommée AutoExec.

CAS DE DÉMARRAGE AUTOMATIQUE

Pour que l'application démarre automatiquement à l'ouverture du fichier base de données, il suffit d'installer une macro AutoExec contenant comme seule instruction l'ouverture du formulaire menu.

Lorsque votre application est terminée, si vous n'avez pas installé de bouton « Quitter », vous fermez le formulaire menu par sa croix de fermeture, puis vous fermez Access par sa croix de fermeture. Si vous implantez un bouton « Quitter », voici sa routine de clic :

```
Private Sub B_Quitter_Click()
  DoCmd.Close acForm, "Form_Menu", acSaveNo
  DoCmd.Quit acQuitSaveAll
End Sub
```

Si vous voulez que ce soit une procédure qui soit démarrée automatiquement, la macro AutoExec contiendra une instruction ExécuterCode. Il y a deux problèmes :

– Le code doit être le nom d'une fonction avec obligatoirement au moins un argument ; la fonction contiendra l'appel de la procédure voulue.

– Cela semble mal fonctionner avec la version bêta.

Une autre solution est que la macro ouvre un formulaire dont la routine de l'événement Current appelle la procédure voulue.

ÉVITER LE DÉMARRAGE AUTOMATIQUE

Il se peut qu'on désire éviter le démarrage automatique, notamment lors de la mise au point du programme. Il suffit de maintenir enfoncée la touche Maj pendant le double clic de lancement du fichier .accdb.

CRÉATION D'UN SYSTÈME D'AIDE

Il est nécessaire de fournir une aide en ligne à l'utilisateur. On peut fournir, comme nous venons de le voir, de petits textes à côté des boutons menu. On peut aussi fournir des info-bulles associées à chaque contrôle dans les formulaires. Mais ces textes sont beaucoup trop brefs. Il faut les compléter par ce qu'on appelle un système d'aide comportant plusieurs pages détaillées.

Il y a un temps on construisait le système d'aide avec un compilateur d'aide (qu'il fallait acheter en plus) qui fournissait des fichiers .hlp. Ces fichiers hypertextes étaient automatiquement lisibles grâce à un logiciel fourni gratuitement avec Windows.

Ceci est complètement démodé ! Maintenant, sachant que tous les ordinateurs sont équipés d'au moins un navigateur Web et que, de toute façon, ces logiciels sont téléchargeables gratuitement, on doit fournir l'aide sous forme de fichiers HTML. Ceux-ci peuvent être créés « à la main » (il n'y a que quelques balises à connaître), ou avec un logiciel ad hoc (par exemple Front-Page Express ou Nvu est bien suffisant pour un tel système d'aide, ce n'est pas un gigantesque site Internet qu'on prépare).

Si vous voulez de simples pages sans liens entre elles, utilisez un éditeur simple comme le bloc-notes et il suffit d'écrire :

```
<html>
<body>
<pre>
<font face=arial>
votre texte (sa présentation sera
respectée grâce à la balise pre)
</font>
</pre>
</body>
</html>
```

Nous déconseillons d'utiliser Word qui donne des fichiers HTML trop perfectionnés et donc trop encombrants. La construction de pages Web est évidemment hors du sujet de ce livre ; vous pouvez consulter D-J David : *Développer un site Web*, Editions Ellipses, D-J David : *PHP Ateliers Web*, Editions Ellipses ou D-J David : *Prise en main Créer son site Web*, Editions First.

Une fois que vous avez les fichiers .htm, (par exemple aide.htm) implantez-les dans le même répertoire que le classeur programme. Implantez des boutons d'aide, au moins un dans la feuille Menu et un dans chaque formulaire. La routine de clic d'un tel bouton sera :

```
Private Sub B_Aide_Click()
  Application.FollowHyperlink Address:=CurrentProject.Path + _
    "\aide.htm", NewWindow:=True
End Sub
```

L'argument `NewWindow` est à `True` pour que la page d'aide apparaisse dans une nouvelle fenêtre, ce qui est nécessaire dans ce contexte. On suppose que le fichier d'aide est dans le même dossier que le fichier base .accdb, d'où le `CurrentProject.Path`. Sur Mac, écrivez `":aide.htm"`.

Si, dans l'argument `Address`, vous fournissez une adresse Internet (exemple `http://www.monsite.fr/aide_pour_facturation.htm`), on ira chercher le fichier sur Internet à condition que l'ordinateur de l'utilisateur soit connecté.

DICTIONNAIRE DE DONNÉES

RÉCUPÉRER FACILEMENT LES DONNÉES D'UN FORMULAIRE

Supposons un formulaire destiné à entrer les données d'un enregistrement à ajouter à une table. Les données seront entrées dans des TextBox. On prend soin de nommer chaque TextBox TB_<nom du champ>. Si on introduit comme variable d'échange entre le module ordinaire et le module de classe du formulaire un tableau associatif Scripting.Dictionary, appelons-le Données, dont les clés seront les noms de champs, l'installation des données sera très facile quel que soit le nombre de champs.

Module ordinaire

```
Public Données As Object, Cnx As ADODB.Connection, Rst As ADODB.Recordset
Public satisf As Boolean

Sub NouvCli()
  Dim NomC As String, ff As Object
  Set Données = CreateObject("Scripting.Dictionary")
  Set Cnx = CurrentProject.Connection
  Set Rst = New ADODB.Recordset
  Rst.Open "Clients", Cnx, adOpenDynamic, adLockOptimistic
  satisf = False
  DoCmd.OpenForm "Nouveau Client", , , , acFormAdd, acDialog
  If satisf Then
    Rst.AddNew
    For Each ff In Rst.Fields ❶
      NomC = ff.Name
      If NomC <> "N°" Then ff.Value = Données(NomC) ❷
    Next
    Rst.Update
  End If
  Données.RemoveAll: Set Données = Nothing
  Rst.Close: Cnx.Close
  Set Rst = Nothing: Set Cnx = Nothing
End Sub
```

Module de classe

```
Private Sub B_OK_Click()
  Dim NomTB As String, ct As Control, vid As Boolean
  Dim Tx As String
  For Each ct In Controls     ❸
    If Left(ct.Name, 3) = "TB_" Then
      NomTB = Mid(ct.Name, 4)
      ct.SetFocus
      Tx = Nz(ct.Text, "")
      If Tx = "" Then vid = True Else Données.Add NomTB, Tx    ❹
    End If
  Next
  satisf = Not vid
  DoCmd.Close acForm, Me.Name, acSaveNo
End Sub
```

L'indépendance par rapport au nombre de champs est assurée par le parcours des collections en ❶ et ❸. En ❷, on élimine le champ N° qui n'a pas à être rempli puisqu'il est en auto-incrémentation. La seule vérification des données implantée ici est que tous les champs soient fournis ❹.

Qui dit développement progressif dit versions successives. Le point délicat est que les tables de données et les formulaires doivent éventuellement évoluer aussi, et toujours être en accord avec le programme.

Pour le module ordinaire, la date de dernière modification doit être clairement identifiée sur le listing. Pour cela, un commentaire en tête doit identifier la date de dernière modification générale et, éventuellement, en tête de chaque procédure ou fonction, un commentaire doit identifier la date de dernière modification de cette routine. La date générale doit être postérieure à toutes les dates de routines.

Il peut éventuellement y avoir une variable qui tienne ces informations, avec une instruction du genre DDM="15/11/04".

On peut en plus tenir un numéro de version sous forme décimale, ex. 2.1. La partie entière ne change qu'en cas de changement de fonctionnalités tandis que les décimales signalent des corrections d'erreurs.

Pour les formulaires et états, il peut y avoir une étiquette cachée (avec la propriété visible = False) qui contienne la date de dernière modification et des indications comme « compatible avec version n du programme ». Elle sera visible en mode création.

Le module de classe associé, doit, comme le module ordinaire, avoir en commentaires des indications de version et de dates de modifications.

Pour les tables de données il y a une propriété Description. Elle doit indiquer, entre autres, avec quelle version du programme la table est compatible.

Si on désire une gestion vraiment précise de ces versions, il faut tenir un fichier texte journal : on écrit directement les lignes concernant les modifications du programme (avec toutes les explications concernant la modification). Les lignes concernant une exécution peuvent être créées par le programme : elles précisent la version du programme et les versions des données utilisées, et ce, pour chaque fonctionnalité ; cela permet de savoir quelles fonctionnalités ont été testées dans telle ou telle version.

PARTIE 3
CAS PRATIQUES

Dans toutes les applications de cet ouvrage, on gère des ensembles de données par les objets ADO. Vous devez donc référencer la bibliothèque correspondante par *Outils – Références – Microsoft ActiveX Data Objects 6.0 Library* (ou la version la plus récente associée à votre version d'Access) dans chaque fichier .accdb.

En outre, étant dans l'écran Access, dans *Fichier – Options – Centre de gestion de la confidentialité – Paramètres du Centre ... - Paramètres des macros*, cochez *Activer toutes les macros* bien que ce ne soit pas recommandé : nous ne créons pas de virus dans ce livre et vous pourrez toujours revenir à l'état standard *Désactiver toutes les macros avec notification*.

Gestion
d'une association

1. LE PROBLÈME

Nous allons gérer l'association des Amis des Animaux, c'est-à-dire inscrire les nouveaux membres, modifier leurs données, en supprimer, etc. Comme utilisation, nous allons créer la page WEB qui affichera le tableau des membres. D'autres utilisations sont envisageables, comme comptabiliser les cotisations, etc., nous les laissons de côté.

La base de données *AmisAnimaux.accdb* contiendra une seule table *Membres*. Dans la première étape, nous produisons le fichier .htm à partir de la BD telle qu'elle est. Les étapes suivantes feront évoluer la base. Dans l'état de départ *AmisAnimaux_00.accdb* du fichier que vous avez en téléchargement, il n'y a que la table Membres avec les données suivantes :

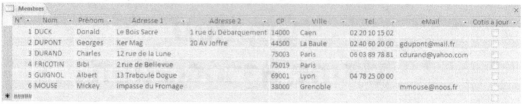

La rubrique <Cotis. à jour> est prévue, mais elle ne sera pas gérée ici. A part N° qui est en entier à incrémentation automatique, tous les champs sont en texte.

Pour obtenir le fichier *AmisAnimaux_0.accdb*, vous créez le formulaire nommé *Menu*, qui propose un bouton par fonctionnalité comme suggéré au chapitre 10 :

On voit sur la figure qu'après l'explication succincte à côté de chaque bouton, figure le nom de la procédure associée dans Module1 ; pour le moment ces procédures sont toutes vides. Voici le module de classe du formulaire :

ÉTAPE 1 – FICHIER HTM

```
Private Sub B_HTM_Click()
  GenerHTM
End Sub

Private Sub B_ModifSupp_Click()
  ModifMembre
End Sub

Private Sub B_NouvMemb_Click()
  NouvMembre
End Sub

Private Sub B_Quit_Click()
  DoCmd.Close acForm, "Menu", acSaveNo
  DoCmd.Quit acQuitSaveAll
End Sub
```

Utilisation des fichiers téléchargés

Chaque cas pratique a son dossier. Les fichiers des cas pratiques ont leur nom terminé par le n° d'étape. Pour reproduire le passage de l'étape n à n+1, vous copiez le fichier n dans un nouveau répertoire, ainsi que les fichiers auxiliaires éventuels. Ensuite, copiez le fichier n sous le nom n+1 et faites les manipulations sur ce fichier n+1.

---

2. ROUTINE D'INITIALISATION

Nous commençons par l'introduction d'une routine d'initialisation InitGen et de quelques variables: Chem (le dossier des fichiers : au départ, le fichier .htm sera dans le même que la base de données), Sep (le séparateur \ ou : - il faut changer l'instruction Sep = ... sur Mac et c'est probablement la seule à changer), NbRub (nombre de rubriques traitées : on le diminue de 1 car on ne s'occupe pas de la cotisation ❹) et le tableau NomsRub (les noms de rubriques). On introduit une variable Cnx pour la connexion, Rst pour le Recordset de la table des membres et NbLig le nombre d'enregistrements. Celui-ci est déterminé par RecordCount ❷ car le Recordset est ouvert en lecture seule ❶.

Les routines qui suivent doivent être saisies dans le module *Module 1*.

Voici la routine InitGen précédée des déclarations.

```
'--------Version 1.0------------
Public Chem As String, Sep As String, Rub As String
Public Cnx As ADODB.Connection, Rst As ADODB.Recordset
Public NbRub As Integer, NomsRub(10) As String, FF As Object
Public NbLig As Integer, Kol As Integer, Lig As Integer

Sub InitGen()
  Sep = "\" ' Remplacer par Sep=":" sur Mac
  Chem = CurrentProject.Path + Sep
  Set Cnx = CurrentProject.Connection
  Set Rst = New ADODB.Recordset
  Rst.Open "Membres", Cnx, adOpenStatic, adLockReadOnly ❶
  NbLig = Rst.RecordCount ❷
  NbRub = 0
  For Each FF In Rst.Fields ❸
    NbRub = NbRub + 1
    NomsRub(NbRub) = FF.Name
  Next
  NbRub = NbRub - 1 ❹
End Sub
```

ÉTAPE 1 – FICHIER HTM

En ❸, on détermine les noms de rubrique par balayage de la collection `Fields`.

3. CONSTRUCTION DU FICHIER .HTM

La structure est très simple : début de la page Web, tableau des membres, fin de la page. Le tableau a lui-même un début et une fin entourant une double structure répétitive pour les lignes (les membres) et les colonnes (les rubriques). Voici le texte HTML représentant le tableau à afficher :

```
<html><head>                              |début de la page
<title>Les Amis des Animaux</title>              |
</head><body><center>                 |
<h2>Membres de l'Association</h2>           |
<h2>Les Amis des Animaux</h2></center>        |
<table border width=95%>                |    |début du tableau
<tr><td>nom de rubrique …</td></tr>      |    |       |ligne d'en-tête
<tr>                                    |    |  |ligne
<td>rubrique</td>                       |    |  |    |rubrique
<td>rubrique</td>                       |    |  |    |rubrique
</tr>                                   |    |  |fin de la ligne
</table>                                |    |fin du tableau
</body></html>                          |fin de la page
```

Voici la page Web correspondant au fichier *Membres.htm* obtenu à partir des données page 170 grâce à la procédure `GenerHTM` ci-après.

Membres de l'Association								
Les Amis des Animaux								
N°	Nom	Prénom	Adresse 1	Adresse 2	CP	Ville	Tel	eMail
1	DUCK	Donald	Le Bois Sacré	1 rue du Débarquement	14000	Caen	02 20 10 15 02	
2	DUPONT	Georges	Ker Mag	20 Av Joffre	44500	La Baule	02 40 60 20 00	eMail
3	DURAND	Charles	12 rue de la Lune		75003	Paris	06 03 89 78 81	eMail
4	FRICOTIN	Bibi	2 rue de Bellevue		75019	Paris		
5	GUIGNOL	Albert	13 Traboule Dogue		69001	Lyon	04 78 25 00 00	
7	MOUSE	Mickey	Impasse du Fromage		38000	Grenoble		eMail

```
'-----------------------------------------------------GenerHTM--
Sub GenerHTM()
  InitGen
  Open Chem + "Membres.htm" For Output As #1
  Print #1, "<html><head>" + vbCr;   ' Début page
  Print #1, "<title>Les Amis des Animaux</title>" + vbCr;
  Print #1, "</head><body><center>" + vbCr;
  Print #1, "<h2>Membres de l'Association</h2>" + vbCr;
  Print #1, "<h2>Les Amis des Animaux</h2></center>" + vbCr;
  Print #1, "<table border width=95%>" + vbCr; ' Début tableau
  Print #1, "<tr>" + vbCr;
  For Kol = 1 To NbRub               ' Noms de rubriques
    Print #1, "<td><b>" + NomsRub(Kol) + "</b>" + "</td>" + vbCr;
  Next Kol
  Print #1, "</tr>" + vbCr;
```

```
  Rst.MoveFirst
  For Lig = 1 To NbLig
    Print #1, "<tr>" + vbCr;
    For Kol = 1 To NbRub - 1          'Les rubriques
      Rub = CStr(Nz(Rst.Fields(NomsRub(Kol)).Value, ""))
      If Rub = "" Then Rub = " "
      Print #1, "<td>" + Rub + "</td>" + vbCr;
    Next Kol
    Rub = CStr(Nz(Rst.Fields(NomsRub(NbRub)).Value, ""))  'eMail à part
    If Rub = "" Then Rub = " " Else _
        Rub = "<a href=""mailto:" + Rub + """>eMail</a>"
    Print #1, "<td>" + Rub + "</td>" + vbCr;
    Print #1, "</tr>" + vbCr;
    Rst.MoveNext
  Next Lig
  Print #1, "</table>" + vbCr;
  Print #1, "</body></html>" + vbCr;
  Close 1
  Rst.Close: Cnx.Close
  Set Rst = Nothing: Set Cnx = Nothing
End Sub
```

La procédure GenerHTM commence par appeler InitGen. Ensuite, chaque ligne d'écriture html se fait par un print # de la chaîne de caractères voulue ; on termine par vbCr et ; pour avoir un parfait contrôle des lignes. Si la rubrique est vide, on met " " (l'espace en HTML) pour assurer la continuité de la bordure. Pour la rubrique eMail, la chaîne est :

`"<a href=""mailto:adresse"">eMail</a>"` : remarquez les doubles guillemets pour incorporer un guillemet.

On utilise les variables Lig (numéro de ligne), Kol (numéro de rubrique/colonne) et Rub (le texte de la rubrique). Celui-ci est obtenu dans l'enregistrement courant du Recordset à partir du champ correspondant au nom de rubrique.

Le <b> </b> entourant l'écriture de chaque nom de rubrique, le met en gras.

Le nom du fichier Web produit est fixé à *Membres.htm* dans l'instruction Open. Une telle chose est en principe à éviter : on doit paramétrer au maximum. Dans notre exemple, on pourrait introduire une variable NomFichWeb obtenue par une InputBox :

`NomFichWeb=InputBox("Nom du fichier Web à créer ? ",,"Membres.htm")`

Nous vous laissons l'implantation complète à titre d'exercice complémentaire.

Notez aussi dans ce contexte qu'on ne se préoccupe pas de savoir s'il existe déjà un fichier .htm de même nom dans le dossier : si c'est le cas, ce fichier est écrasé et remplacé par le fichier que vous créez, sans qu'il y ait le moindre message pour vous avertir. Dans ce cas, le fichier .htm reflètera l'état actuel de la table Membres au moment de l'exécution de la commande et c'est probablement ce qui est souhaité. Si vous voulez conserver un état antérieur de la page Web, il faut préalablement sauvegarder le fichier *Membres.htm*.

Après l'ouverture du fichier, une batterie de Print # écrit les lignes de début du fichier .htm tel qu'esquissé page 200. On implante la balise de début de tableau et la boucle For Kol.... remplit la 1re ligne avec les noms de rubrique.

La boucle For Lig = ... parcourt les enregistrements du Recordset (Méthodes MoveFirst au départ, puis MoveNext dans la boucle). Pour chaque enregistrement d'un membre de l'association, il y aura une ligne du tableau, donc on implante la balise <tr> de début de ligne. On a ensuite la boucle sur les rubriques. On termine par la balise </tr> de fin de ligne.

ÉTAPE 1 – FICHIER HTM

Les rubriques sont traitées en deux temps : les `NbRub-1` premières rubriques sont traitées dans la boucle `For Col`... Le contenu trouvé sur la feuille est converti en chaîne. S'il est vide, on inscrira ` ` qui figure un espace : si on ne le faisait pas, on aurait une case vide dans le tableau et la bordure aurait une discontinuité inesthétique (ceci est un problème HTML qui sort du sujet de ce livre). Bien sûr, chaque rubrique est annoncée par la balise `<td>`. Remarquez l'emploi de `Nz` car une rubrique non renseignée dans la table donne la valeur `Null`.

La dernière rubrique est traitée à part car il n'y a pas qu'à recopier l'adresse eMail, il faut construire le lien en insérant le contenu lu sur la feuille des membres entre les balises `<a>` et `</a>`.

Le programme se termine par les balises de fin de tableau et de fin d'HTML et, surtout, par la fermeture du fichier à ne pas oublier sous peine d'écriture incomplète.

Une fois la frappe finie, faites *Débogage – Compiler*... Un certain nombre d'erreurs peuvent vous être signalées : comparez avec le listing ci-dessus et corrigez. Sauvegardez la base de données (sous le nom *AmisAnimaux_1.accdb*).

Attention, vous ne devez pas écraser le fichier de même nom téléchargé. Vous devez avoir conservé une copie des fichiers originaux téléchargés dans un autre dossier.

Il vous reste à tester l'exécution, ce qui s'obtient en cliquant sur le bouton Génère HTM de la feuille *Menu*. Si vous n'avez pas fait d'erreur, vous devriez obtenir un fichier *Membres.htm* et la visualisation par votre navigateur doit avoir l'aspect de la figure de la page 172.

Remarquez que nous précédons chaque procédure d'un commentaire formé de tirets qui servira de séparateur si vous imprimez le listing. En effet, à l'impression, les traits de séparation installés par l'Editeur VBA n'apparaissent pas. Le rappel du nom de la procédure à la fin aide à la repérer si le listing est très long.

ÉTAPE 2 – NOUVEAU MEMBRE

1. CRÉER UN FORMULAIRE

Nous passons à la gestion de la base de données, et, d'abord, à l'entrée d'un nouveau membre. Il nous faut donc un formulaire pour entrer ses données.

- Copiez la base *AmisAnimaux_1. accdb* en *AmisAnimaux_2.accdb* sur laquelle vous allez travailler.

- Passez en mode création de formulaire ; nommez-le F_Membre, Caption Nouveau Membre. Fixez les propriétés Fen Indépendant, Fen Modale à Oui, Boutons de déplacement à Non.

- Créez une TextBox avec son Label à côté ; donnez la valeur « Droite » à la propriété Aligner le texte du label ; sélectionnez les deux et faites Copier.

- Faites Coller 7 fois : vous avez 8 couples (on gère 8 rubriques).

- Donnez aux labels les `Captions` respectives *Nom, Prénom* ... (les noms de rubriques) ; donnez aux TextBox les noms TB_Nom *etc.* (les noms des rubriques).

- Créez 5 boutons, les 4 premiers en bas, le 5e à côté du prénom. Donnez les Name (et Caption) respectifs B_OK (OK), B_OKDern (OK-Dernier), B_Annul (Annuler), B_Quit (Quitter) et B-Ver (Vérifier).

- Créez un Label en haut avec `Visible = False` et la `Caption = F_Membre V2 date F date` : ce label apparaîtra au listing alors que le titre du formulaire n'apparaît pas. Le formulaire doit avoir l'aspect :

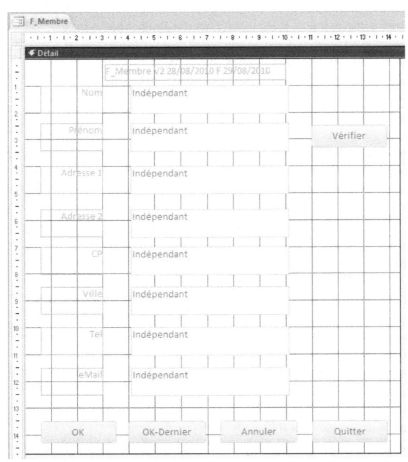

ÉTAPE 2 – NOUVEAU MEMBRE

Le bouton Vérifier devra être cliqué après avoir entré nom et prénom : le système préviendra si nom et prénom identiques se trouvent déjà dans la base. Les boutons de validation ne seront activés qu'après cette vérification. La dualité OK, Annuler /OK Dernier, Quitter permet d'entrer une série de membres : pour le dernier, on valide par OK-Dernier.

Cette gestion utilise deux booléens `Satisf` et `Dernier` : `Satisf` est vrai si on a validé les données d'un membre, `Dernier` si c'est le dernier de la série. On a en plus une variable `Mode` qui distinguera le cas Nouveau membre du cas Modification, car, par économie, nous utiliserons le même formulaire, à peine modifié. Ces variables sont publiques, ainsi que le tableau `DonMemb` des données du membre qui sera géré comme objet `Scripting.Dictionary`.

En résumé, il s'ajoute en tête du Module 1 les déclarations :

```
Public Mode As Integer, Satisf As Boolean, Dernier As Boolean, DonMemb As Object
```

2. MODULE DE CLASSE DU FORMULAIRE

Ce module est essentiellement formé des procédures événements des contrôles du formulaire, mais il peut s'ajouter d'autres procédures si, comme ce sera le cas ici, une même opération est à effectuer à partir de plusieurs contrôles.

Pour implanter une procédure événement, vous sélectionnez le contrôle puis cliquez sur la ligne Sur événement dans l'onglet Événements la fenêtre de propriétés ; choisissez Générateur de code. Il s'implante souvent inopinément des routines `_Click`, laissées vides : pensez à les supprimer.

Le module a deux variables globales au niveau module Nm et Pr qui contiendront le nom et le prénom du membre en cours d'ajout.

Nous avons d'abord la routine `Form_Current` où nous n'implantons que la branche Mode=0 : on ne fait qu'initialiser Nm et Pr et fixer le titre du formulaire et la légende du bouton « Vérifier ».

Lorsqu'on a entré un nom et/ou un prénom, on désactive les boutons « OK », car on doit effectuer la vérification, d'où les deux routines `TB_Nom_Exit` et `TB_Prénom_Exit`. Elles prennent en compte respectivement le nom et le prénom entrés.

Les quatre routines des boutons de validation `B_Annul_Click`, `B_OK_Click`, `B_OKDern_Click` et `B_Quit_Click` sont très semblables : avant de fermer le formulaire elles fixent en conséquence les booléens sur lesquels est basée la gestion : `Dernier` est mis à vrai pour les boutons qui terminent une série B_OKDern et B_Quitter. `Satisf` est mis à faux par les boutons d'annulation et à vrai par les boutons OK.

Les boutons « OK » appellent la procédure `CaptureDon` qui transfère les données des contrôles dans le tableau `DonMemb`. En effet, si on clique sur « OK », c'est que les données entrées dans les contrôles sont correctes. Le tableau Dictionnaire `DonMemb` sert à les mémoriser pour récupération dans Module 1 ; il est géré comme vu au chapitre 10 dans la section sur le dictionnaire de données. Mais avant, d'appeler `CaptureDon`, les routines font appel à la fonction booléenne `VerNomPren` qui prend la valeur `False` s'il manque soit le nom soit le prénom : dans ce cas, inutile de capturer les données et on ne ferme pas le formulaire.

La routine `B_Ver_Click` est la plus délicate. Pour le moment, nous n'implantons que la branche Mode=0. Pour vérifier s'il y a déjà un membre ayant à la fois même nom et même prénom, on crée un objet commande qui exécutera une requête de comptage des enregistrements satisfaisant à cette condition. Le résultat de la requête est Res(0). Value.

Si ce résultat est différent de 0, on demande à l'utilisateur s'il veut tout de même entrer ce membre (deux membres peuvent avoir mêmes nom et prénom ; espérons qu'ils n'ont pas la même adresse !) et alors on active aussi les boutons OK. Si la réponse est non, l'utilisateur doit changer le nom et/ou le prénom ou bien annuler.

```
Dim Nm As String, Pr As String

Sub CaptureDon()
  Dim NomTB As String, ct As Control, Tx As String
  For Each ct In Controls
    If Left(ct.Name, 3) = "TB_" Then
      NomTB = Mid(ct.Name, 4)
      ct.SetFocus
      Tx = Nz(ct.Text, "")
      DonMemb.Add NomTB, Tx
    End If
  Next
End Sub

Function VerNomPren() As Boolean
  If (Nm = "") Or (Pr = "") Then
    MsgBox "Il faut un nom et un prénom"
    VerNomPren = False
  Else
    VerNomPren = True
  End If
End Function

Private Sub B_Annul_Click()
  Dernier = False
  Satisf = False
  DoCmd.Close acForm, Me.Name, acSaveNo
End Sub

Private Sub B_OK_Click()
  If Not VerNomPren Then Exit Sub
  CaptureDon
  Dernier = False
  Satisf = True
  DoCmd.Close acForm, Me.Name, acSaveNo
End Sub

Private Sub B_OKDern_Click()
  If Not VerNomPren Then Exit Sub
  CaptureDon
  Dernier = True
  Satisf = True
  DoCmd.Close acForm, Me.Name, acSaveNo
End Sub

Private Sub B_Quit_Click()
  Dernier = True
  Satisf = False
  DoCmd.Close acForm, Me.Name, acSaveNo
End Sub
```

```
Private Sub B_Ver_Click()
  Dim Cm As New ADODB.Command, Res, Rep
  If Mode = 0 Then
    Set Cm.ActiveConnection = CurrentProject.Connection
    Cm.CommandType = adCmdText
    Cm.CommandText = "select count(Nom) from Membres " + _
        "where (Nom='" + Nm + "') and (Prénom='" + Pr + "')"
    Set Res = Cm.Execute
    If Res(0).Value <> 0 Then
      Rep = MsgBox("Ce nom et prénom sont déjà présents" + vbCr + _
        "voulez-vous tout de même entrer ce membre", vbYesNo + _
        vbExclamation)
      If Rep = vbYes Then B_OK.Enabled = True: B_OKDern.Enabled = True
    Else
      B_OK.Enabled = True: B_OKDern.Enabled = True
    End If
  Else
  ' laissé vide pour le moment
  End If
End Sub

Private Sub Form_Current()
  Nm = "": Pr = ""
  If Mode = 0 Then
    Me.Caption = "Nouveau membre"
    B_Ver.Caption = "Vérifier"
  Else
  ' laissé vide pour le moment
  End If
End Sub

Private Sub TB_Nom_Exit(Cancel As Integer)
  Nm = Nz(TB_Nom.Text, "")
  B_OK.Enabled = False
  B_OKDern.Enabled = False
End Sub

Private Sub TB_Prénom_Exit(Cancel As Integer)
  Pr = Nz(TB_Prénom.Text, "")
  B_OK.Enabled = False
  B_OKDern.Enabled = False
End Sub
```

3. PROCÉDURE NOUVMEMBRE DANS MODULE 1

```
'------------------------------------------------------NouvMembre--
Sub NouvMembre()
  Dim NomC As String, ff As Object
  Dernier = False
  While Not Dernier
    Set DonMemb = CreateObject("Scripting.Dictionary")
    Set Cnx = CurrentProject.Connection
    Set Rst = New ADODB.Recordset
    Rst.Open "Membres", Cnx, adOpenDynamic, adLockOptimistic
    Satisf = False
```

```
        Mode = 0
        DoCmd.OpenForm "F_Membre", , , , acFormAdd, acDialog
        If Satisf Then
          Rst.AddNew
          For Each ff In Rst.Fields
            NomC = ff.Name
            If (NomC <> "N°") And (NomC <> "Cotis à jour") _
               Then ff.Value = DonMemb(NomC)
          Next
          Rst.Update
        End If
        DonMemb.RemoveAll: Set DonMemb = Nothing
        Rst.Close: Cnx.Close
        Set Rst = Nothing: Set Cnx = Nothing
      Wend
End Sub
```

La structure de `NouvMemb` est en fait simple :

```
Dernier=False
While Not Dernier        'Tant qu'on n'a pas entré le dernier de la série
   Set DonMemb..      'Préparer le dictionnaire des données
   Rst.Open…          'Ouvrir le Recordset
      DoCmd.OpenForm     'Afficher le formulaire
       If Satisf Then         'Si on a obtenu une donnée correcte
       |    Rst.AddNew    'Crée nouvel enregistrement
    |    For Each ff  'Remplissage des champs
    |     |…
    |     Next
    |     Rst.Update   'Installe le nouvel enregistrement
      End If
   'Fait le ménage en vue d'un éventuel enregistrement suivant
Wend
```

La boucle `For Each ff` suit exactement le schéma de remplissage des champs vu au chapitre 10 puisque les TextBox ont été nommées suivant le modèle TB_<nom du champ>.

Sauvegardez le fichier sous le nom *AmisAnimaux_2.accdb* avec toujours la même précaution d'avoir conservé une copie intacte des fichiers originaux téléchargés.

Pour tester le programme à l'étape 2, vous cliquez sur le bouton « Nouveau membre », vous entrez une série de nouveaux membres (clic sur OK après chaque et sur OK-Dernier après le dernier) : vous devez vérifier que les données des membres sont bien entrées.

4. QUELQUES AMÉLIORATIONS

Nous proposons deux légers changements dans le code qui vont servir en vue de la 3ᵉ étape. Cela va constituer le fichier *AmisAnimaux_2a.accdb*. Dans `NouvMembre`, la boucle de remplissage des champs `For Each ff` va servir plusieurs fois. Donc nous l'implantons dans une procédure `RemplitChamps` et la partie concernée du module est maintenant :

```
'-------------------------------------------------------RemplitChamps--
Sub RemplitChamps()
  Dim NomC As String, ff As Object
  For Each ff In Rst.Fields
    NomC = ff.Name
    If (NomC <> "N°") And (NomC <> "Cotis à jour") _
            Then ff.Value = DonMemb(NomC)
    Next
End Sub


'---------------------------------------------------------NouvMembre--
Sub NouvMembre()
  Dernier = False
  While Not Dernier
    Set DonMemb = CreateObject("Scripting.Dictionary")
    Set Cnx = CurrentProject.Connection
    Set Rst = New ADODB.Recordset
    Rst.Open "Membres", Cnx, adOpenDynamic, adLockOptimistic
    Satisf = False
    Mode = 0
    DoCmd.OpenForm "F_Membre", , , , acFormAdd, acDialog
    If Satisf Then
      Rst.AddNew
      RemplitChamps
      Rst.Update
    End If
    DonMemb.RemoveAll: Set DonMemb = Nothing
    Rst.Close: Cnx.Close
    Set Rst = Nothing: Set Cnx = Nothing
  Wend
End Sub
```

De même, dans `B_Ver_Click` du module associé au formulaire, la partie de test de la présence du nom et prénom est susceptible de généralisation. Nous créons une fonction booléenne `TestSQL` qui a le texte d'une requête comme argument et qui renvoie vrai s'il existe des enregistrements satisfaisant à la requête.

```
Function TestSQL(chSQL As String) As Boolean
  Dim Cm As New ADODB.Command, Res
  Set Cm.ActiveConnection = CurrentProject.Connection
  Cm.CommandType = adCmdText
  Cm.CommandText = chSQL
  Set Res = Cm.Execute
  If Res(0).Value <> 0 Then TestSQL = True Else TestSQL = False
  Set Cm = Nothing
End Function

Private Sub B_Ver_Click()
  Dim Ch As String, Rep
  If Mode = 0 Then
    Ch = "select count(Nom) from Membres " + _
        "where (Nom='" + Nm + "') and (Prénom='" + Pr + "')"
```

```
     If TestSQL(Ch) Then
        Rep = MsgBox("Ce nom et prénom sont déjà présents" + vbCr + _
           "voulez-vous tout de même entrer ce membre", vbYesNo + _
           vbExclamation)
        If Rep = vbYes Then B_OK.Enabled = True: B_OKDern.Enabled = True
     Else
        B_OK.Enabled = True: B_OKDern.Enabled = True
     End If
  Else
  ' laissé vide pour le moment
  End If
End Sub
```

ÉTAPE 3 – MODIFICATION/SUPPRESSION

1. CONSTRUIRE LE FORMULAIRE

Copiez *AmisAnimaux_2a.accdb* en *AmisAnimaux_3.accdb* sur lequel vous allez travailler.

Pour la modification, le problème est de trouver l'enregistrement à modifier. On fait la recherche sur le nom : lorsqu'on a trouvé une concordance, on affiche l'ensemble des données de l'enregistrement et l'utilisateur doit cliquer sur Correct si c'est l'enregistrement cherché. Sinon, il doit cliquer sur Chercher/Suivant car il peut y avoir plusieurs membres de même nom. Le libellé « Chercher/Suivant » remplace le libellé « Vérifier » ; les deux boutons supplémentaires sont visibles et actifs seulement si Mode=1. Dans ce cas, on change aussi le titre du formulaire dans la routine `Form_Current`. Voici le nouvel aspect du formulaire :

Nous essayons d'avoir un mode d'emploi assez perfectionné pour la recherche de l'enregistrement à modifier. Si vous fournissez le prénom, la recherche se fait sur nom et prénom exacts. Si vous ne fournissez pas le prénom, on accepte tout nom contenant ce que vous avez tapé dans la zone nom.

2. PROCÉDURES DU MODULE DE CLASSE

Dans la fenêtre de code associée au formulaire, vous avez un certain nombre de routines à modifier, et il s'ajoute les routines de clic des deux boutons supplémentaires.

Le module de classe a une nouvelle variable, `EnCours`, vraie si ce n'est pas la 1re fois que vous tapez sur le bouton : la 1re fois, il signifie Chercher, les fois suivantes, il signifie Suivant..

Les routines des quatre boutons de validation ainsi que les deux routines d'Exit des deux TextBox sont inchangées mais `CaptureDon` commence par un vidage du dictionnaire : en effet, maintenant, pour une ouverture du formulaire, il peut y avoir plusieurs enregistrements à regarder lors de la recherche de l'enregistrement à modifier.

`CaptureDon` est complétée par un certain nombre de routines de transfert entre TextBox et le dictionnaire `DonMemb` ou entre champs de l'enregistrement en cours : `VideBDi`, `RemplitBDi`, `RecupChamps` et `RemplitChamps`. Les deux dernières sont dans Module1.

La procédure `Form_Current` a maintenant aussi la branche pour Mode=1 (sous le `Else`). Même la branche Mode = 0 est à modifier puisqu'il s'ajoute la gestion des activations et visibilité des boutons supplémentaires *B_Correct* et *B_Suppr*. Dans la branche Mode=1 on initialise `EnCours` à `False`.

La routine `B_Correct_Click` active le bouton Supprimer et les deux « OK » puisque le membre sur lequel on veut agir est maintenant trouvé.

`B_Suppr_Click` demande une confirmation et, si oui, effectue la suppression. On agit sur l'enregistrement en cours. Remarquez que, après la suppression de l'enregistrement, on appelle `B_Annul_Click` : en effet, au retour dans le programme appelant, tout doit se passer comme si on avait annulé car la modification de la table Membres a été effectuée.

C'est la routine `B_Ver_Click` qui subit les plus importantes modifications. La branche Mode=0 est inchangée, ce qui prouve la solidité de notre programmation. La branche `Else` est subdivisée en deux selon la valeur de `EnCours`. Si `EnCours` vaut 0, on commence une recherche : la chaîne de requête est construite en fonction de la présence ou non du prénom (si le nom est absent, il y a un message d'erreur). On teste alors s'il y a des enregistrements conformes et à ce moment on ouvre le Recordset sur la requête proprement dite.

Si `EnCours` vaut 1, c'est que l'utilisateur a cliqué sur Chercher/Suivant : il faut donc chercher plus loin à condition qu'on ne dépasse pas la fin du `Recordset` ; dans ce cas, un message en avertit l'utilisateur. Si on a pu lire un enregistrement, les appels à `RecupChamps` puis `RemplitBDi` affichent les données : l'utilisateur peut juger s'il doit cliquer sur Correct ou demander l'aller plus loin.

Si on clique sur Correct, les données pourront être modifiées et les valeurs modifiées validées puisque les boutons de validation auront été activés par `B_Correct_Click`.

```
Dim Nm As String, Pr As String
Dim EnCours As Boolean

Sub CaptureDon()
  Dim NomTB As String, ct As Control, Tx As String
  DonMemb.RemoveAll
  For Each ct In Controls
    If Left(ct.Name, 3) = "TB_" Then
      NomTB = Mid(ct.Name, 4)
      ct.SetFocus
      Tx = Nz(ct.Text, "")
      DonMemb.Add NomTB, Tx
    End If
  Next
End Sub

Sub VideBDi()
  Dim NomTB As String, ct As Control
  DonMemb.RemoveAll
  For Each ct In Controls
    If Left(ct.Name, 3) = "TB_" Then
      NomTB = Mid(ct.Name, 4)
      ct.SetFocus
      ct.Text = ""
    End If
  Next
End Sub
```

ÉTAPE 3 – MODIFICATION/SUPPRESSION

```
Sub RemplitBDi()
  Dim NomTB As String, ct As Control
  For Each ct In Controls
    If Left(ct.Name, 3) = "TB_" Then
      NomTB = Mid(ct.Name, 4)
      ct.SetFocus
      ct.Text = Nz(DonMemb(NomTB), "")
    End If
  Next
End Sub

Function VerNomPren() As Boolean
  If (Nm = "") Or (Pr = "") Then
    MsgBox "Il faut un nom et un prénom"
    VerNomPren = False
  Else
    VerNomPren = True
  End If
End Function

Private Sub B_Annul_Click()
  Dernier = False
  Satisf = False
  DoCmd.Close acForm, Me.Name, acSaveNo
End Sub

Private Sub B_Correct_Click()
  B_Suppr.Enabled = True
  B_OK.Enabled = True
  B_OKDern.Enabled = True
End Sub

Private Sub B_OK_Click()
  If Not VerNomPren Then Exit Sub
  CaptureDon
  Dernier = False
  Satisf = True
  DoCmd.Close acForm, Me.Name, acSaveNo
End Sub

Private Sub B_OKDern_Click()
  If Not VerNomPren Then Exit Sub
  CaptureDon
  Dernier = True
  Satisf = True
  DoCmd.Close acForm, Me.Name, acSaveNo
End Sub

Private Sub B_Quit_Click()
  Dernier = True
  Satisf = False
  DoCmd.Close acForm, Me.Name, acSaveNo
End Sub
```

```vba
Private Sub B_Suppr_Click()
  Dim Rep
  Rep = MsgBox("Etes-vous sûr de vouloir supprimer ce membre ? ", _
    vbYesNo + vbQuestion)
  If Rep = vbYes Then
    Rst.Delete adAffectCurrent
    Rst.Update
    B_Annul_Click
  End If
End Sub

Function TestSQL(chSQL As String) As Boolean
  Dim Cm As New ADODB.Command, Res
  Set Cm.ActiveConnection = CurrentProject.Connection
  Cm.CommandType = adCmdText
  Cm.CommandText = chSQL
  Set Res = Cm.Execute
  If Res(0).Value <> 0 Then TestSQL = True Else TestSQL = False
  Set Cm = Nothing
End Function

Private Sub B_Ver_Click()
  Dim Ch As String, Rep
  If Mode = 0 Then
    Ch = "select count(Nom) from Membres " + _
        "where (Nom='" + Nm + "') and (Prénom='" + Pr + "')"
    If TestSQL(Ch) Then
      Rep = MsgBox("Ce nom et prénom sont déjà présents" + vbCr + _
        "voulez-vous tout de même entrer ce membre", vbYesNo + _
        vbExclamation)
      If Rep = vbYes Then B_OK.Enabled = True: B_OKDern.Enabled = True
    Else
      B_OK.Enabled = True: B_OKDern.Enabled = True
    End If
  Else                            'Mode
    If Not EnCours Then
      If Nm = "" Then
        MsgBox "Il faut un nom."
        Exit Sub
      End If
      Ch = "select count(Nom) from Membres where "
      If Pr = "" Then
        Ch = Ch + "InStr(Nom, '" + Nm + "')>0"
      Else
        Ch = Ch + "(Nom='" + Nm + "') and (Prénom='" + Pr + "')"
      End If
      If Not TestSQL(Ch) Then
        MsgBox "Pas d'enregistrement conforme. Changez ou annulez."
        Exit Sub
      End If
      EnCours = True
      Ch = Replace(Ch, "count(Nom)", "*")
      Rst.Open Ch, Cnx, adOpenDynamic, adLockOptimistic
      Rst.MoveFirst
    Else                          'Not EnCours
      Rst.MoveNext
```

```vba
        If Rst.EOF Then
          MsgBox "Plus d'enregistrements."
          EnCours = False
          VideBDi
          Rst.Close
          Exit Sub
        End If
      End If                  'Not EnCours
      RecupChamps
      RemplitBDi
    End If                    'Mode
End Sub

Private Sub Form_Current()
  Nm = "": Pr = ""
  If Mode = 0 Then
    Me.Caption = "Nouveau membre"
    B_Ver.Caption = "Vérifier"
    B_Correct.Enabled = False
    B_Correct.Visible = False
    B_Suppr.Enabled = False
    B_Suppr.Visible = False
  Else
    Me.Caption = "Modification/Suppression membre"
    B_Ver.Caption = "Chercher/Suivant"
    B_Correct.Enabled = True
    B_Correct.Visible = True
    B_Suppr.Enabled = False
    B_Suppr.Visible = True
    EnCours = False
  End If
End Sub

Private Sub TB_Nom_Exit(Cancel As Integer)
  Nm = Nz(TB_Nom.Text, "")
  B_OK.Enabled = False
  B_OKDern.Enabled = False
End Sub

Private Sub TB_Prénom_Exit(Cancel As Integer)
  Pr = Nz(TB_Prénom.Text, "")
  B_OK.Enabled = False
  B_OKDern.Enabled = False
End Sub
```

3. PROCÉDURE MODIFMEMBRE ET ANNEXES

```vba
'-------------------------------------------------------RecupChamps--
Sub RecupChamps()
  Dim NomC As String, ff As Object
  DonMemb.RemoveAll
  For Each ff In Rst.Fields
    NomC = ff.Name
    If (NomC <> "N°") And (NomC <> "Cotis à jour") _
           Then DonMemb.Add NomC, ff.Value
  Next
End Sub
```

ÉTAPE 3 – MODIFICATION/SUPPRESSION

```
'-------------------------------------------------RemplitChamps--
Sub RemplitChamps()
  Dim NomC As String, ff As Object
  For Each ff In Rst.Fields
    NomC = ff.Name
    If (NomC <> "N°") And (NomC <> "Cotis à jour") _
          Then ff.Value = DonMemb(NomC)
  Next
End Sub

'-------------------------------------------------ModifMembre--
Sub ModifMembre()
  Dernier = False
  While Not Dernier
    Set DonMemb = CreateObject("Scripting.Dictionary")
    Set Cnx = CurrentProject.Connection
    Set Rst = New ADODB.Recordset
    Satisf = False
    Mode = 1
    DoCmd.OpenForm "F_Membre", , , , acFormEdit, acDialog
    If Satisf Then
      RemplitChamps
      Rst.Update
    End If
    DonMemb.RemoveAll: Set DonMemb = Nothing
    If Rst.State <> 0 Then Rst.Close
    Cnx.Close
    Set Rst = Nothing: Set Cnx = Nothing
  Wend
End Sub
```

La structure est semblable à NouvMemb mais certaines instructions comme l'ouverture du Recordset ne sont plus là : elles sont dans le module de classe car la recherche de l'enregistrement à modifier ou supprimer est en plusieurs épisodes séparés par clic sur Suivant. La différence importante est la valeur donnée à la variable Mode : une erreur ou l'oubli de cette instruction empêcherait le fonctionnement correct. Notez aussi que la fermeture du Recordset est conditionnelle : en effet, il peut être fermé par B_Ver_Click et si on essaie de le fermer une 2e fois, on se « paie » un message d'erreur.

Nous sommes parvenus au fichier *AmisAnimaux_3.accdb*. Pour essayer quelques modifications, vous cliquez sur le bouton et modifiez quelques données. Ensuite, vous fermez le formulaire Menu et ouvrez la table Membres pour vérifier que les modifications sont bien entrées et sont à la bonne place.

POUR ALLER PLUS LOIN

Voici quelques directions de possibles améliorations :

Offrir un système d'Aide

Offrir un système d'aide. Il faut bien sûr créer les fichiers .htm voulus ; ce n'est pas le sujet de ce livre. Ensuite, il faut fournir au moins un bouton dans le formulaire *Menu* un bouton dans le formulaire *F_Membre*. Nous avons vu comment écrire les routines de clic de ces boutons.

Gérer des rubriques supplémentaires

C'est simple en s'inspirant des routines écrites pour les rubriques en place.

Ajouter des fonctionnalités

Par exemple faire un système de relance des adhérents en retard de cotisation ; il faudrait ajouter la rubrique date de dernière cotisation... C'est utile pour toutes les associations.

Améliorer l'ergonomie

Si on clique sur Chercher/Suivant une fois de trop, le nom ne sera pas trouvé et il faudra reprendre la recherche au début. Il serait plus ergonomique d'implanter un bouton Précédent permettant des allers et retours.

Maintenant, quelques leçons à retenir de cette étude de cas (et de toutes) :

- Complémentarité de tous les éléments d'un projet : les instructions sont écrites en fonction de la structure des données dans les tables ; les procédures événements liés aux contrôles de BDi et les appels des BDi sont écrits en fonction les uns des autres et les transmissions de données doivent être prévues... Autre comportement de la BDi, autre façon de l'utiliser.
- Par ailleurs, le fait qu'on puisse ouvrir les tables directement sous Access offre un moyen indépendant de notre programme de les examiner et donc de vérifier ce que fait notre programme. Bien sûr, cet accès est surtout important pendant la phase de mise au point.

Facturation

1. MENU ET SCÉNARIO DE L'APPLICATION

Nous envisageons une application de facturation très simplifiée (mais efficace tout de même). Nous commençons par préparer l'état de départ *Facturation_0.accdb*. Voici la disposition que nous suggérons pour le formulaire Menu.

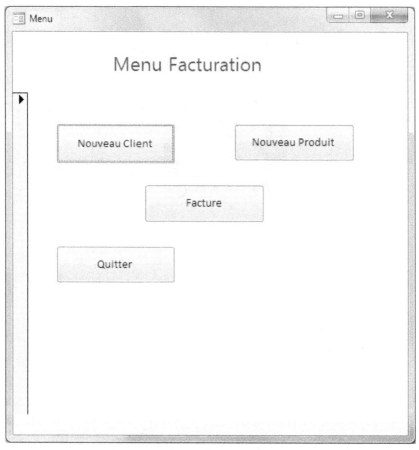

Vous voyez que nous n'envisageons pas de commandes Modifier client ou produit. Vous avez vu au chapitre précédent comment le faire. La commande Facture de la présente application comporte des phases de recherche d'un client et d'un produit qui forment le départ des commandes Modifier. Fixez comme d'habitude les propriétés Fen indépendante et modale à Oui, Boutons de déplacement à Non.

Créez les tables Clients et Produits avec quelques enregistrements de départ.

ÉTAPE 1 – GESTION DE LA TABLE PRODUITS

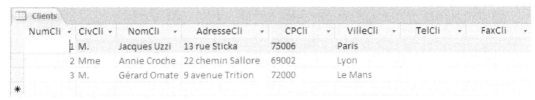

Les champs NumProd et NumCli sont numériques, type Entier Long, et non en numérotation automatique ; ce sera le cas de tous les champs « Numéros » de cette application afin d'éviter certaines contraintes. À part PUProd qui est monétaire, tous les autres champs sont de type Texte.

Créez une macro AutoExec avec la seule instruction d'ouvrir le formulaire Menu.

Le module de classe du formulaire menu est très simple :

```
Private Sub B_Facture_Click()
   Facture
End Sub
Private Sub B_NouvCli_Click()
   NouvCli
End Sub
Private Sub B_NouvProd_Click()
   NouvProd
End Sub
Private Sub B_Quit_Click()
   DoCmd.Close acForm, "Menu", acSaveNo
   DoCmd.Quit acQuitSaveAll
End Sub
```

Les procédures du Module1 Facture, NouvCli et NouvProd sont vides pour le moment.

Copiez *Facturation_0.accdb* en *Facturation_1.accdb* pour effectuer l'étape 1.

---

2. FORMULAIRE NOUVEAUPRODUIT

Pour entrer dans le vif de l'étape 1, vous créez le formulaire NouveauProduit avec la structure :

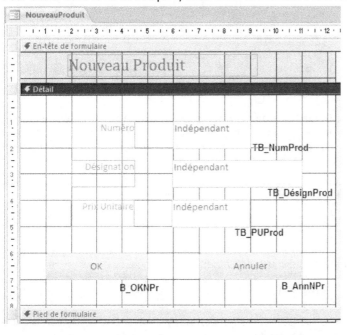

ÉTAPE 1 – GESTION DE LA TABLE PRODUITS

On a indiqué leurs noms à côté des contrôles. Voici le module de classe associé.

```
Dim DonPrés As Boolean

Sub RécupDonn()
  TB_NumProd.SetFocus
  Num = CInt(TB_NumProd.Text)
  DonPrés = True
  TB_DésignProd.SetFocus
  Désign = TB_DésignProd.Text
  If TB_DésignProd.Text = "" Then DonPrés = False
  TB_PUProd.SetFocus
  If TB_PUProd.Text = "" Then DonPrés = False: Exit Sub
  PU = CSng(TB_PUProd.Text)
End Sub

Private Sub B_AnnNPr_Click()
  Satisf = False
  DoCmd.Close acForm, "NouveauProduit", acSaveNo
End Sub

Private Sub B_OKNPr_Click()
  RécupDonn
  If DonPrés = False Then
    MsgBox "Donnée manquante"
    Exit Sub
  End If
  Satisf = True
  DoCmd.Close acForm, "NouveauProduit", acSaveNo
End Sub

Private Sub Form_Current()
  TB_NumProd.SetFocus
  TB_NumProd.Text = CStr(Num)
  TB_DésignProd.SetFocus   ❶
End Sub

Private Sub TB_NumProd_Click()   ❶
  MsgBox "Vous ne pouvez pas changer le numéro."
  TB_DésignProd.SetFocus   ❶
End Sub
```

Toutes les routines sont assez évidentes. Comme il n'y a que trois contrôles, la récupération des données se fait sans dictionnaire, donc on a une variable d'échange pour chaque donnée. Les instructions en repère ❶ et la procédure TB_NumProd_Click servent à interdire à l'utilisateur de modifier le numéro.

Form_Current qui est exécutée à l'activation du formulaire installe le numéro. Normalement l'utilisateur ne devrait pas le changer, mais il le peut. Il y aurait lieu de modifier le programme sur ce point.

2. LE MODULE1

Le module a en tête les déclarations publiques des variables d'échange.

```
Public Num As Integer, Désign As String, PU As Single, Satisf As Boolean
```

```
Function Compte(Rs As ADODB.Recordset) As Integer
Dim nb As Integer
  nb = 0
  While Not Rs.EOF
    nb = nb + 1
    Rs.MoveNext
  Wend
Compte = nb
End Function

Sub NouvProd()
  Dim Connex As ADODB.Connection, Rst As ADODB.Recordset
  Set Connex = CurrentProject.Connection
  Set Rst = New ADODB.Recordset
  Rst.Open "Produits", Connex, adOpenDynamic, adLockOptimistic
  Num = Compte(Rst) + 1
  Satisf = False
  DoCmd.OpenForm "NouveauProduit", , , , acFormAdd, acDialog
  If Satisf Then
    Rst.AddNew
    Rst.Fields("NumProd").Value = Num
    Rst.Fields("DésignProd").Value = Désign
    Rst.Fields("PUProd").Value = PU
    Rst.Update
  End If
  Rst.Close: Connex.Close
  Set Rst = Nothing: Set Connex = Nothing
End Sub
```

NouvProd commence par définir un jeu d'enregistrements qui est la table Produits. Num va être la clé du nouveau produit à ajouter. Comme nous numérotons les produits en séquence, Num vaut 1 + le nombre d'enregistrements présents. Celui-ci est calculé par la fonction Compte qui parcourt classiquement l'ensemble des enregistrements du Recordset. Retenez bien cette structure de parcours séquentiel.

On aurait pu penser utiliser la propriété RecordCount pour avoir ce résultat. Mais RecordCount ne fonctionne que si le Recordset est en lecture seule. Il aurait alors fallu le définir en lecture seule, obtenir Num, puis le fermer et le redéfinir en mode acFormAdd pour pouvoir ajouter le nouveau produit.

Ensuite le DoCmd ouvre le formulaire Nouveau produit. Ce formulaire est en Fen modale **Oui**. Sinon les instructions qui suivent DoCmd seraient immédiatement exécutées avant que l'on ait pu entrer la moindre donnée. Précisément les instructions qui suivent récupèrent les données du formulaire pour les ajouter au Recordset. Remarquez le AddNew pour ouvrir le nouvel enregistrement et le Update pour valider l'ajout. Ces instructions sont conditionnées par le booléen Satisf qui n'est vrai que si on a fourni des données valables.

Pour vérifier que vos données sont bien entrées, fermez le formulaire Menu et ouvrez la table Produits. Fermez la table. Si la fermeture du formulaire dans B_OK...Click se faisait avec acSaveNo, il y aurait un message proposant la sauvegarde. Comme nous avons écrit acSaveYes, il n'y a pas de message : les données sont bien sauvegardées.

Une amélioration de l'ergonomie serait de pouvoir entrer des séries de produits ; vous avez vu au chapitre précédent la technique à 4 boutons de validation qui résout ce problème.

Pour effectuer l'étape 2, copiez le fichier *Facturation_1.accdb* en *Facturation_2.accdb*.

ÉTAPE 2 – GESTION DE LA TABLE CLIENTS

1. LE FORMULAIRE NOUVEAUCLIENT

Suivant nos principes habituels, construisez le formulaire NouveauClient.

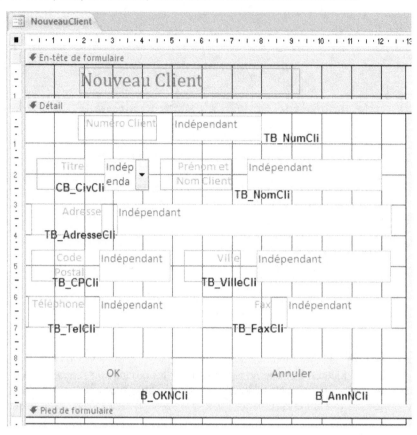

On voit que le titre (M., Mme ou Mle) est fourni dans un ComboBox dont la liste sera remplie dans la routine `Form_Current`. Il faut imposer « Liste valeurs » à sa propriété Origine source.

Voici le module de classe.

```
Dim DonNCPrés As Boolean

Sub RécupDonNC()
  Dim NomCtl As String, ct As Control, Tx As String, Lct As String
  DonNCPrés = True
  DictDonC.RemoveAll
  For Each ct In Controls
    NomCtl = ct.Name
    If NomCtl <> "TB_NumCli" Then      ❶
      Lct = Left(NomCtl, 3)
      If (Lct = "TB_") Or (Lct = "CB_") Then     ❷
        NomCtl = Mid(NomCtl, 4)
        ct.SetFocus
        Tx = Nz(ct.Text, "")
        DictDonC.Add NomCtl, Tx      ❸
      End If
    End If
  Next
```

```
   If (DictDonC("NomCli") = "") Or (DictDonC("AdresseCli") = "") _   ❹
      Or (DictDonC("CPCli") = "") Or (DictDonC("VilleCli") = "") _
      Then DonNCPrés = False
End Sub

Private Sub B_AnnNCli_Click()
  Satisf = False
  DoCmd.Close acForm, "NouveauClient", acSaveNo   ❺
End Sub

Private Sub B_OKNCli_Click()
  RécupDonNC
  If DonNCPrés = False Then
    MsgBox "Donnée manquante"
    Exit Sub
  End If
  Satisf = True
  DoCmd.Close acForm, Me.Name, acSaveYes   ❺
End Sub

Private Sub Form_Current()
  CB_CivCli.SetFocus           ❻
  CB_CivCli.AddItem "M."
  CB_CivCli.AddItem "Mme"
  CB_CivCli.AddItem "Mle"
  TB_NumCli.SetFocus
  TB_NumCli.Text = CStr(NumC)
  CB_CivCli.SetFocus   ❼
End Sub

Private Sub TB_NumCli_Click()        ❼
  MsgBox "Vous ne pouvez pas changer le numéro."
  CB_CivCli.SetFocus
End Sub
```

Cette fois, la gestion est faite avec un dictionnaire de données (❸).

❶ Le numéro de client est traité à part.

❷ On regarde le(s) ComboBox en plus des TextBox.

❸ Principale instruction d'écriture de la donnée dans le dictionnaire.

❹ On exige la présence du nom, adresse, code postal et ville. On tolère l'absence du titre et des téléphones.

❺ Deux façons de spécifier le nom du formulaire à fermer. En cas d'annulation pas de sauvegarde, mais sauvegarde si OK.

❻ Remplissage de la liste de choix pour le titre.

❼ Comme pour NouveauProduit, on empêche de modifier le numéro. De toute façon, si on introduisait un numéro déjà présent, il y aurait une erreur à l'écriture dans la table puisque le numéro est clé primaire.

---

2. LES PROCÉDURES DE MODULE 1

On ajoute les déclarations suivantes :

```
Public NumC As Integer, DictDonC As Object
```

On utilise la même fonction Compte. La procédure RemplitChamps remplit les champs de l'enregistrement qui s'ajoute.

```
Sub RemplitChamps(Rs As ADODB.Recordset)
  Dim NomChamp As String, ff As Object
  For Each ff In Rs.Fields
    NomChamp = ff.Name
    If NomChamp = "NumCli" Then      ❶
      ff.Value = NumC
    Else
      ff.Value = DictDonC(NomChamp)
    End If
  Next
End Sub

Sub NouvCli()
  Dim Connex As ADODB.Connection, Rst As ADODB.Recordset
  Set DictDonC = CreateObject("Scripting.Dictionary")   ❷
  Set Connex = CurrentProject.Connection
  Set Rst = New ADODB.Recordset
  Rst.Open "Clients", Connex, adOpenDynamic, adLockOptimistic   ❸
  NumC = Compte(Rst) + 1 ❶
  Satisf = False
  DoCmd.OpenForm "NouveauClient", , , , acFormAdd, acDialog   ❸
  If Satisf Then      ❹
    Rst.AddNew
    RemplitChamps Rst
    Rst.Update
  End If
  Rst.Close: Connex.Close
  Set Rst = Nothing: Set Connex = Nothing
  Set DictDonC = Nothing
End Sub
```

❶ Le numéro de client est traité à part ; on l'a depuis le début grâce à `Compte`.

❷ Création du dictionnaire.

❸ Ouvertures du `Recordset` et du formulaire comme pour Nouveau Produit ; observez les paramètres.

❹ La prise en compte de l'enregistrement à ajouter s'il est satisfaisant est simplifiée grâce à la procédure `RemplitChamps`.

Bon, c'est très bien, mais on n'a pas encore la moindre facture. Malgré la rapidité des ordinateurs, l'informatique est une école de patience. Copiez le fichier *Facturation_2.accdb* auquel vous êtes arrivé en *Facturation_3.accdb* : il créera effectivement la facture.

ÉTAPE 3 – FACTURATION

La première chose que fait la création de facture, c'est de chercher le client concerné. S'il n'est pas dans la table, il faudra passer par Nouveau Client pour le répertorier.

Facture commence par déterminer le client d'après une portion de son nom. S'il n'est pas trouvé, on renvoie l'utilisateur à entrer un nouveau client. S'il est trouvé, on pourrait répertorier la commande correspondante et démarrer la boucle sur les lignes détail. En fait, le début de commande n'est effectué qu'une fois qu'on a bien eu la 1re ligne détail pour éviter de créer une facture vide.

Pour chaque ligne détail, on demande la quantité à l'utilisateur. Il suffit que celui-ci fournisse 0 pour faire terminer la boucle. On cherche le produit d'après une partie de sa désignation, normalement sa catégorie. S'il est obtenu, on traite la ligne détail correspondante. Si c'est la première, on appelle d'abord `DébutFacture`. Après la boucle sur les lignes détail, `FinirFacture` crée le pied de facture.

La facture va être créée sur un fichier texte. On pourrait aussi la créer sur un état, ce que nous vous laissons en exercice.

1. TABLES SUPPLÉMENTAIRES

Il faut créer deux tables, qui seront au départ sans données :

Commandes, champs NumComm (entier long, clé), NumCli (entier long) et DateComm (date/heure) ;

LDetComm, champs NumComm (entier long, clé), NumProd (entier long, clé) et QTE (entier).

2. LES FORMULAIRES CLIENT ET PRODUIT

Créez les formulaires Client et Produit qui vont servir à la recherche du client et à celle du produit pour chaque ligne détail. Ces formulaires sont identiques respectivement à NouveauClient et Nouveau Produit, sauf que les boutons « Annuler » sont remplacés par « Suivant ». En effet le formulaire montre successivement les éléments compatibles avec la recherche. Lorsque l'élément convient, on clique sur OK ; s'il ne convient pas, on clique sur Suivant : l'élément compatible suivant est proposé ; si on est arrivé à la fin du `Recordset`, il y a un message. Notez que si, en réponse à `InputBox`, vous laissez vide la partie à chercher et cliquez sur OK , tous les clients ou tous les produits seront proposés (caractéristique de `InStr`).

Bien entendu, vous procédez par copie Cliquez droit sur le formulaire à copier dans le volet de navigation. Choisissez *Copier* puis *Coller* dans le menu déroulant ; vous n'avez plus qu'à spécifier le nom du nouveau formulaire.

Changez les noms des boutons Annuler en B_SuivantCli, B_SuivantProd et leurs libellés en Suivant. Installez les routines de clic. Comme dans l'étape Modification de l'application Gestion d'une association, des Recordset vont être ouverts dans Module1, mais l'avance dans les enregistrements sera dans le module de classe. La recherche du client et du produit se fera sur une partie du nom ou de la désignation, donc les Recordset seront ouverts sur requête.

Les routines `Form_Current` appellent les procédures respectives `PrendDonnC` et `PrendDonnP` pour remplir les contrôles au départ, puisqu'on a déjà le 1er enregistrement du Recordset.

3. MODULE DE CLASSE CLIENT

Une astuce supplémentaire simplifie la gestion du dictionnaire de données : on renomme le Combo_Box en TB_CivCli (Access « sait » bien que c'est un ComboBox quel que soit le nom).

Une autre simplification est qu'il n'y a plus de test de présence des données ; cela suppose que l'utilisateur ne va pas supprimer une donnée : en fait, en programmation prudente, on laisserait les tests ; c'est ce qu'on appelle de la programmation « ***foolproof*** ».

En outre, on a supprimé le TB_NumCli_Click car on ne risque pas de modifier le numéro : les tables sont ouvertes en lecture seule dans ce contexte.

```
Sub PrendDonnC()
  Dim NomCtl As String, ct As Control, Tx As String
  For Each ct In Controls
    NomCtl = ct.Name
    If Left(NomCtl, 3) = "TB_" Then
        NomCtl = Mid(NomCtl, 4)
        If NomCtl = "NumCli" Then
          Tx = CStr(RstC.Fields(NomCtl).Value)
        Else
          Tx = Nz(RstC.Fields(NomCtl).Value, "")
        End If
        ct.SetFocus
        ct.Text = Tx
    End If
  Next
End Sub

Sub RécupDonNC()
  Dim NomCtl As String, ct As Control, Tx As String, Lct As String
  DictDonC.RemoveAll
  For Each ct In Controls
    NomCtl = ct.Name
    If Left(NomCtl, 3) = "TB_" Then
        NomCtl = Mid(NomCtl, 4)
        ct.SetFocus
        If NomCtl = "NumCli" Then
          NumC = CInt(ct.Text)
        Else
          DictDonC.Add NomCtl, Nz(ct.Text, "")
        End If
    End If
  Next
End Sub

Private Sub B_OKNCli_Click()
  RécupDonNC
  Satisf = True
  DoCmd.Close acForm, Me.Name, acSaveYes
End Sub
```

```
Private Sub B_SuivantCli_Click()
  RstC.MoveNext
  If Not RstC.EOF Then    ❶
    PrendDonnC
  Else
    Satisf = False
    MsgBox "Plus de client" + vbCr + "Vérifiez ou entrez en un nouveau"
    DoCmd.Close acForm, "Client"
  End If
End Sub

Private Sub Form_Current()
  TB_CivCli.SetFocus
  TB_CivCli.AddItem "M."
  TB_CivCli.AddItem "Mme"
  TB_CivCli.AddItem "Mle"
  PrendDonnC
End Sub
```

La nouveauté est dans la routine B_SuivantCli_Click. On avance d'un enregistrement dans le Recordset des clients satisfaisant aux conditions de recherche. En ❶, test de fin : s'il n'y a plus de clients conforme on émet un message d'erreur.

4. LE MODULE DE CLASSE PRODUIT

Il n'y a pas de gestion par dictionnaire de données pour la recherche de produit. Les principes sont les mêmes que précédemment.

```
Sub PrendDonnP()
  TB_NumProd.SetFocus
  TB_NumProd.Text = CStr(RstP.Fields("NumProd").Value)
  TB_DésignProd.SetFocus
  TB_DésignProd.Text = RstP.Fields("DésignProd").Value
  TB_PUProd.SetFocus
  TB_PUProd.Text = CStr(RstP.Fields("PUProd").Value)
End Sub

Sub RécupDonnP()
  TB_NumProd.SetFocus
  Num = CInt(TB_NumProd.Text)
  DonPrés = True
  TB_DésignProd.SetFocus
  Désign = TB_DésignProd.Text
  TB_PUProd.SetFocus
  PU = CSng(TB_PUProd.Text)
End Sub

Private Sub B_OKNPr_Click()
  RécupDonnP
  Satisf = True
  DoCmd.Close acForm, Me.Name, acSaveYes
End Sub
```

```
Private Sub B_SuivantProd_Click()
  RstP.MoveNext
  If Not RstP.EOF Then
    PrendDonnP
  Else
    Satisf = False
    MsgBox "Plus de produit de cette catégorie" + vbCr + "Vérifiez et
recommencez"
    DoCmd.Close acForm, "Produit"
  End If
End Sub

Private Sub Form_Current()
  PrendDonnP
End Sub
```

5. LE MODULE 1

Voici les déclarations supplémentaires et la routine `Facture`.

```
Public CnxC As ADODB.Connection, RstC As ADODB.Recordset, Creq As String
Public CnxP As ADODB.Connection, RstP As ADODB.Recordset, Preq As String
Public LQTE As Integer, NumK As Integer, DateK As Date, NbLd As Integer
Public LMontant As Single, TotalHT As Single, TVA As Single, TotalTTC As Single
Public Const TauxTVA = 0.196

Sub Facture()
  Set DictDonC = CreateObject("Scripting.Dictionary")
  Satisf = False
  ChercherClient
  If Not Satisf Then Exit Sub
  LQTE = CInt(InputBox("Quantité (0 si fin des produits)"))
  NbLd = 0
  TotalHT = 0
  While LQTE > 0
    Satisf = False
    ChercherProduit
    If Satisf Then
      NbLd = NbLd + 1
      If NbLd = 1 Then DébutFacture    ❶
      TraiterLigneDétail
    End If
    LQTE = CInt(InputBox("Quantité (0 si fin des produits)"))
  Wend
  FinirFacture
End Sub
```

Facture a une structure simple : ayant obtenu par `InputBox` le nom ou sa partie à chercher, on appelle `ChercherClient`. Ensuite, il y a la boucle sur les produits qui s'arrête si on fournit une quantité nulle. La recherche de produit se fait sur une partie de la désignation. Pour chaque produit, on appelle `ChercherProduit`, `DébutFacture` et `TraiterLigneDétail`. On termine par `FinirFacture`.

```
Sub ChercherClient()
Dim NomCh As String
  NomCh = InputBox("Partie du nom ")
  Set CnxC = CurrentProject.Connection
  Set RstC = New ADODB.Recordset
  Creq = "select * from Clients where instr(NomCli,'" + NomCh + "')>0"
  RstC.Open Creq, CnxC, adOpenForwardOnly, adLockOptimistic
  If RstC.EOF Then
    Satisf = False   ❷
    MsgBox "Pas de client" + vbCr + "Vérifiez ou entrez en un nouveau"
  Else
    RstC.MoveFirst
    DoCmd.OpenForm "Client", acNormal, , , acFormEdit, acDialog
  End If
  RstC.Close: Set RstC = Nothing
  CnxC.Close: Set CnxC = Nothing
End Sub

Sub ChercherProduit()
Dim DesCh As String
  DesCh = InputBox("Catégorie (Partie de la désignation) ")
  Set CnxP = CurrentProject.Connection
  Set RstP = New ADODB.Recordset
  Preq = "select * from Produits where instr(DésignProd,'" + DesCh + "')>0"
  RstP.Open Preq, CnxP, adOpenForwardOnly, adLockOptimistic
  If RstP.EOF Then
    Satisf = False   ❷
    MsgBox "Pas de produit de cette catégorie" + vbCr + _
           "Vérifiez et recommencez"
  Else
    RstP.MoveFirst
    DoCmd.OpenForm "Produit", acNormal, , , acFormEdit, acDialog
  End If
  RstP.Close: Set RstP = Nothing
  CnxP.Close: Set CnxP = Nothing
End Sub

Sub DébutFacture()
  Dim Connex As ADODB.Connection, Rst As ADODB.Recordset, Chem As String
  Chem = CurrentProject.Path + "\Factures\"
'Mise à jour de la table Commandes
  Set Connex = CurrentProject.Connection
  Set Rst = New ADODB.Recordset
  Rst.Open "Commandes", Connex, adOpenDynamic, adLockOptimistic
  NumK = Compte(Rst) + 1
  Rst.AddNew
  Rst.Fields("NumComm").Value = NumK
  Rst.Fields("NumCli").Value = NumC
  Rst.Fields("DateComm").Value = Date
  Rst.Update
  Rst.Close: Set Rst = Nothing
  Connex.Close: Set Connex = Nothing
```

```
'En-tête de la facture
  Open Chem + "Facture" + CStr(NumK) + ".txt" For Output As #1
  Print #1, "              Facture n°  " + CStr(NumK) + "       " + CStr(Date)
+ vbCr;
  Print #1, vbCr + vbCr;
  Print #1, CStr(NumC) + "        " + DictDonC("CivCli") + "  " +
DictDonC("NomCli") + vbCr;
  Print #1, DictDonC("AdresseCli") + vbCr;
  Print #1, DictDonC("CPCli") + " " + DictDonC("VilleCli") + vbCr + vbCr;
  Print #1, "REF  Désignation                PU    QTE  Montant" + vbCr +
vbCr;
'Ici initialisation du remplissage de l'état Facture  ❹
End Sub


Sub TraiterLigneDétail()
  Dim R As String, D As String, P As String, Q As String
  Dim Connex As ADODB.Connection, Rst As ADODB.Recordset
  Dim Montant As Single
'Mise à jour de la table LDetComm
  Set Connex = CurrentProject.Connection
  Set Rst = New ADODB.Recordset
  Rst.Open "LDetComm", Connex, adOpenDynamic, adLockOptimistic
  Rst.AddNew
  Rst.Fields("NumComm").Value = NumK
  Rst.Fields("NumProd").Value = Num
  Rst.Fields("QTE").Value = LQTE
  Rst.Update
  Rst.Close: Set Rst = Nothing
  Connex.Close: Set Connex = Nothing
'Ecriture dans la facture
  Montant = PU * LQTE
  TotalHT = TotalHT + Montant
  R = Space(5): D = Space(24): P = Space(6): Q = Space(5)
  LSet R = "   " + CStr(Num): LSet D = Désign
  RSet P = Format(PU, "##0.00"): RSet Q = CStr(LQTE) + "   "
  Print #1, R + D + P + Q + "   " + Format(Montant, "####0.00") + vbCr;
'Ici envoi des données dans l'état  ❺
End Sub


Sub FinirFacture()
  TVA = TotalHT * TauxTVA
  TotalTTC = TotalHT + TVA
  Print #1, vbCr + vbCr;
  Print #1, "                      Total hors taxe " + Format(TotalHT,
"####0.00 €") + vbCr;
  Print #1, "                              TVA " + Format(TVA, "####0.00
€") + vbCr;
  Print #1, "                          Total TTC " + Format(TotalTTC,
"####0.00 €") + vbCr;
  Close #1  ❸
End Sub
```

La routine `ChercherClient` ouvre le `Recordset` permettant au formulaire Client de montrer successivement les éléments compatibles avec la recherche. Lorsque l'élément convient, on clique sur OK ; s'il ne convient pas, on clique sur Suivant : l'élément compatible suivant est proposé ; si on est arrivé à la fin du `Recordset`, il y a un message. Notez que si, en réponse à InputBox, vous laissez vide la partie à chercher et cliquez sur OK , tous les clients ou tous les produits seront proposés (caractéristique de `InStr`).

ÉTAPE 3 – FACTURATION

`ChercherProduit` joue le même rôle pour trouver le produit d'une ligne détail. Dès l'ouverture du `Recordset`, un test fait émettre un message s'il n'y a pas de produit ou de client conforme (❷).

`DébutFacture` n'est appelée que lorsqu'on est sûr qu'il y a au moins une ligne détail avec un produit effectif (❶). Elle crée un enregistrement dans la table Commandes ; dans notre traitement, nous considérons qu'une commande correspond à une et une seule facture ; nous ne tenons pas compte de livraisons partielles. Ensuite, elle écrit l'en-tête de la facture dans un fichier texte qui est implanté dans un sous-dossier *Factures* du dossier où est notre base *.accdb* : rappelons que le chemin d'accès au dossier du fichier *.accdb* en cours est `CurrentProject.Path`.

De même, `TraiterLigneDétail` crée un enregistrement de la table LDetComm qui décrit l'entité associative de la relation plusieurs à plusieurs entre Commandes et Produits. Ensuite, elle écrit la ligne détail dans le fichier texte de la facture. Révisez les fonctions chaînes de caractères pour comprendre la mise en forme de la ligne (notamment `LSet`, `RSet`, `Format`). Enfin, elle cumule les montants au fur et à mesure.

`FinirFacture` écrit le total hors taxe, fait le calcul de la TVA et écrit ces résultats comme pied de facture. L'instruction de fermeture du fichier texte (❸) est essentielle : en son absence les dernières données risquent de ne pas être écrites.

Voici un exemple de facture obtenue.

```
|          Facture n°  2      01/09/2010


   2  Mme Annie Croche
   22 chemin Sallore
   69002 Lyon

   REF  Désignation              PU    QTE   Montant

     3  Ballon Rugby            25,00  1     25,00
     1  VTT enfant              98,00  1     98,00


             Total hors taxe 123,00 €
                       TVA 24,11 €
                 Total TTC 147,11 €
```

Cette facture a été visualisée par WordPad. La visualisation par le bloc-notes aurait tout sur une seule ligne ; si vous voulez que le bloc-notes ait bien les alinéas, il faut utiliser `vbCrLf` ou `vbNewLine` au lieu de `vbCr` dans les instructions.

POUR ALLER PLUS LOIN

Vous devez bien sûr examiner ces programmes avec soin pour bien les comprendre et, éventuellement y trouver des erreurs (nous avons testé un certain nombre de cas de figure mais...).

Une amélioration possible est de créer un état pour renfermer la facture. Le garnissage de cet état est facilité par le fait que notre programme gère les tables Commandes et LDetComm qui permettent d'écrire facilement les requêtes voulues. En outre, nous avons signalé en commentaires les endroits où implanter les instructions nécessaires (❹ et ❺).

Un autre changement possible est celui-ci : dans la gestion du cas où, en facturation, ne trouvant pas le client dans la base, permettre de l'entrer manuellement, sans avoir à cliquer sur Nouveau Client.

Autres ajouts possibles :

- TVA variable selon les produits, donc gestion d'un code TVA attaché au produit ; le pied de facture va être fortement modifié puisqu'il faut un total HT pour chaque taux et la TVA et le TTC de chaque taux.
- Un système de remise en fonction du total de la facture considérée et éventuellement fonction aussi du chiffre d'affaires total fait avec ce client dans l'année ; dans ce cas, il y a une rubrique de plus à gérer sur les clients.
- Une gestion de stocks simple à ajouter est de regarder chaque fin de semaine (ou de journée) quels sont les produits arrivés au stock d'alerte. Cela implique une gestion des fournisseurs (une table de plus) et l'émission de bons de commande.
- L'écriture d'un résumé de la facture dans une feuille journal qui fera la liaison avec la comptabilité.

Gestion de stocks

13

PRÉSENTATION

Le but de la gestion des stocks est d'assurer autant que faire se peut que toute demande de sortie d'un article soit satisfaite. Toute gestion de stocks implique une gestion du suivi des commandes de renouvellement du stock. Nous allons présenter une gestion où le suivi des commandes sera très simplifié.

Les informations importantes à connaître pour chaque article sont, à part la référence et la désignation :

le stock, quantité d'articles présents ;

le stock d'alerte : si le stock passe en dessous du stock d'alerte, on déclenche une commande ou une fabrication ;

la quantité habituellement commandée.

Ces données résultent des données suivantes, qui ne sont connues qu'à partir de statistiques approximatives :

C : consommation moyenne par unité de temps ; D : délai moyen de livraison ou de fabrication ;

P : périodicité souhaitée pour les commandes ;

On a les relations :

Stock alerte=s*C*D où s est un coefficient de sécurité ;

QHC (Quantité habituellement commandée)=C*P.

La gestion des commandes est simplifiée en ce sens qu'à un instant donné, il ne peut y avoir qu'une commande d'un article donné, déclenchée par l'arrivée au stock d'alerte. Nous ne gérons pas la valeur des articles, ni les fournisseurs : nous faisons comme si un article n'avait qu'un fournisseur, donc nous n'envisageons pas d'arbitrage sur le prix ou le délai de livraison annoncé.

Les opérations

Nous envisageons les quatre opérations suivantes :

Entrée d'une nouvelle référence : on spécifiera la référence, la désignation, le stock (ce sera le stock initial), le stock d'alerte, la QHC et le délai moyen de livraison.

Entrée d'une série d'articles : la quantité livrée permettra de mettre à jour le stock ; ensuite, on la confrontera à la quantité commandée s'il y a une commande en cours et cette commande sera considérée comme soldée ou non.

Sortie d'articles : c'est l'opération la plus fondamentale ; si la quantité demandée est supérieure au stock, on signale qu'on ne fournit que ce qu'on peut et on note une demande non satisfaite ; si on arrive au stock d'alerte, et s'il n'y a pas déjà de commande en cours, on lance une commande.

Examen du stock : affiche les commandes en cours et les articles qui sont près du stock d'alerte.

Vous pouvez donc construire le formulaire Menu avec les cinq boutons B_NouvRef, B_Entrée, B_Sortie, B_ExamStock et B_Quit.

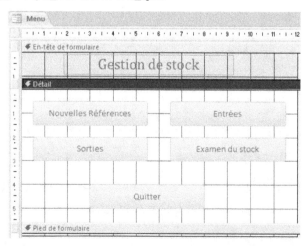

PRÉSENTATION

Préparez aussi les routines de clic appelant les procédures vides (provisoirement) NouvRef, Entrées, Sorties et Exam ainsi que la macro AutoExec (qui ouvre Menu) et la routine de clic de B_Quit (qui ferme le menu et quitte l'application).

Les tables

On a besoin de trois tables Stock, CommEnCours et DemandesNonSat.

Stock est la table essentielle du stock. Ses champs sont :

Référence (Texte, Clé), Désignation, Stock (Entier : la quantité en stock), StockAlerte (Entier, le stock d'alerte), DélaiMoyen (Entier), QHC (Entier : la quantité habituellement commandée) et Cencours (Booléen, vrai s'il y a une commande en cours de la référence).

CommEnCours est la table des commandes en cours ; elle a autant d'enregistrements qu'il y a de références, avec les champs :

Référence (Texte, Clé), Désignation, QComm (Entier : la quantité commandée, égale ou non à la QHC), QReste (Entier : quantité qui reste à livrer, si la commande n'a pas été entièrement livrée ; si QReste=0, la commande est soldée, il n'y a plus de commande en cours pour la référence), DateComm (Date/Heure : la date de la commande ; vide s'il n'y a pas de commande en cours).

DemandesNonSat donne la liste des demandes non satisfaites ; elle est vide au départ. Ses champs sont :

Référence (Texte, clé), Désignation (Texte), Manque (Entier, quantité qui manquait la dernière fois pour cette référence), CumManque (Entier, cumul des manques pour cette référence), NbFois (Entier, nombre de fois qu'il y a eu un manque pour cette référence), ManqueMoyen (CumManque/NbFois qui peut servir à suggérer une augmentation de QHC).

En version 2010, on pourrait utiliser un champ calculé. Nous ne le faisons pas pour raisons de compatibilité avec les versions précédentes. De toute façon, les champs calculés sont contraires à la théorie de la normalisation des bases de données.

Voici les états initiaux des tables :

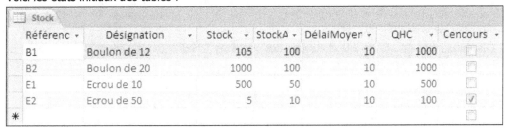

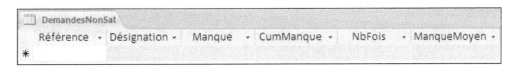

Vous arrivez ainsi à l'état *GestionStock_0.accdb*. Copiez-le en *GestionStock_1.accdb* pour effectuer la 1re étape.

1. LA ROUTINE NOUVREF

```
Public Ref As String, Dés As String, Stock As Integer, StAl As Integer
Public DelMoy As Integer, QHC As Integer, Cenc As Boolean
Public Satisf As Boolean, Dernier As Boolean

Sub NouvRef()
  Dim chSQL As String
  Dernier = False
  While Not Dernier
    Satisf = False
    DoCmd.OpenForm "Nouvelle Référence", , , , acFormAdd, acDialog  ❶
    If Satisf Then
      DoCmd.SetWarnings False  ❷
      chSQL = "insert into CommEnCours (Référence, Désignation) "  ❹
      chSQL = chSQL + "values('" + Ref + "','" + Dés + "')"
      DoCmd.RunSQL chSQL
      chSQL = "insert into Stock values('" + Ref + "','" + Dés + "', "
      chSQL = chSQL & Stock & ", " & StAl & ", " & DelMoy & ", " _
            & QHC & ", False)"                                      ❺
      DoCmd.RunSQL chSQL
      DoCmd.SetWarnings True  ❸
    End If
  Wend
End Sub
```

La routine est précédée des déclarations de variables nécessaires ; elles sont publiques puisqu'elles servent d'échange avec le module de classe du formulaire.

En ❶, on ouvre le formulaire Nouvelle Référence qui présente les quatre boutons déjà vus pour pouvoir entrer une série d'enregistrements ; comme on l'a vu, cette gestion est orchestrée par les deux booléens Satisf et Dernier.

Les enregistrements sont introduits par des requêtes INSERT INTO ; en ❹, le texte SQL de la requête est « insert into CommEnCours (Référence, Désignation) values ('...', '...') » : on ne remplit que les deux premiers champs dans la table CommEnCours ; les autres seront remplis quand une commande sera lancée.

En ❺, on remplit tous les champs de la table Stock ; le texte SQL de la requête est « insert into Stock values ('...', '...', 20, 5, 15, 20) » (par exemple). Remarquez les concaténations effectuées avec l'opérateur & car il y a mélange avec des variables numériques.

Au moment de mettre à jour la table, ces requêtes affichent une demande de confirmation : pour éviter à l'utilisateur de cliquer sur Oui, nous inhibons ce message en ❷ ; il ne faut pas oublier de le rétablir en ❸.

ÉTAPE 1 – ENTRÉE DE NOUVELLES RÉFÉRENCES

2. LE MODULE DE CLASSE DU FORMULAIRE NOUVELLE RÉFÉRENCE

Le mode d'emploi est simple : une fois que l'utilisateur a entré la référence, il doit cliquer sur Vérifier ; s'il ne le fait pas, les boutons OK restent désactivés. La vérification assure que la référence n'existe pas déjà.

```
Private Sub B_Annul_Click()
  Dernier = False
  Satisf = False
  DoCmd.Close acForm, Me.Name, acSaveNo
End Sub
```

```
Private Sub B_OK_Click()
  If Not RecupDonn Then MsgBox "Donnée manquante.": Exit Sub   ❶
  Dernier = False
  Satisf = True
  DoCmd.Close acForm, Me.Name, acSaveYes
End Sub

Private Sub B_OKDern_Click()
  If Not RecupDonn Then MsgBox "Donnée manquante.": Exit Sub   ❶
  Dernier = True
  Satisf = True
  DoCmd.Close acForm, Me.Name, acSaveYes
End Sub

Private Sub B_Quit_Click()
  Dernier = True
  Satisf = False
  DoCmd.Close acForm, Me.Name, acSaveNo
End Sub

Private Sub B_Ver_Click()
  TB_Ref.SetFocus
  Ref = Nz(TB_Ref.Text, "")
  If Ref = "" Then MsgBox "Il faut une référence.": Exit Sub   ❷
  If Not IsNull(DLookup("Référence", "Stock", "Référence='" + Ref + "'")) _
      Then MsgBox "Référence déjà présente.": Exit Sub         ❸
  B_OK.Enabled = True       ❹
  B_OKDern.Enabled = True
End Sub

Private Sub Form_Current()
  B_OK.Enabled = False      ❺
  B_OKDern.Enabled = False
End Sub

Function RecupDonn()
  RecupDonn = True
  TB_Ref.SetFocus
  Ref = TB_Ref.Text
  TB_Des.SetFocus
  Dés = Nz(TB_Des.Text, "")
  If Dés = "" Then RecupDonn = False   ❻
  TB_Stock.SetFocus
  Stock = CInt(Val(Nz(TB_Stock.Text, "")))   ❼
```

ÉTAPE 1 – ENTRÉE DE NOUVELLES RÉFÉRENCES

```
    TB_StAl.SetFocus
    StAl = CInt(Val(Nz(TB_StAl.Text, "")))
    If StAl = 0 Then RecupDonn = False      ❻
    TB_DelMoy.SetFocus
    DelMoy = CInt(Val(Nz(TB_DelMoy.Text, "")))
    If DelMoy = 0 Then RecupDonn = False ❻
    TB_QHC.SetFocus
    QHC = CInt(Val(Nz(TB_QHC.Text, "")))
    If QHC = 0 Then RecupDonn = False       ❻
End Function
```

À l'activation du formulaire, les boutons OK sont désactivés pour obliger l'utilisateur à effectuer la vérification (❺).

Les routines de clic des boutons OK appellent RecupDonn pour récupérer les données. La routine a été implantée sous forme de fonction : ainsi, elle renvoie un résultat, Vrai si aucune donnée ne manque (❶).

La routine de clic du bouton Vérifier (B_Ver) vérifie d'abord qu'il y a une référence pour éliminer la fausse manœuvre de cliquer sur le bouton avant d'avoir entré la moindre donnée (❷). Ensuite, on utilise la méthode DLookup (de l'objet Application, mais on n'a pas besoin de préfixer) pour tester si la référence entrée est déjà présente dans la table : à ce moment la fonction renvoie un résultat non Null et on émet un message de protestation (❸).

Dans la fonction RecupDonn, on ne vérifie pas la référence (c'est déjà fait). On n'exige pas la présence d'un stock : cela donnera un stock initial 0 car Val("") donne 0 (❼). En revanche pour toutes les autres données, RecupDonn renverra Faux en cas d'absence (❻). L'écriture de RecupDonn aurait été un peu plus courte si nous avions utilisé un Scripting.Dictionary, mais, dans ce livre, nous voulons montrer une certaine « bio-diversité » des méthodes de résolution des problèmes.

Nous sommes arrivés au fichier *Gestion_Stock_1.accdb*. Copiez-le en *Gestion_Stock_2.accdb* pour parcourir l'étape 2.

Exercices

Pourrait-on se passer du bouton Vérifier ?

Oui. Implantez les instructions de B_Ver_Click dans TB_Ref_Exit. Mais il faut assurer que l'utilisateur va dans la TextBox puis en sort. Pour cela, terminer Form_Current par TB_Ref.SetFocus. En fait, il est aussi bien de garder le bouton.

Normalement, deux références ne vont pas avoir des désignations identiques. Comment l'assurer ?

Changer un peu le mode d'emploi : on ne clique sur Vérifier qu'après avoir entré à la fois la référence et la désignation. Dans B_Ver_Click, ajoutez avant B_OK.Enabled = True :

```
    TB_Des.SetFocus
    Dés = Nz(TB_Des.Text, "")
    If Dés = "" Then MsgBox "Il faut une désignation.": Exit Sub
    If Not IsNull(DLookup("Désignation", "Stock", "Désignation='" + Ref + "'")) _
        Then MsgBox "Désignation déjà présente.": Exit Sub
```

et supprimez

```
    If Dés = "" Then RecupDonn = False
```

dans RecupDonn.

Dans la version de *GestionStock_2.accdb* que vous avez en téléchargement, nous avons tenu compte de cet exercice.

1. LA ROUTINE ENTRÉES ET SES ANNEXES

La procédure `Entrées` appelle le formulaire *Entrées dans le stock* avec la même structure que `NouvRef`, orchestrée par les booléens `Dernier` et `Satisf`. Elle appelle `EntCenCours` pour gérer la commande en cours de l'article s'il y en a une.

```
Public StAct As Integer, Quant As Integer, NouvStock As Integer    ❶
Public QComm As Integer, QReste As Integer, DateComm As String

Sub Entrées()
  Dim chsql As String
  Dernier = False
  While Not Dernier
    Satisf = False
    DoCmd.OpenForm "Entrées dans le stock", , , , acFormEdit, acDialog
    If Satisf Then
      DoCmd.SetWarnings False
      NouvStock = StAct + Quant
      chsql = "update Stock set Stock=" & NouvStock & _
          " where Référence='" & Ref & "'"                 ❷
      DoCmd.RunSQL chsql
      Cenc = DLookup("Cencours", "Stock", "Référence='" + Ref + "'")
      If Cenc Then EntCenCours        ❸
      DoCmd.SetWarnings True
    End If
  Wend
End Sub

Sub EntCenCours()
  Dim chsql As String
  QReste = DLookup("QReste", "CommEnCours", "Référence='" + Ref + "'")
  If Quant >= QReste Then        ❹
  'La commande est soldée
    QReste = 0
    chsql = "update Stock set Cencours=False where Référence='" & Ref & "'"
    DoCmd.RunSQL chsql             ❺
  Else
  'La commande n'est pas encore soldée
    QReste = QReste - Quant
  End If
  chsql = "update CommEnCours set QReste=" & QReste & _
        " where Référence='" & Ref & "'"        ❻
  DoCmd.RunSQL chsql
End Sub
```

En ❶, les déclarations qui s'ajoutent.

En ❷, on installe la nouvelle valeur du stock dans la table Stock, à l'enregistrement dont la référence aura été fournie par le formulaire.

En ❸, on obtient le booléen `Cenc` sur l'enregistrement de la table *Stock*. S'il est Vrai, il y a une commande en cours pour l'article concerné, donc on appelle `EntCenCours`.

En ❹, la quantité livrée (`Quant` donnée par le formulaire) est comparée avec la quantité restant à livrer (`QReste` dans la table *CommEnCours*).

En ❺, si la commande est soldée, on met le champ `Cencours` de la table *Stock* à faux : il n'y a plus de commande en cours pour cette référence.

En ❻, on installe la nouvelle valeur de la quantité à livrer, éventuellement 0.

ÉTAPE 2 – ENTRÉES D'ARTICLES

2. LE FORMULAIRE ENTRÉES DANS LE STOCK

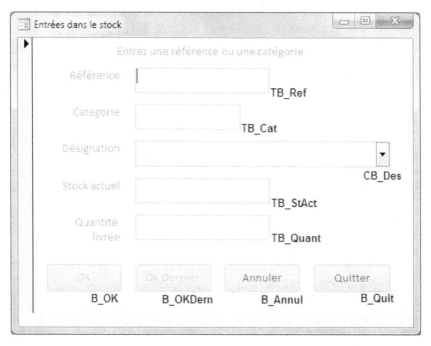

Les noms des contrôles figurent à proximité. La seule particularité à signaler est que le ComboBox `CB_Des`, liste déroulante qui donne à choisir une désignation, a sa propriété Origine source fixée à Table/Requête : une fois indiquée une catégorie, on construira une requête qui permettra de n'offrir dans la liste déroulante que les désignations appartenant à cette catégorie.

Le mode d'emploi est le suivant : pour déterminer l'article concerné, soit l'utilisateur fournit la référence, soit il choisit la désignation dans la ComboBox associée. Pour que la liste déroulante soit plus courte, dans cette hypothèse, l'utilisateur doit indiquer la catégorie de produit concernée (en fait, n'importe quelle sous-chaîne de la désignation : on suppose par exemple que tous les boulons auront une désignation de la forme "Boulon bla bla bla" et il suffira de fournir "Boulon" ; cela joue bien le rôle de catégorie). Le stock actuel s'affiche et l'utilisateur indique la quantité arrivée.

Les boutons OK sont désactivés (dans `Form_Current`) tant que ce choix n'est pas fait.

Voici le module de classe :

```
Dim Cat As String, cond As String, cSQL As String

Private Sub Form_Current()
  B_OK.Enabled = False
  B_OKDern.Enabled = False
End Sub

Private Sub B_Annul_Click()
  Dernier = False
  Satisf = False
  DoCmd.Close acForm, Me.Name, acSaveNo
End Sub
```

```
Private Sub B_OK_Click()
  If Not TrQuant Then MsgBox "Il faut une quantité non nulle.": Exit Sub ❶
  Dernier = False
  Satisf = True
  DoCmd.Close acForm, Me.Name, acSaveYes
End Sub

Private Sub B_OKDern_Click()
  If Not TrQuant Then MsgBox "Il faut une quantité non nulle.": Exit Sub ❶
  Dernier = True
  Satisf = True
  DoCmd.Close acForm, Me.Name, acSaveYes
End Sub

Private Sub B_Quit_Click()
  Dernier = True
  Satisf = False
  DoCmd.Close acForm, Me.Name, acSaveNo
End Sub

Private Sub TB_Cat_Exit(Cancel As Integer)
  TB_Cat.SetFocus
  Cat = Nz(TB_Cat.Text, "")
  If Cat = "" Then Exit Sub
  cond = "instr(Désignation,'" + Cat + "')>0" ❷
  If IsNull(DLookup("Désignation", "Stock", cond)) Then
    MsgBox "Catégorie non trouvée."
    Exit Sub
  Else
    cSQL = "select Désignation from Stock where " + cond ❸
    CB_Des.RowSource = cSQL
  End If
End Sub

Private Sub TB_Ref_Exit(Cancel As Integer)
  TB_Ref.SetFocus
  Ref = Nz(TB_Ref.Text, "")
  If Ref = "" Then Exit Sub
  cond = "Référence='" + Ref + "'"
  If IsNull(DLookup("Référence", "Stock", cond)) Then ❹
    MsgBox "Référence non trouvée."
    Exit Sub
  End If
  Dés = DLookup("Désignation", "Stock", cond) ❺
  CB_Des.SetFocus
  CB_Des.Text = Dés
  TrStAct
End Sub

Private Sub CB_Des_Exit(Cancel As Integer)
  CB_Des.SetFocus
  Dés = CB_Des.Text
  cond = "Désignation='" + Dés + "'"
  Ref = DLookup("Référence", "Stock", cond) ❻
  TB_Ref.SetFocus
  TB_Ref.Text = Ref
  TrStAct
End Sub
```

```
Sub TrStAct()
  StAct = DLookup("Stock", "Stock", cond)
  TB_StAct.SetFocus
  TB_StAct.Text = CStr(StAct)
  B_OK.Enabled = True
  B_OKDern.Enabled = True
End Sub

Function TrQuant() As Boolean
  TrQuant = True
  TB_Quant.SetFocus
  Quant = CInt(Val(Nz(TB_Quant.Text, "")))
  If Quant = 0 Then TrQuant = False
End Function
```

Le principal du mode d'emploi est implanté dans les routines d'événements `Exit`. Si on décide de fournir la référence, la routine `TB_Ref_Exit` recherche la référence dans la table Stock par `DLooookup` et décèle son absence par la valeur `Null` (❹). Une fois la référence obtenue, on établit la désignation correspondante (❺) et on appelle `TrStAct` qui obtient le stock actuel et active les boutons OK.

Si on décide de fournir la désignation, on fournit la catégorie (sous-chaîne de la désignation). `TB_Cat_Exit` teste (❷) s'il existe une désignation contenant la sous-chaîne fournie. Si oui, elle construit la requête `cSQL` qui sélectionne les désignations correspondantes (❸) et introduit ce texte de requête comme propriété `RowSource` du ComboBox : à ce moment, la liste déroulante contiendra les désignations voulues. La routine `CB_Des_Exit` obtient la référence de l'article ayant la désignation choisie (❻) et appelle `TrStAct`.

Les routines des boutons OK appellent la fonction booléenne TrQuant qui obtient la quantité livrée et renvoie Faux si cette quantité est absente ou nulle (❶).

Vous avez le fichier *GestionStock_2.accdb* en téléchargement. Copiez-le sous le nom *GestionStock_3.accdb* pour vous lancer dans la 3e étape.

Points importants à noter :

1. Le remplissage d'une liste ou de la liste déroulante d'un combo par la spécification d'une requête dans sa propriété `RowSource`.

2. L'utilisation de `DLookup("nom_champ", "nom_table", "condition clé=valeur")` pour obtenir le contenu d'un champ dans un enregistrement voulu d'une table. On évite ainsi l'emploi d'un `Recordset`. Mais, dans le cas de données externes ODBC, l'emploi d'un `Recordset` ADODB peut s'avérer plus puissant et indispensable dans certaines configurations.

ÉTAPE 3 – SORTIES D'ARTICLES

1. LA ROUTINE SORTIES ET SES ANNEXES

Voilà le véritable but de la gestion des stocks : savoir combien d'articles on peut fournir et, s'il y a lieu, établir une commande.

La routine `Sorties` a la même structure de boucle d'appels du formulaire Sorties orchestrée par les booléens `Satisf` et `Dernier`. Pour chaque article, la plupart du temps, elle calcule le nouveau stock `NouvStock` et l'inscrit dans Stock. Mais si elle décèle que la quantité demandée `Quant` excède le stock actuel `StAct`, elle réduit la quantité fournie `QFourn` et elle appelle `DemNs` pour traiter la demande non satisfaite et si elle décèle que le stock d'alerte est atteint, elle doit préparer une commande et gérer la commande en cours dans `SortCenCours`. Bien sûr, ces actions sont accompagnées des messages convenables.

La routine `Sorties` devrait donc ouvrir un formulaire *Sorties du stock*. Il se trouve que ce formulaire ne diffère de *Entrées dans le stock* que par deux choses : le titre dans sa barre de titre (entrées ou sorties) et le libellé du label qui accompagne la quantité : Quantité livrée pour les entrées et Quantité demandée pour les sorties. Nous allons donc utiliser le même formulaire avec un booléen `Sortie`, vrai si on effectue une sortie, faux si c'est une entrée. Ce booléen sera utilisé dans `Form_Current` pour modifier les libellés.

Pour plus de clarté, nous changeons le nom du formulaire en *Entrées/Sorties stock* ; donc la procédure `Entrées` est modifiée :

```
Sortie = False
Dernier = False
While Not Dernier
  Satisf = False
  DoCmd.OpenForm "Entrées/Sorties stock", , , , acFormEdit, acDialog
```

L'ensemble des déclarations est maintenant :

```
Public Ref As String, Dés As String, Stock As Integer, StAl As Integer
Public DelMoy As Integer, QHC As Integer, Cenc As Boolean
Public Satisf As Boolean, Dernier As Boolean, Sortie As Boolean
Public StAct As Integer, Quant As Integer, NouvStock As Integer
Public QComm As Integer, QReste As Integer, DateComm As String
Public QFourn As Integer, MQ As Integer, CumMQ As Integer, NbFois As Integer
```

Et les nouvelles procedures :

```
Sub Sorties()
  Dim chsql As String
  Sortie = True
  Dernier = False
  While Not Dernier
    Satisf = False
    DoCmd.OpenForm "Entrées/Sorties stock", , , , acFormEdit, acDialog
    If Satisf Then
      DoCmd.SetWarnings False
      StAl = DLookup("StockAlerte", "Stock", "Référence='" + Ref + "'")
      If Quant <= StAct Then       ❶
        QFourn = Quant
        NouvStock = StAct - QFourn
      Else
        QFourn = StAct
        NouvStock = 0
        MsgBox "Je ne peux fournir que " & QFourn & " " & Dés       ❷
        DemNs
      End If
```

```
        SortCenCours
        chsql = "update Stock set Stock=" & NouvStock & _
          " where Référence='" & Ref & "'"
        DoCmd.RunSQL chsql
        DoCmd.SetWarnings True
      End If
   Wend
End Sub

Sub DemNs()
  Dim cond As String, chsql As String, MQM As Integer
  cond = "Référence='" + Ref + "'"
  MQ = Quant - StAct
  If IsNull(DLookup("Référence", "DemandesNonSat", cond)) Then    ❸
     chsql = "insert into DemandesNonSat (Référence, Désignation, Manque, " + _
        "CumManque,NbFois) values('" + Ref + "','" + Dés + "', "
     chsql = chsql & MQ & ", " & MQ & ", 1, " & MQ & ")"
     DoCmd.RunSQL chsql
  Else
     CumMQ = DLookup("Manque", "DemandesNonSat", cond) + MQ
     NbFois = DLookup("NbFois", "DemandesNonSat", cond) + 1
     MQM = CInt(CumMQ / NbFois)
     chsql = "update DemandesNonSat set Manque=" & MQ & ", CumManque=" _
        & CumMQ & ", NbFois=" & NbFois & ", ManqueMoyen=" & MQM
     DoCmd.RunSQL chsql
  End If
End Sub

Sub SortCenCours()
  Dim Std As String, LanComm As String, cSQL As String, StDate As String
  LanComm = "Il faut lancer une commande."
  Std = "Stock d'alerte atteint ou dépassé pour "
  Cenc = DLookup("Cencours", "Stock", "Référence='" + Ref + "'")
  If NouvStock <= StAl Then    ❹
     If Cenc Then
        MsgBox Std + Dés + " ;" + vbCr + "Il y a déjà une commande."    ❺
     Else
        QHC = DLookup("qhc", "Stock", "Référence='" + Ref + "'")
        QComm = CInt(InputBox(Std + Dés + "." + vbCr + LanComm + vbCr + _
           "Quelle quantité ? ", , CStr(QHC)))    ❻
        StDate = CStr(Date)
        cSQL = "update CommEnCours set QComm=" & NouvStock & _
           ", QReste=" & QComm & ", DateComm='" & StDate & _      ❼
           "' where Référence='" & Ref & "'"
        DoCmd.RunSQL cSQL
        cSQL = "update Stock set Cencours=True" & _       ❽
           " where Référence='" & Ref & "'"
        DoCmd.RunSQL cSQL
     End If
  End If
End Sub
```

Sorties a la structure que nous connaissons bien maintenant. Le test principal (❶) compare la quantité demandée au stock. Si elle est supérieure au stock, on ne fournit que QFourn, ce qu'indique un message (❷) et on appelle Demns. La routine se termine par l'appel à SortCenCours et par la mise à jour du stock.

Voici le message si on ne peut complètement satisfaire la demande :

`DemNs` examine s'il y a déjà eu des demandes non satisfaites pour l'article (❸). Si ce n'est pas le cas, on crée un enregistrement pour cet article avec le manque, cumul des manques égal, nombre de fois 1. S'il y a déjà eu des demandes non satisfaites, l'enregistrement existe ; on le met à jour avec le manque, cumul = ancien cumul + manque, nombre de fois = ancien nombre + 1.

`SortCenCours` n'agit que si le stock d'alerte est atteint ou dépassé (❹) seul cas où il est question d'une commande. S'il y a déjà une commande, on affiche simplement un message (❺).

S'il n'y a pas de commande en cours, il faut en lancer une, ce qu'indique le message de l'InputBox (❻) qui demande à l'utilisateur quelle quantité commander (valeur par défaut la QHC) :

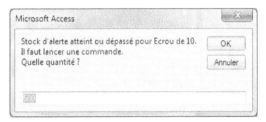

On met à jour l'enregistrement de la référence concernée dans la table CommEnCours (❼). Remarquez les « ' » qui entourent la chaîne de caractères de la date actuelle.

On termine en mettant à jour le champ booléen Cencours qui indique dans la table Stock que le produit a une commande en cours (❽).

Vous pouvez vérifier que les tables sont bien mises à jour.

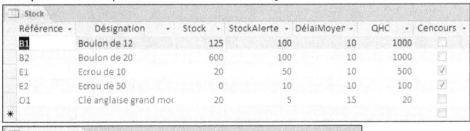

Table Stock :

Référence	Désignation	Stock	StockAlerte	DélaiMoyer	QHC	Cencours
B1	Boulon de 12	125	100	10	1000	☐
B2	Boulon de 20	600	100	10	1000	☐
E1	Ecrou de 10	20	50	10	500	☑
E2	Ecrou de 50	0	10	10	100	☑
O1	Clé anglaise grand mo	20	5	15	20	☐

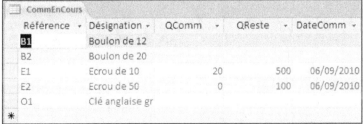

Table CommEnCours :

Référence	Désignation	QComm	QReste	DateComm
B1	Boulon de 12			
B2	Boulon de 20			
E1	Ecrou de 10	20	500	06/09/2010
E2	Ecrou de 50	0	100	06/09/2010
O1	Clé anglaise gr			

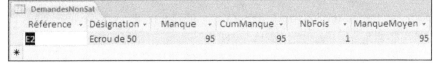

Table DemandesNonSat :

Référence	Désignation	Manque	CumManque	NbFois	ManqueMoyen
E2	Ecrou de 50	95	95	1	95

ÉTAPE 4 – EXAMEN DU STOCK

Copiez le fichier *GestionStock_3.accdb* en *GestionStock_4.accdb* pour effectuer cette étape.

La fonction d'examen du stock parcourt la table Stock et signale chaque article dont le stock est inférieur ou égal au stock d'alerte ou inférieur ou égal au stock d'alerte +10 %. Pour ceux en dessous du stock d'alerte, elle signale s'il y a une commande en cours.

Voici la procédure `Exam` :

```
Sub Exam()
  Dim chem As String, Mess As String, datc As String, delai As Integer
  Dim Cnx As ADODB.Connection, Rst As ADODB.Recordset
  chem = CurrentProject.Path + "\"
  Open chem + "alerte.htm" For Output As #1      ❶
  Print #1, "<html><body>" + vbCr;
  Print #1, "<h2>Alertes stocks au " + CStr(Date) + "</h2>" + vbCr;
  Print #1, "<pre>" + vbCr;
  Set Cnx = CurrentProject.Connection
  Set Rst = New ADODB.Recordset
  Rst.Open "Stock", Cnx, adOpenStatic, adLockReadOnly      ❷
  Rst.MoveFirst
  While Not Rst.EOF
    PrendDonn Rst      ❸
    If Stock <= (1.1 * StAl) Then
      If Stock <= StAl Then
        Mess = "Stock d'alerte atteint pour " + Ref + " " + Dés
        If Cenc Then
          datc = CStr(DLookup("DateComm", "CommEnCours", "Référence='" _
                  + Ref + "'"))
          delai = DateDiff("d", CStr(Date), datc)      ❹
          Mess = Mess + vbCrLf + "Commande depuis le " + datc
          Mess = Mess + " soit " + CStr(delai) + " jours"
        End If
      Else
        Mess = "Stock d'alerte bientôt atteint pour " + Ref + " " + Dés
      End If
      Print #1, Mess + vbCr;
    End If
    Rst.MoveNext
  Wend
  Rst.Close: Cnx.Close
  Set Rst = Nothing: Set Cnx = Nothing
  Print #1, "</pre></body></html>" + vbCr;
  Close #1
  Application.FollowHyperlink Address:=chem + "alerte.htm", _      ❺
          NewWindow:=True
End Sub

Sub PrendDonn(Rs As ADODB.Recordset)
  Ref = Rs.Fields("Référence").Value
  Dés = Rs.Fields("Désignation").Value
  Stock = Rs.Fields("Stock").Value
  StAl = Rs.Fields("StockAlerte").Value
  Cenc = Rs.Fields("Cencours").Value
End Sub
```

On a choisi de présenter les résultats sous forme de fichier .htm : la dernière instruction de la procédure le fait afficher par le navigateur (❺).

ÉTAPE 4 – EXAMEN DU STOCK

Le fichier *alerte.htm* est créé par les instructions classiques de gestion directe des fichiers (❶). À chaque exécution, l'ancien fichier est écrasé par le nouveau.

Le parcours de la table est fait à l'aide d'un Recordset ADODB (❷) géré selon la structure en boucle évidente :

```
Rst.MoveFirst
While Not Rst.EOF


    Rst.moveNext
Wend
```

Le Recordset est ouvert en lecture seule. On récupère les données voulues des enregistrements par la procédure `PrendDonn` (❸).

En ❹, lorsqu'il y a une commande en cours, on calcule le délai écoulé depuis son émission pour l'inclure dans le message et , ainsi, suggérer de relancer le fournisseur si ce délai est trop long.

Voici l'affichage obtenu avec les données du fichier *GestionStock_4.accdb* téléchargé.

```
Alertes stocks au 06/09/2010

Stock d'alerte atteint pour E1 Ecrou de 10
Commande depuis le 06/09/2010 soit 0 jours
Stock d'alerte atteint pour E2 Ecrou de 50
Commande depuis le 06/09/2010 soit 0 jours
```

POUR ALLER PLUS LOIN

Une première piste que nous n'avons pas du tout abordée serait d'attribuer un prix aux articles et donc de gérer une valorisation du stock. Cela permettrait de se relier à la comptabilité.

Une deuxième possibilité est d'installer un suivi plus complet des commandes avec :

1. Possibilité d'avoir plusieurs commandes en cours pour un article.

2. Une fonctionnalité de passage d'une commande sans attendre le déclenchement par stock d'alerte.

3. Gestion des fournisseurs avec plusieurs fournisseurs possibles pour un article et arbitrage entre les prix et les délais de livraison annoncés.

Gestion d'une bibliothèque de prêt

Entités Volume, Œuvre, Edition

Une bibliothèque possède un certain stock de livres. La définition du livre fait surgir la première difficulté : un livre, c'est tantôt un volume, un objet physique, tantôt une œuvre, avec auteur et titre. Or les deux ne coïncident pas toujours : quelquefois, une œuvre est en plusieurs tomes, donc plusieurs volumes ; quelquefois un volume contient plusieurs œuvres, c'est le cas par exemple d'un recueil de nouvelles ou de volumes qui groupent plusieurs romans.

De plus, une même nouvelle peut être présente dans différents recueils. Si nous voulons pouvoir baser des recherches tant sur le titre global des recueils que sur les œuvres individuelles, nous sommes obligés d'introduire les deux entités Volume et Œuvre, reliées par une association plusieurs à plusieurs que nous nommerons Edition.

Il n'y a pas lieu ici de développer le modèle Entités-Associations et la théorie des bases de données relationnelles. Il y a une multitude d'ouvrages sur le sujet. Vous pourrez trouver un bref résumé de la question dans D-J David, *Poche micro Access 2007*, Éditions First pp. 93-144.

Un exemple typique du fait que l'association œuvre-volume est plusieurs à plusieurs est offert par l'édition Pléiade des *Rougon-Macquart* de Zola : l'ensemble couvre plusieurs volumes, mais un volume donné contient plusieurs romans.

La question des exemplaires

Bien sûr, une bibliothèque de prêts a plusieurs exemplaires de certains livres. Nous décidons de les traiter comme s'ils étaient différents. Cela entraîne une certaine redondance, mais pour des renseignements très courts comme le tome ou l'éditeur. Le titre du volume n'existe que s'il s'agit d'un recueil, sinon, il n'est pas utilisé car identique à celui de l'œuvre.

Entités Lecteurs et Emprunts

On a bien sûr une table des Lecteurs : ceux-ci doivent s'abonner. Il y a une association avec l'entité Volume et cette association est, elle aussi plusieurs à plusieurs. Donc on aura une table associative Emprunts. Un lecteur fait éventuellement plusieurs emprunts (plusieurs livres simultanément, avec une limite) et un livre intervient dans des emprunts par plusieurs lecteurs, car nous gardons trace des emprunts terminés pour faire des statistiques.

LES TABLES

Il en résulte les tables suivantes.

Œuvres

Champs : NumO (Numérique, clé), Auteurs (Texte 50 ; il peut y avoir plusieurs auteurs), Titre (Texte 50, mais vous pouvez augmenter), Année (Numérique), Genre et Type (Texte 50).

Le genre et le type sont à choisir dans des listes déroulantes définies par deux tables auxiliaires, ce qui permet de rajouter des éléments ultérieurement. Ces tables sont à un seul champ, qui est en même temps la clé.

Table auxiliaire TbGenres

Table auxiliaire TbTypes

PRÉSENTATION

Volumes

Champs : NumV (Numérique, clé), TitRecueil (Texte, 50), Tome (Texte, 10), Collection (Texte, 50 – nous ne préciserons plus la largeur si c'est 50), Editeur (Texte), Année Edition (Numérique), NbPages (Numérique), Format (Texte), Etat (Texte), Cote (Texte : où le livre est rangé), Année Achat (Numérique), Prix (Monétaire ; nous mettons cette rubrique pour mémoire, nous ne l'utiliserons pas).

Editions

Champs : NumO, NumV (Numériques, clés étrangères formant la clé).

Lecteurs

Champs : NumL (Numérique, clé), Nom_Prénom (Texte), Adresse (Texte), CPVille (Texte), Téléphone (Texte).

Emprunts

Champs : NumL, NumV (Numériques, clés étrangères faisant partie de la clé), DateEmprunt (Date – elle complète la clé, car un livre peut être emprunté à nouveau ultérieurement par le même lecteur), DateRendu (Date). Si la DateRendu est vide, c'est que le lecteur n'a pas encore rendu le livre ; ce sera notre critère pour savoir qu'un livre est emprunté.

TbDispo

Champs : NumV (Numérique, clé), Dispo (Texte, 10). Dispo contient un code D pour disponible, E pour emprunté (non rendu). Normalement, cette table est inutile car on peut déduire de la table Emprunts si un livre est en cours d'emprunt : il y a un enregistrement de la table Emprunts portant sur ce livre ayant DateRendu vide. Mais les requêtes correspondantes sont complexes et la table TbDispo va beaucoup faciliter les choses ; mais les routines de gestion des emprunts et des retours devront être programmées avec soin pour assurer qu'il n'y aura jamais contradiction entre les tables TbDispo et Emprunts.

Voici à titre d'exemple les contenus initiaux de ces tables, fournis à la main ; ultérieurement, ce sont les programmes que nous allons écrire qui les feront évoluer.

NumC	Auteurs	Titre	Année	Genre	Type
1	Maupassant	Une vie		Littérature	Roman
2	Maupassant	Bel-Ami		Littérature	Roman
3	Maupassant	Mont-Oriol		Littérature	Roman
4	Maupassant	Pierre et Jean		Littérature	Roman
5	Maupassant	Fort comme la mort		Littérature	Roman
6	Maupassant	Notre cœur		Littérature	Roman
7	Zola	La fortune des Rougon		Littérature	Roman
8	Zola	La curée		Littérature	Roman
9	Zola	Le ventre de Paris		Littérature	Roman
10	Zola	La conquête de Plassans		Littérature	Roman
11	Zola	La faute de l'Abbé Mouret		Littérature	Roman
12	Zola	Son Excellence Eugène Rougon		Littérature	Roman
13	Zola	L'Assommoir		Littérature	Roman
14	Zola	Une page d'amour		Littérature	Roman
15	Zola	Nana		Littérature	Roman
16	Calixthe Beyala	C'est le Soleil qui m'a brûlée		Amour	Roman

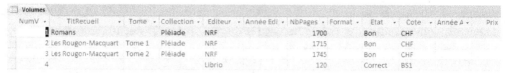

Le titre du 4ᵉ livre n'est pas indiqué car il est identique au titre de la seule œuvre qu'il contient.

On voit que le 1ᵉʳ volume regroupe 6 romans de Maupassant (œuvres 1 à 6). Le 2ᵉ est le tome 1 des *Rougon-Macquart* ; il regroupe 5 romans. Le 4ᵉ contient seulement l'œuvre n° 16.

Au départ, nous n'avons que deux emprunteurs : seul, le 1ᵉʳ (Dupont) a emprunté le livre n° 4 (Calixthe Beyala).

SCÉNARIOS ET FONCTIONNALITÉS

Nous allons mettre en place les scénarios suivants.

Lorsqu'un lecteur se présente, il demande d'abord une recherche de l'œuvre qu'il veut lire d'après une partie du nom des auteurs et/ou d'après une partie du titre ou du titre du recueil. Si c'est en vue d'un emprunt, le système ne fournira que les données des livres disponibles (non empruntés). Si c'est une simple recherche bibliographique, il donnera tous les livres.

Pour un emprunt, le lecteur note l'identifiant du volume voulu (qui est normalement disponible d'après ce qui précède) et indique son propre numéro ; le système vérifie que le nombre de ses emprunts en cours n'a pas atteint le maximum prédéfini (la plupart des bibliothèques imposent un maximum de 5 emprunts). Si oui, l'emprunt est pris en compte, sinon, on a un message de refus.

PRÉSENTATION

Le logiciel que nous allons écrire a ensuite les fonctionnalités d'incorporation d'un nouveau livre et d'inscription d'un nouveau lecteur.

Enfin, la fonctionnalité de relance vient du fait que toute bibliothèque impose une durée limite à l'emprunt d'un livre donné. Donc, périodiquement, on examine les emprunts non encore rendus (ils ont `DateRendu = Null`) et si la différence entre la date actuelle et `DateEmprunt` est supérieure à cette limite on envoie une lettre à l'emprunteur concerné : dans notre programme, nous dresserons la liste des emprunts concernés et créerons la lettre en tant que fichier texte simple, mais vous avez vu dans la partie Apprentissage, chapitre 8 : Pilotage d'une application externe, qu'on peut appeler Word pour créer la lettre.

Vous avez remarqué que la table Volumes n'a pas de champ Dispo : il est dans la table *TbDispo* et vaut 'D' si le livre d'identifiant <numéro> est disponible. Aussi, la requête `SELECT Count(NumV) FROM Emprunts Where DateRendu=Null AND NumV=<numéro>` donne 0 dans ce cas.

Il en résulte le formulaire *Menu* qui implante les fonctionnalités que nous prévoyons.

On a mis le nom sous chaque bouton. Préparez aussi les routines de clic appelant les procédures vides (provisoirement) `Recher`, `Emprunt`, `Rendu`, `NouvLect`, `NouvLivr`, Relances et la routine de clic de `B_Quitter` (qui ferme le menu et quitte l'application). Voici le module de classe.

```
Private Sub B_Emprunt_Click()
   Emprunt
End Sub

Private Sub B_NouvLect_Click()
   NouvLect
End Sub

Private Sub B_NouvLivr_Click()
   NouvLivr
End Sub
```

```
Private Sub B_Recher_Click()
  Recher
End Sub

Private Sub B_Relances_Click()
  Relances
End Sub

Private Sub B_Rendu_Click()
  Rendu
End Sub

Private Sub B_Quitter_Click()
  DoCmd.Close acForm, "Menu", acSaveNo
  DoCmd.Quit acQuitSaveAll
End Sub
```

Pour le moment, les procédures des fonctionnalités sont vides.

```
Sub Recher()

End Sub

Sub Emprunt()

End Sub

Sub Rendu()

End Sub

Sub NouvLect()

End Sub

Sub NouvLivr()

End Sub

Sub Relances()

End Sub
```

Créez une Macro *AutoExec* qui ouvre le formulaire menu :

Vous arrivez ainsi à l'état *Bibli_0.accdb*. Copiez-le en *Bibli_1.accdb* pour effectuer la 1re étape.

ÉTAPE 1 – LES RECHERCHES

La routine `Recher` ouvre le formulaire *Recherche* pour obtenir la chaîne extraite des auteurs et la chaîne extraite des titres à chercher. Une case à cocher spécifie si la recherche est en vue d'un emprunt, donc si on se limite à des livres disponibles.

1. LA BOÎTE DE DIALOGUE RECHERCHE

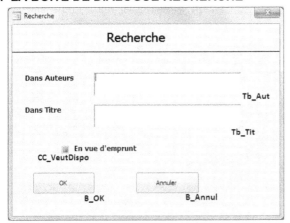

Les noms des contrôles sont près des objets concernés. Voici le module de classe associé au formulaire :

```
Private Sub B_Annul_Click()
  Satisf = False
  DoCmd.Close acForm, Me.Name, acSaveNo
End Sub

Private Sub B_OK_Click()
  Tb_Aut.SetFocus
  AutCher = Nz(Tb_Aut.Text, "")
  Tb_Tit.SetFocus
  TitCher = Nz(Tb_Tit.Text, "")
  If (AutCher = "") And (TitCher = "") Then     ❶
    MsgBox "Il faut au moins une chaîne à chercher."
    Exit Sub
  End If
  CC_VeutDispo.SetFocus
  VeutDispo = Nz(CC_VeutDispo.Value, False)     ❷
  Satisf = True
  DoCmd.Close acForm, Me.Name, acSaveNo
End Sub
```

La routine `B_OK_Click` est très simple puisqu'il n'y a que 3 données à mémoriser. Remarquez l'utilisation de `Nz` pour gérer les données absentes, notamment en ❷ : si la case est cochée, la valeur obtenue est True ; si elle n'est pas cochée, elle est Null qu'on transforme en False. Le test en ❶ assure qu'il y aura une recherche effective, sinon, on affiche un message d'erreur.

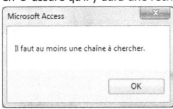

2. LA PROCÉDURE RECHER

Voici d'abord les déclarations publiques qui apparaissent dans *Module1*.

```
Public AutCher As String, TitCher As String
Public Satisf As Boolean, VeutDispo As Boolean
Public Cnx As ADODB.Connection, Rst As ADODB.Recordset, chSQL As String
```

La procédure `Recher` a des déclarations locales, notamment les variables `ch1` à `ch4` qui permettent de construire le texte SQL des deux requêtes qui vont intervenir : la 1re cherche les livres sans demander qu'ils soient disponibles ❶, la 2e demande qu'ils soient disponibles ❷.

```
Sub Recher()
    Dim ch1 As String, ch2 As String, ch3 As String, ch4 As String
    Dim Chem As String, NbEnr As Long

    Const Sep = "\"
    Satisf = False
    DoCmd.OpenForm "Recherche", acNormal, , , acFormEdit, acDialog      ❸
    If Not Satisf Then Exit Sub

    Chem = Application.CurrentProject.Path + Sep
    ch1 = "Select Volumes.NumV, Auteurs, Titre, TitRecueil " + _
        "From Oeuvres, Editions, Volumes"
    ch2 = ", TbDispo"
    ch3 = " Where Oeuvres.NumO=Editions.NumO " + _
        "And Editions.NumV=Volumes.NumV " + _
        "And Instr(Auteurs, '" + AutCher + "')>0 " + _
        "And Instr(Titre & TitRecueil, '" + TitCher + "')>0 "
    ch4 = "And Volumes.NumV=TbDispo.NumV And Dispo='D'"

    chSQL = ch1 + ch3              ❶
    Set Cnx = CurrentProject.Connection
    Set Rst = New ADODB.Recordset
    Rst.Open chSQL, Cnx, adOpenStatic, adLockReadOnly
    NbEnr = Rst.RecordCount
    If NbEnr = 0 Then              ❹
        MsgBox "Il n'y a pas de livres correspondant à votre recherche"
        Rst.Close
        Exit Sub
    Else
        If VeutDispo Then
            Rst.Close
            chSQL = ch1 + ch2 + ch3 + ch4      ❷
            Rst.Open chSQL, Cnx, adOpenStatic, adLockReadOnly
            NbEnr = Rst.RecordCount
            If NbEnr = 0 Then          ❺
                MsgBox "Tous les livres correspondant à votre recherche sont empruntés"
                Rst.Close
                Set Rst = Nothing: Set Cnx = Nothing
                Exit Sub
            End If
        End If
    End If
```

```
Open Chem + "Recherche.htm" For Output As #1
Print #1, "<html><head></head><body>" + vbCr;
Rst.MoveFirst
While Not Rst.EOF        ❻
   Print #1, Rst.Fields("NumV").Value & " " + Rst.Fields("Auteurs").Value & _
   " " & Rst.Fields("Titre").Value & " " & Nz(Rst.Fields("Titrecueil").Value, "") _
   & "<br>" & vbCr;
   Rst.MoveNext
Wend                     ❻
Print #1, "</body></html>" + vbCr;
Close #1
Rst.Close
Set Rst = Nothing
Set Cnx = Nothing
Application.FollowHyperlink Address:=Chem + "Recherche.htm", NewWindow:=True❼
End Sub
```

En ❸, ouverture de la BDi.

Il y a deux tests sur nombre d'enregistrements satisfaisant aux requêtes nul pour distinguer le cas où la bibliothèque ne possède pas le(s) livre cherché(s) ❹ et celui où la bibliothèque les a, mais ils sont tous empruntés ❺.

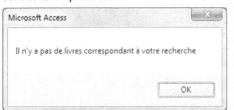
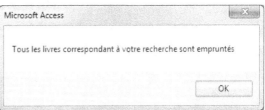

Les livres satisfaisants vont être affichés dans une page HTML élémentaire, construite dans la boucle ❻. Sa structure est la structure bien connue :

```
Rst.MoveFirst
While Not Rst.EOF

   ...
   Rst.MoveNext
Wend
```

Voici une sortie possible sur la page Web, visualisée en ❼.

```
2 Zola La fortune des Rougon Les Rougon-Macquart
2 Zola La curée Les Rougon-Macquart
2 Zola La conquête de Plassans Les Rougon-Macquart
2 Zola La faute de l'Abbé Mouret Les Rougon-Macquart
```

Copiez le fichier auquel nous sommes arrivés *Bibli_1.accdb* en *Bibli_2.accdb* pour effectuer la 2e étape.

Lorsqu'un lecteur se présente pour demander un emprunt, il indique son numéro. On regarde alors si le nombre de ses emprunts en cours n'a pas atteint le maximum (nous implantons un maximum de 5, mais c'est une simple constante à changer). Si c'est le cas, on émet un message de refus. Sinon, le lecteur indique le numéro de volume souhaité parmi les réponses données par la recherche qu'on vient d'effectuer. Le livre devrait être disponible, d'après cette recherche. On procède à l'emprunt, ce qui revient à ajouter un enregistrement dans la table Emprunts et à mettre à jour la table *TbDispo*.

1. LA ROUTINE EMPRUNT

Nous ajoutons en tête du *Module1* les déclarations suivantes. Elles sont en Public pour besoins futurs.

```
Public NumLect As Long, NumOeu As Long, NumVol As Long
```

La procédure `Emprunt` est simple. Elle n'appelle pas de formulaire, n'ayant que le numéro de lecteur puis celui du livre voulu à acquérir : nous utilisons des `InputBox` en ❷ et en ❸.

```
Sub Emprunt()
  Dim NbEmpr As Long, Dis As String
  Const MaxEmpr = 5        ❶

  NumLect = CLng(InputBox("Numéro de Lecteur", "Emprunt"))    ❷
  chSQL = "select * from Emprunts where NumL=" & NumLect & _
          " and nz(DateRendu,'')=''"    ❹
  Set Cnx = CurrentProject.Connection
  Set Rst = New ADODB.Recordset
  Rst.Open chSQL, Cnx, adOpenStatic, adLockReadOnly
  NbEmpr = Rst.RecordCount
  Rst.Close
  If NbEmpr = MaxEmpr Then
    MsgBox "Vous avez le maximum d'emprunts en cours."    ❺
    Exit Sub
  End If
  NumVol = CLng(InputBox("Numéro de volume souhaité", "Emprunt"))    ❸
  chSQL = "select * from Emprunts where NumV=" & NumVol & _
          " and nz(DateRendu,'')=''"        ❻
  Rst.Open chSQL, Cnx, adOpenStatic, adLockReadOnly
  NbEmpr = Rst.RecordCount
  Rst.Close
  Dis = DLookup("Dispo", "TbDispo", "NumV=" & NumVol)
  If (NbEmpr <> 0) Or (Dis = "E") Then
    MsgBox "Ce livre est emprunté ou il y a erreur " & Dis & NbEmpr    ❼
    Exit Sub
  End If
  DoCmd.SetWarnings False    ❽
  chSQL = "insert into Emprunts (NumL, NumV, DateEmprunt) " & _
          "values(" & NumLect & ", " & NumVol & ", '" & CStr(Date) & "')"
  DoCmd.RunSQL chSQL          ❾
  chSQL = "update TbDispo set Dispo='E' where NumV=" & NumVol
  DoCmd.RunSQL chSQL
  DoCmd.SetWarnings True
  MsgBox "Emprunt pris en compte."
  Set Rst = Nothing: Set Cnx = Nothing
End Sub
```

En ❶, la constante qui fixe le nombre maximum de livres qu'un lecteur peut emprunter. Il suffit de changer cette ligne si vous voulez adopter une autre valeur.

En ❹, début du calcul du nombre de livres déjà empruntés, et en ❺ message de refus.

ÉTAPE 2 – EMPRUNTS ET RENDUS

En ❻, début de la vérification que le livre demandé est disponible ; cela devrait toujours être le cas, puisqu'on vient de le rechercher ; donc cette vérification va plutôt déceler une erreur de saisie du numéro. En ❼, message de refus correspondant qui envisage une contradiction entre les deux tables.

De ❽ à ❾, séquence d'introduction dans la table *Emprunts* du nouvel enregistrement qui va prendre en compte le nouvel emprunt : on ne fournit pas la DateRendu puisque le livre n'est pas encore rendu. Cette séquence pourrait être remplacée par la suivante. Nous avons vérifié que les deux fonctionnent. Après ❾, mise à jour de TbDispo. Les `DoCmd.SetWarnings` évitent une demande de confirmation à l'entrée du nouvel enregistrement.

```
Rst.Open "Emprunts", Cnx, adOpenDynamic, adLockOptimistic
Rst.AddNew
Rst.Fields("NumL").Value = NumLect
Rst.Fields("NumV").Value = NumVol
Rst.Fields("DateEmprunt").Value = CStr(Date)
Rst.Update
Rst.Close
```

2. LE RETOUR D'UN LIVRE

Le programme est encore plus simple que le précédent : on n'a besoin que de l'identifiant du livre. On procède à une vérification pour confirmer qu'il était bien emprunté donc que la table Emprunts n'a qu'un enregistrement concernant ce livre avec DateRendu absent ❶. Alors, on y insère la date actuelle ❷ après avoir confirmé le numéro du lecteur ❸.

```
Sub Rendu()
  Dim NbEmpr As Long, Rep As VbMsgBoxResult, Dis As String
  NumVol = CLng(InputBox("Numéro de volume rendu", "Retour"))
  chSQL = "select * from Emprunts where NumV=" & NumVol & _
       " and nz(DateRendu,'')=''"
  Set Cnx = CurrentProject.Connection
  Set Rst = New ADODB.Recordset
  Rst.Open chSQL, Cnx, adOpenStatic, adLockReadOnly
  NbEmpr = Rst.RecordCount
  Dis = DLookup("Dispo", "TbDispo", "NumV=" & NumVol)
  If (NbEmpr <> 1) Or (Dis = "D") Then      ❶
    Rst.Close
    MsgBox "Il y a probablement une erreur " & Dis & NbEmpr
    Exit Sub
  End If
  Rst.MoveFirst
  NumLect = Rst.Fields("NumL").Value
  Rst.Close
  Rep = MsgBox("Confirmez le n° du Lecteur : " & NumLect, vbQuestion + vbYesNo)
  If Rep = vbNo Then Exit Sub        ❸
  Rst.Open chSQL, Cnx, adOpenDynamic, adLockOptimistic
  Rst.MoveFirst
  Rst.Fields("DateRendu").Value = CStr(Date)       ❷
  Rst.Update
  Rst.Close
  DoCmd.SetWarnings False
  chSQL = "update TbDispo set Dispo='D' where NumV=" & NumVol
  DoCmd.RunSQL chSQL
  DoCmd.SetWarnings True
  MsgBox "Rendu pris en compte."
  Set Rst = Nothing: Set Cnx = Nothing
End Sub
```

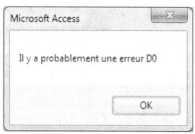

L'impression après le message d'erreur peut permettre de déceler une contradiction entre les tables *Emprunts* et *TbDispo* : l'impression ci-dessus confirme que le livre indiqué est disponible tant d'après TbDispo (D) et Emprunts (0 : pas d'emprunt en cours pour ce livre) ; ici, il n'y a pas de contradiction, c'est le n° de livre entré qui est erroné. On a la même chose dans la procédure Emprunt.

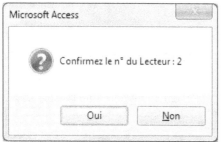 

Copiez le fichier *Bibli_2.accdb* en *Bibli_3.accdb* pour effectuer la 3e étape.

ÉTAPE 3 – INSCRIPTION D'UN NOUVEAU LECTEUR

1. FORMULAIRE NOUVEAU LECTEUR

Tout d'abord, on ajoute les déclarations suivantes en tête de *Module1* :

```
Public Cm As ADODB.Command, Res
Public NomPren As String, Adr As String, CPV As String, Tel As String
```

Ensuite, on construit le formulaire *Nouveau Lecteur* :

Voici le module de classe correspondant.

```
Private Sub B_Annul_Click()
   Satisf = False
   DoCmd.Close acForm, Me.Name, acSaveNo
End Sub

Private Sub B_OK_Click()
   Dim Rep As VbMsgBoxResult
   Tb_NomPren.SetFocus
   NomPren = Nz(Tb_NomPren.Text, "")
   Tb_Adr.SetFocus
   Adr = Nz(Tb_Adr.Text, "")
   Tb_CPV.SetFocus
   CPV = Nz(Tb_CPV.Text, "")
   Tb_Tel.SetFocus
   Tel = Nz(Tb_Tel.Text, "")
   If (NomPren = "") Or (Adr = "") Or (CPV = "") Or (Tel = "") Then
      MsgBox "Donnée(s) manquante(s)."       ❶
      Exit Sub
   End If
   Cm.CommandText = "select count(*) from Lecteurs where " & _       ❸
                    "[Nom Prénom]='" & NomPren & "'"
   Set Res = Cm.Execute
   If CLng(Res(0).Value) <> 0 Then
      Rep = MsgBox("Nom prénom déjà présent ; acceptez-vous ?", _
         vbExclamation + vbYesNo)
      If Rep = vbNo Then Exit Sub       ❷
   End If
   Satisf = True
   DoCmd.Close acForm, Me.Name, acSaveNo
End Sub
```

ÉTAPE 3 – INSCRIPTION D'UN NOUVEAU LECTEUR

La routine du bouton OK commence par vérifier qu'il n'y a pas de donnée manquante ❶. Si toutes les données sont fournies, on vérifie que le Nom Prénom n'est pas déjà présent. Si c'est le cas, on demande à l'utilisateur s'il l'accepte ou non ❷. On peut avoir deux homonymes, même si c'est très peu probable. Voyez comment on décèle le fait par une requête de comptage ❸ effectuée via une commande ADODB. Remarquez les crochets autour de *Nom Prénom* car il y a un espace dans le nom du champ. La variable Cm est initialisée dans la procédure NouvLect qui utilise aussi une telle commande.

2. LA PROCÉDURE NOUVLECT

```
Sub NouvLect()
    Set Cm = New ADODB.Command
    Set Cm.ActiveConnection = CurrentProject.Connection
    Cm.CommandType = adCmdText
    Cm.CommandText = "select count(*) from Lecteurs"   ❶
    Set Res = Cm.Execute
    NumLect = 1 + CLng(Res(0).Value)
    Satisf = False
    DoCmd.OpenForm "Nouveau Lecteur", acNormal, , , acFormAdd, acDialog  ❷
    Set Cm = Nothing
    If Not Satisf Then Exit Sub
    DoCmd.SetWarnings False
    chSQL = "insert into Lecteurs values(" & NumLect & ", '" & NomPren & _
            "', '" & Adr & "', '" & CPV & "', '" & Tel & "')"   ❸
    DoCmd.RunSQL chSQL
    DoCmd.SetWarnings True
    MsgBox "Lecteur n° " & NumLect & " inscrit."
End Sub
```

On commence par calculer le numéro du nouveau lecteur par nombre de lecteurs déjà inscrits +1. Le nombre est obtenu par une requête de comptage gérée par un objet ADODB.Command ❶.

On ouvre le formulaire *Nouveau Lecteur* ❷ et, si les données convenables ont été obtenues (Satisf est True), on les introduit dans la table *Lecteurs* par une requête action INSERT INTO exécutée par un DoCmd ❸.

Voyez comment la chaîne de requête est construite par concaténation avec des & (car il y a des nombres). Les données caractères sont entourées d'apostrophes : dans les guillemets entre 2 variables, on a apostrophe de fin de la variable précédente, virgule de séparation, espace, apostrophe de début de la variable suivante.

Voici les messages qu'on peut obtenir dans cette fonction :

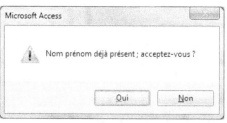

Copiez le fichier *Bibli_3.accdb* en *Bibli_4.accdb* pour effectuer la 4ᵉ étape.

Exercices

1. Installez la possibilité d'entrer une série de nouveaux lecteurs (avec les boutons OK-Dernier etc.).

2. Il faudrait une fonctionnalité de modification des données d'un Lecteur (solution à l'étape 6, mais cherchez par vous-mêmes).

ÉTAPE 4 – ENTRÉE D'UN NOUVEAU LIVRE

Cette fonctionnalité est plus complexe que les précédentes, car une fois qu'on a entré le livre (dans la table Volumes), il faut entrer les œuvres qui y sont contenues (il y en a plusieurs dans un recueil) dans la table *Oeuvres* et aussi les données de liaison dans la table *Editions*. Enfin, il faut l'enregistrement de ce livre dans la table *TbDispo*, avec Dispo='D'.

1. GESTION DES RUBRIQUES

Comme les champs de la table *Volumes* sont nombreux, nous introduisons la gestion suivante. On a la chaîne NRV formée des noms de champs juxtaposés, séparés par une virgule. On forme le tableau des noms individualisés NomsRubVol par la fonction Split : les indices iront de 0 à 10. RubVol est le tableau des valeurs des champs.

Cela étant, dans le formulaire *Livre*, on renomme toutes les zones d'entrée en Tb_0 à Tb_10, et les étiquettes associées en Lb_0 à Lb_10. Dans la routine de l'activation du formulaire, on donnera à la légende de Lb_x la valeur NomsRubVol(x).

Pour récupérer les données, on fera RuvVol(x)=Tb_x.Text et Fields(nomsRubVol(x)) =RubVol(x) (ces écritures sont symboliques : voyez dans les listings les écritures effectives à l'aide de Controls).

On a implanté la même gestion pour le formulaire *Oeuvre*.

2. LE FORMULAIRE LIVRE

La figure montre le formulaire en exécution pour que les étiquettes aient la valeur voulue.

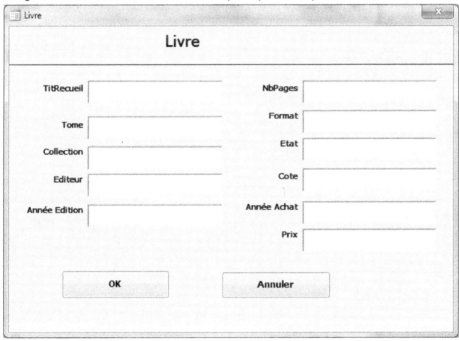

Voici le module de classe.

```
Private Sub B_Annul_Click()
    Satisf = False
    DoCmd.Close acForm, Me.Name, acSaveNo
End Sub
```

```
Private Sub B_OK_Click()
  Dim ct As Control
  For Ir = LBound(NomsRubVol) To UBound(NomsRubVol)
    Set ct = Controls("Tb_" + CStr(Ir))
    ct.SetFocus
    RubVol(Ir) = Nz(ct.Text)
  Next Ir
  If RubVol(8) = "" Then
    MsgBox "Il faut au moins indiquer la cote."
    Exit Sub
  End If
  Satisf = True
  DoCmd.Close acForm, Me.Name, acSaveNo
End Sub

Private Sub Form_Current()
  For Ir = LBound(NomsRubVol) To UBound(NomsRubVol)
    Controls("Lb_" + CStr(Ir)).Caption = NomsRubVol(Ir)
  Next Ir
End Sub
```

On voit comment la routine `Form_Current` installe les noms de champs dans les étiquettes.

La routine `B_OK_Click` récupère les données des TextBox. Là aussi, on exploite la numérotation de `Tb_0` à `Tb_10`. Ensuite, la seule vérification qu'on effectue est celle de la présence de la cote : il est impératif de savoir où le livre sera rangé. Même le titre peut être absent : dans le cas d'un livre à œuvre unique, c'est l'œuvre qui aura le titre.

---

3. LE FORMULAIRE OEUVRE

On a introduit la même gestion des rubriques bien qu'elles soient moins nombreuses, mais cela abrège tout de même la programmation en réduisant la récupération des données à une simple boucle. De plus, l'écriture des libellés des étiquettes est moins fastidieuse et, si des libellés changent, il suffit de modifier la chaîne `NRV` ou `NRO`. Astuce supplémentaire dans ce formulaire : les deux dernières zones d'entrée sont renommées `Tb_3` et `Tb_4` bien que ce soient des ComboBox. Elles sont construites avec l'assistant pour que leur liste soit basée sur les tables TbGenres et TbTypes.

ÉTAPE 4 – ENTRÉE D'UN NOUVEAU LIVRE

Le module de classe est parallèle à celui de *Livre*, mais il gère 4 boutons avec les booléens `Satisf` et `Dernier`. La récupération des données est renvoyée dans la fonction booléenne `RecDon`, vraie si les données sont conformes. Là, on exige la présence de tous les champs, sauf Année.

```
Function RecDon() As Boolean
  Dim ct As Control, Bon As Boolean
  Bon = True
  For Ir = LBound(NomsRubOeuv) To UBound(NomsRubOeuv)
    Set ct = Controls("Tb_" + CStr(Ir))
    ct.SetFocus
    RubOeuv(Ir) = Nz(ct.Text)
    If Ir <> 2 Then
      If RubOeuv(Ir) = "" Then Bon = False
    End If
  Next Ir
  If Not Bon Then MsgBox "Donnée(s) manquante(s)."
  RecDon = Bon
End Function

Private Sub B_Annul_Click()
  Dernier = False
  Satisf = False
  DoCmd.Close acForm, Me.Name, acSaveNo
End Sub

Private Sub B_OK_Click()
  If Not RecDon Then Exit Sub
  Dernier = False
  Satisf = True
  DoCmd.Close acForm, Me.Name, acSaveNo
End Sub

Private Sub B_OKDern_Click()
  If Not RecDon Then Exit Sub
  Dernier = True
  Satisf = True
  DoCmd.Close acForm, Me.Name, acSaveNo
End Sub

Private Sub B_Quit_Click()
  Dernier = True
  Satisf = False
  DoCmd.Close acForm, Me.Name, acSaveNo
End Sub

Private Sub Form_Current()
  For Ir = LBound(NomsRubOeuv) To UBound(NomsRubOeuv)
    Controls("Lb_" + CStr(Ir)).Caption = NomsRubOeuv(Ir)
  Next Ir
End Sub
```

4. LE MODULE MODULE1

On ajoute les déclarations :

```
Public RubVol(10) As String, NomsRubVol, NRV As String, Ir As Integer
Public RubOeuv(4) As String, NomsRubOeuv, NRO As String, NOeu As Long
Public Dernier As Boolean
```

Voici la routine `NouvLivr` :

```
Sub NouvLivr()
  Dim strNum As String
  strNum = ""
' N° du volume et 1er N° d'oeuvre
  Set Cm = New ADODB.Command
  Set Cm.ActiveConnection = CurrentProject.Connection
  Cm.CommandType = adCmdText
  Cm.CommandText = "select count(*) from Volumes"
  Set Res = Cm.Execute
  NumVol = 1 + CLng(Res(0).Value)
  Cm.CommandText = "select count(*) from Oeuvres"
  Set Res = Cm.Execute
  NOeu = 1 + CLng(Res(0).Value)
' Noms de rubriques
  NRV = "TitRecueil,Tome,Collection,Editeur,Année Edition,NbPages," + _
      "Format,Etat,Cote,Année Achat,Prix"
  NomsRubVol = Split(NRV, ",")              ❶
  NRO = "Auteurs,Titre,Année,Genre,Type"
  NomsRubOeuv = Split(NRO, ",")
' Formulaire Livre
  Satisf = False
  DoCmd.OpenForm "Livre", acNormal, , , acFormAdd, acDialog
  If Not Satisf Then Exit Sub
' Remplit table Volumes
  Set Cnx = CurrentProject.Connection
  Set Rst = New ADODB.Recordset
  Rst.Open "Volumes", Cnx, adOpenDynamic, adLockOptimistic
  Rst.AddNew
  Rst.Fields("NumV").Value = NumVol
  For Ir = LBound(NomsRubVol) To UBound(NomsRubVol)     ❷
    If RubVol(Ir) <> "" Then _
      Rst.Fields(NomsRubVol(Ir)).Value = RubVol(Ir)
  Next Ir
  Rst.Update
  Rst.Close
' Ajoute enregistrement dans la table TbDispo
  DoCmd.SetWarnings False
  chSQL = "insert into TbDispo values(" & NumVol & ", 'D')"     ❸
  DoCmd.RunSQL chSQL
  DoCmd.SetWarnings True
  strNum = strNum & "Inscrit livre n° " & NumVol & _
          " avec l'(les) oeuvre(s) : " & vbCr
' Les Oeuvres
  Dernier = False
  While Not Dernier        ❹
    Satisf = False
    DoCmd.OpenForm "Oeuvre", acNormal, , , acFormAdd, acDialog
    If Satisf Then
      If Not IsNull(DLookup("NumO", "Oeuvres", "Auteurs='" & _
        RubOeuv(0) & "' and Titre='" & RubOeuv(1) & "'")) Then
      ' Oeuvre déjà présente      ❺
        NumOeu = DLookup("NumO", "Oeuvres", "Auteurs='" & _
        RubOeuv(0) & "' and Titre='" & RubOeuv(1) & "'")
      Else
      ' Nouvelle oeuvre
        NumOeu = NOeu
```

```
            NOeu = NOeu + 1        ❻
            Rst.Open "Oeuvres", Cnx, adOpenDynamic, adLockOptimistic
            Rst.AddNew
            Rst.Fields("NumO").Value = NumOeu
            For Ir = LBound(NomsRubOeuv) To UBound(NomsRubOeuv)      ❷
               If RubOeuv(Ir) <> "" Then _
                  Rst.Fields(NomsRubOeuv(Ir)).Value = RubOeuv(Ir)
            Next Ir
            Rst.Update
            Rst.Close
         End If
         ' Ajoute l'enregistrement dans la table Editions
         DoCmd.SetWarnings False
         chSQL = "insert into Editions values(" & NumOeu & _
                 ", " & NumVol & ")"         ❼
         DoCmd.RunSQL chSQL
         DoCmd.SetWarnings True
         strNum = strNum & NumOeu & ", "
      End If
   Wend          ❹
   Set Cnx = Nothing: Set Rst = Nothing
   MsgBox Left(strNum, Len(strNum) - 2)
End Sub
```

Les commentaires délimitent les grandes étapes du traitement.

Dès le début, la variable `strNum` sert à construire par concaténations successives le message qui sera affiché à la fin. Le `Left` (dernière instruction) sert à supprimer le « , » qui est à la fin. Remarquez que la variable est nommée en notation hongroise.

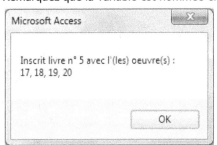

La 1re étape prépare la gestion des numéros de livre `NumVol` et d'œuvre. Il y a deux variables pour le numéro d'œuvre `NumOeu` qui est le numéro effectif et `NOeu` qui prépare les numéros d'œuvres nouvelles qui s'introduisent. En effet, une œuvre peut être déjà présente dans une autre édition. À ce moment, `NumOeu` est le n° déjà présent et on n'ajoute pas d'enregistrement dans la table Oeuvres ❺. Le test Auteurs ET Titre coïncidant avec ceux d'un enregistrement de la table est fait avec `DLookup`, de la même façon qu'on récupère le n° de cet enregistrement. Si l'œuvre est nouvelle, `NOeu` progresse et on écrit l'enregistrement ❻, puis on crée l'enregistrement dans la table Editions (à l'aide d'un `DoCmd`) ❼. Les valeurs initiales sont obtenues par une requête de comptage via une `ADODB.Command`.

La 2e étape gère les noms de rubriques. Les tableaux `NomsRubVol` et `NomsRubOeuv` sont initialisés par un `Split` des chaînes NRV et NRO ❶ (qu'il suffirait de modifier pour changer les noms). Cela permet de remplir les champs par une simple boucle ❷.

Pour chaque livre, on écrit sa disponibilité dans TbDispo par une requête INSERT INTO ❸.

Les différentes œuvres d'un livre sont parcourues par la boucle habituelle orchestrée par le booléen `Dernier` ❹.

Copiez le fichier *Bibli_4.accdb* en *Bibli_5.accdb* pour effectuer la 5e étape.

Ce programme n'introduit pas de nouveau formulaire. Les lettres de relance sont créées sous forme d'un fichier texte nommé *Relance<n>.txt* où <n> est le n° de lecteur.

```
Sub Relances()
  Dim NumLprec As Long, chem As String
  Dim TitR As String, Tom As String, Tit As String
  Const MaxDur = 21, Sep = "\"         ❶

  NumLprec = 0
  chem = Application.CurrentProject.Path + Sep
  chSQL = "select * from " & _
        "Emprunts where " & "nz(DateRendu,'')='' and " & _
        "Date()-DateEmprunt>" & MaxDur & " order by NumL"  ❷
  Set Cnx = CurrentProject.Connection
  Set Rst = New ADODB.Recordset
  Rst.Open chSQL, Cnx, adOpenStatic, adLockReadOnly
  If Rst.RecordCount = 0 Then Exit Sub
  Rst.MoveFirst
  While Not Rst.EOF            ❸
    NumLect = Rst.Fields("NumL").Value
    If NumLect <> NumLprec Then 'Changement de lecteur
      If NumLprec <> 0 Then   ❹
' Fin de la lettre précédente
        Print #1, vbCr + vbCr;
        Print #1, "Nous vous prions de le(s) rapporter dans " + _
                "les meilleurs délais. " + vbCr;
        Print #1, "Cordialement," + vbCr;
        Close #1
      End If
      NumLprec = NumLect       ❺
      NomPren = DLookup("[Nom Prénom]", "Lecteurs", "NumL=" & NumLect)
      Adr = DLookup("Adresse", "Lecteurs", "NumL=" & NumLect)
      CPV = DLookup("CPVille", "Lecteurs", "NumL=" & NumLect)
      Open chem & "Relance" & NumLect & ".txt" For Output As #1
' Début de nouvelle lettre      ❻
      Print #1, "  Bibliothèque Municipale de KelBonn (Eure)" + vbCr;
      Print #1, "                                              " + _
                "KelBonn, le " + CStr(Date) + vbCr;
      Print #1, "                                              " + _
                NomPren + vbCr;
      Print #1, "                                              " + _
                Adr + vbCr;
      Print #1, "                                              " + _
                CPV + vbCr + vbCr + vbCr + vbCr + vbCr;
      Print #1, "    Cher Lecteur," + vbCr + vbCr;
      Print #1, "Vous avez dépassé la durée maximale d'emprunt" + _
                " pour le(s) livre(s) suivant(s) : " + vbCr;
    End If
    NumVol = Rst.Fields("NumV").Value    ❼
    TitR = Nz(DLookup("TitRecueil", "Volumes", "NumV=" & NumVol))
    Tom = Nz(DLookup("Tome", "Volumes", "NumV=" & NumVol))
    Tit = ""
    If TitR = "" Then ❽
      NumOeu = DLookup("NumO", "Editions", "NumV=" & NumVol)
      Tit = DLookup("Titre", "Oeuvres", "NumO=" & NumOeu)
    End If
    Print #1, NumVol & "    " & TitR & Tit & "    " & Tom + vbCr;
    Rst.MoveNext
  Wend                  ❸
```

```
' Fin de la dernière lettre
  Print #1, vbCr + vbCr;        ❾
  Print #1, "Nous vous prions de le(s) rapporter dans " + _
            "les meilleurs délais. " + vbCr;
  Print #1, "Cordialement," + vbCr;
  Close #1
  Rst.Close
  Set Cnx = Nothing: Set Rst = Nothing
End Sub
```

La durée maximum d'emprunt est fixée par la constante `MaxDur`. Il suffit de changer l'instruction ❶ pour la modifier. Nous avons pris 21 jours (3 semaines), ce qui est adopté par la plupart des bibliothèques.

On crée un `Recordset` regroupant les enregistrements de la table Emprunts pour lesquels la durée est dépassée. La clause `order by` fait que les éventuels enregistrements concernant un même Lecteur seront consécutifs ❷. L'essentiel du programme est alors la boucle ❸ de parcours de ce `Recordset`.

Lorsque dans ce parcours, on arrive à un nouveau lecteur (décelé par `NumLect<>NumLprec`) :

- on termine la lettre précédente sauf si on en est à la 1re (décelé par `NumLprec=0`) ❹ ;

- on prend les données du livre par `DLookup` dans la table Volumes ❺ ;

- on ouvre le fichier et on commence l'écriture de la nouvelle lettre de relance ❻ ; le fichier est nommé *Relance<n>.txt* ; s'il y a déjà un fichier du même nom (d'une relance précédente au même lecteur : ce sont toujours les mêmes qui négligent de rendre les livres à temps !), il est écrasé au profit de la nouvelle relance.

Si on est dans la série concernant un certain lecteur, on prend les données du livre ❼. Si le volume n'a pas de TitRecueil ❽, on prend le titre de la 1re ou seule œuvre contenue. On écrit les données du livre dans la lettre de relance.

Après la fin de la boucle, on termine l'écriture de la dernière lettre ❾.

Avec le bas de la table Emprunts suivant, voilà ce qu'on obtient (en ayant temporairement fixé `MaxDur` à 2) :

Emprunts			
NumL ▾	NumV ▾	DateEmprur ▾	DateRendu ▾
1	4	24/02/2011	28/02/2011
1	7	28/02/2011	
2	2	28/02/2011	
2	3	28/02/2011	

Relance1.txt :

```
  Bibliothèque Municipale de KelBonn (Eure)
                                    KelBonn, le 03/03/2011
                                    Dupont Charles
                                    12 rue Stine
                                    75010 Paris



    Cher Lecteur,

Vous avez dépassé la durée maximale d'emprunt pour le(s) livre(s) suivant(s) :
7    Candide


Nous vous prions de le(s) rapporter dans les meilleurs délais.
Cordialement,
```

Relance2.txt :

```
  Bibliothèque Municipale de KelBonn (Eure)
                                    KelBonn, le 03/03/2011
                                    Durand Albert
                                    3 rue Tabaga
                                    75019 Paris



    Cher Lecteur,

Vous avez dépassé la durée maximale d'emprunt pour le(s) livre(s) suivant(s) :
2    Les Rougon-Macquart   Tome 1
3    Les Rougon-Macquart   Tome 2


Nous vous prions de le(s) rapporter dans les meilleurs délais.
Cordialement,
```

Exercice

On voudrait citer les Auteurs dans la lettre de relance.

Ajoutez la déclaration `Dim Aut As String` et, entre `Tit=""` et `Rst.MoveNext`, le programme devient :

```
    Tit = ""
    NumOeu = DLookup("NumO", "Editions", "NumV=" & NumVol)    ❶
    Aut = DLookup("Auteurs", "Oeuvres", "NumO=" & NumOeu)
    If TitR = "" Then
       Tit = DLookup("Titre", "Oeuvres", "NumO=" & NumOeu)
    End If
    Print #1, NumVol & "   " & Aut & "  " & TitR & Tit & "  " & Tom & vbCr;
    Rst.MoveNext
```

La récupération de `NumOeu` ne doit plus être conditionnée par `If TitR …` ❶.

Copiez le fichier *Bibli_5.accdb* en *Bibli_6.accdb* pour effectuer la 6ᵉ étape.

Ces fonctionnalités vont nous amener à modifier le formulaire Menu.

1. LE NOUVEAU FORMULAIRE MENU

Nous avons implanté 4 nouveaux boutons et rationnalisé la disposition : dans la colonne de gauche, la vie usuelle de la bibliothèque, à droite, la gestion des tables de base avec au centre, l'entrée de nouveaux éléments et à droite, leur modification.

Dans le module de classe, il s'ajoute :

```
Private Sub B_ModifLect_Click()
  ModifLect
End Sub

Private Sub B_ModifLivr_Click()
  ModifLivr
End Sub

Private Sub B_ModifOeuvr_Click()
  ModifOeuvr
End Sub

Private Sub B_NouvOeuvr_Click()
  NouvOeuvr
End Sub
```

2. LA PROCÉDURE MODIFLECT

Nous utilisons le formulaire existant *Nouveau Lecteur*. Normalement, il faudrait changer son nom en Lecteur puisqu'il sert tantôt pour un nouveau et tantôt pour une modification. Il va s'ajouter dans son module de classe une procédure `Form_Current` qui va distinguer entre les deux cas. Le titre du formulaire reflétera la situation. Dans le cas nouveau, il n'existe pas de lecteur ayant le n° `NumLect`, alors que pour une modification, il existe. Ceci suppose qu'on ne fait pas d'erreur en fournissant le n° du lecteur à modifier ; il y a là une amélioration possible à implanter, d'où une bonne occasion d'exercice.

Voici la procédure `Form_Current` :

```
Private Sub Form_Current()
   If IsNull(DLookup("NumL", "Lecteurs", "NumL=" & NumLect)) Then
      Étiquette0.Caption = "Nouveau Lecteur"
   Else
      Étiquette0.Caption = "Modification Lecteur"
      Tb_NomPren.SetFocus
      Tb_NomPren.Text = Nz(DLookup("[Nom Prénom]", "Lecteurs", "NumL=" & NumLect))
      Tb_Adr.SetFocus
      Tb_Adr.Text = Nz(DLookup("Adresse", "Lecteurs", "NumL=" & NumLect))
      Tb_CPV.SetFocus
      Tb_CPV.Text = Nz(DLookup("CPVille", "Lecteurs", "NumL=" & NumLect))
      Tb_Tel.SetFocus
      Tb_Tel.Text = Nz(DLookup("Téléphone", "Lecteurs", "NumL=" & NumLect))
   End If
End Sub
```

Dans le cas Modification, on écrit dans le formulaire les informations (obtenues par `DLookup`) qui sont actuellement dans la table : elles seront prêtes à être modifiées.

La procédure `ModifLect` ressemble beaucoup à `NouvLect`.

```
Sub ModifLect()
   Set Cm = New ADODB.Command
   Set Cm.ActiveConnection = CurrentProject.Connection
   Cm.CommandType = adCmdText
   NumLect = CLng(InputBox("N° du Lecteur à modifier"))    ❶
   Satisf = False
   DoCmd.OpenForm "Nouveau Lecteur", acNormal, , , acFormAdd, acDialog ❷
   Set Cm = Nothing
   If Not Satisf Then Exit Sub
   DoCmd.SetWarnings False
   chSQL = "update Lecteurs set [Nom Prénom]= '" & NomPren & _
           "', Adresse='" & Adr & "', CPVille='" & CPV & _
           "', Téléphone='" & Tel & "' where NumL=" & NumLect      ❸
   DoCmd.RunSQL chSQL
   DoCmd.SetWarnings True
   MsgBox "Lecteur n° " & NumLect & " modifié."
End Sub
```

1re différence : en ❶, on demande à l'utilisateur le n° du lecteur à modifier. On n'a pas implanté de recherche d'après le nom... Le n° sera rappelé dans le message final.

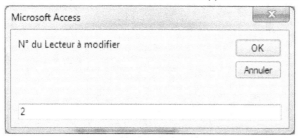

2e différence : en ❸, la requête est cette fois du type UPDATE.

En ❷, on appelle le formulaire. Le plus souvent, ce n'est pas le Nom Prénom qui sera modifié, mais l'Adresse. À ce moment, nous avons gardé l'avertissement qui était de mise dans le cas Nouveau. L'utilisateur doit cliquer sur Oui. Si le Nom Prénom est modifié (par exemple pour rectifier l'orthographe), le message n'apparaît pas.

ÉTAPE 6 – LES MODIFICATIONS

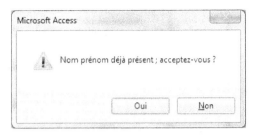

3. LA PROCÉDURE MODIFLIVR

Cette procédure est très simplifiée par rapport à `NouvLivr`. En effet, il n'y a pas à ajouter d'enregistrement dans *TbDispo* (il y est déjà), ni à traiter les œuvres contenues : elles ont été introduites lors de l'entrée du livre ou, si on veut en ajouter, ce sera dans la fonctionnalité Nouvelles œuvres.

```
Sub ModifLivr()
' Numéro de volume
  NumVol = CLng(InputBox("Numéro de livre à modifier"))
  If IsNull(DLookup("NumV", "Volumes", "NumV=" & NumVol)) Then
    MsgBox "Le n° de livre " & NumVol & " n'existe pas."        ❶
    Exit Sub
  End If
' Noms de rubriques
  NRV = "TitRecueil,Tome,Collection,Editeur,Année Edition,NbPages," + _
        "Format,Etat,Cote,Année Achat,Prix"
  NomsRubVol = Split(NRV, ",")
' Formulaire Livre
  Satisf = False
  DoCmd.OpenForm "Livre", acNormal, , , acFormAdd, acDialog
  If Not Satisf Then Exit Sub
' Remplit l'enregistrement dans la table Volumes
  Set Cnx = CurrentProject.Connection
  Set Rst = New ADODB.Recordset
  chSQL = "select * from Volumes where NumV=" & NumVol          ❷
  Rst.Open chSQL, Cnx, adOpenDynamic, adLockOptimistic
  Rst.MoveFirst        ❸
  For Ir = LBound(NomsRubVol) To UBound(NomsRubVol)
    If RubVol(Ir) <> "" Then _
      Rst.Fields(NomsRubVol(Ir)).Value = RubVol(Ir)
  Next Ir
  Rst.Update
  Rst.Close
  Set Cnx = Nothing: Set Rst = Nothing
  MsgBox "Livre n° " & NumVol & " modifié."
End Sub
```

À part les suppressions, les changements par rapport à `NouvLivr` sont les suivants.

En ❶, on demande le n° du livre à modifier. On gère le cas où l'utilisateur se tromperait et fournirait un n° inexistant ; vous pouvez vous en inspirer pour la modification de lecteur.

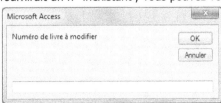

ÉTAPE 6 – LES MODIFICATIONS

En ❷, le Recordset est ouvert d'après une requête et non sur la totalité de la table Volumes car il s'agit de ne modifier que l'enregistrement du livre concerné. En ❸, on se positionne sur le 1er (et unique) enregistrement de la requête.

Dans le module de classe du formulaire Livre qui, bien sûr, sert à la fois pour l'entrée et la modification, la procédure `Form_Current` est transformée pour distinguer les deux modes et, dans le cas Modification, afficher les données actuelles dans les contrôles.

```
Private Sub Form_Current()
  Dim ct As Control, nr As String
  For Ir = LBound(NomsRubVol) To UBound(NomsRubVol)        ❶
    Controls("Lb_" + CStr(Ir)).Caption = NomsRubVol(Ir)
  Next Ir
  If IsNull(DLookup("NumV", "Volumes", "NumV=" & NumVol)) Then   ❷
    Lb_Titre.Caption = "Nouveau Livre"
  Else
    Lb_Titre.Caption = "Modification Livre"
    For Ir = LBound(NomsRubVol) To UBound(NomsRubVol)
      Set ct = Controls("Tb_" + CStr(Ir))
      ct.SetFocus
      nr = NomsRubVol(Ir)
      If InStr(nr, " ") > 0 Then nr = "[" + nr + "]"        ❹
      ct.Text = Nz(DLookup(nr, "Volumes", "NumV=" & NumVol))        ❸
    Next Ir
  End If
End Sub
```

En ❶, préparation des noms de rubriques. En ❷, distinction des deux cas Nouveau et Modification. En ❸, installation des données actuelles dans les contrôles. On utilise `DLookup`, ce qui pose un problème pour les champs dont le nom comporte un ou plusieurs espaces : dans ce cas, il faut que le nom soit entre crochets, ce que fait l'instruction ❹. Nous avons déjà rencontré ce problème dans certaines requêtes.

---

4. LA PROCÉDURE NOUVOEUVR

On utilise le formulaire *Oeuvre* sans changement. Quant à la procédure `NouvOeuvr`, elle est formée des extraits de `NouvLivr` qui concernent les œuvres. Le début obtient le n° du livre auquel les œuvres devront être attachées.

```
Sub NouvOeuvr()
  Dim strNum As String
  strNum = ""
' N° du volume et 1er N° d'oeuvre
  NumVol = CLng(InputBox("Numéro de livre concerné" + vbCr + _
    "Toutes les oeuvres de cette session doivent " + _
    "appartenir à ce livre", "Entrée d'oeuvres"))        ❶
  If IsNull(DLookup("NumV", "Volumes", "NumV=" & NumVol)) Then
    MsgBox "Le n° de livre " & NumVol & " n'existe pas."
    Exit Sub
  End If
  Set Cm = New ADODB.Command
  Set Cm.ActiveConnection = CurrentProject.Connection
  Cm.CommandType = adCmdText
  Cm.CommandText = "select count(*) from Oeuvres"
  Set Res = Cm.Execute
  NOeu = 1 + CLng(Res(0).Value)
```

```
' Noms de rubriques
  NRO = "Auteurs,Titre,Année,Genre,Type"
  NomsRubOeuv = Split(NRO, ",")
  strNum = strNum & "Complété livre n° " & NumVol & _
           " avec l'(les) oeuvre(s) : " & vbCr            ❷
' Les Oeuvres
  Set Cnx = CurrentProject.Connection
  Set Rst = New ADODB.Recordset
  Dernier = False
  While Not Dernier
    Satisf = False
    DoCmd.OpenForm "Oeuvre", acNormal, , , acFormAdd, acDialog
    If Satisf Then
      If Not IsNull(DLookup("NumO", "Oeuvres", "Auteurs='" & _
         RubOeuv(0) & "' and Titre='" & RubOeuv(1) & "'")) Then
      ' Oeuvre déjà présente
        NumOeu = DLookup("NumO", "Oeuvres", "Auteurs='" & _
        RubOeuv(0) & "' and Titre='" & RubOeuv(1) & "'")
      Else
      ' Nouvelle oeuvre
        NumOeu = NOeu
        NOeu = NOeu + 1
        Rst.Open "Oeuvres", Cnx, adOpenDynamic, adLockOptimistic
        Rst.AddNew
        Rst.Fields("NumO").Value = NumOeu
        For Ir = LBound(NomsRubOeuv) To UBound(NomsRubOeuv)
          If RubOeuv(Ir) <> "" Then _
             Rst.Fields(NomsRubOeuv(Ir)).Value = RubOeuv(Ir)
        Next Ir
        Rst.Update
        Rst.Close
      End If
      ' Ajoute l'enregistrement dans la table Editions
      DoCmd.SetWarnings False                             ❸
      chSQL = "insert into Editions values(" & NumOeu & _
              ", " & NumVol & ")"
      DoCmd.RunSQL chSQL
      DoCmd.SetWarnings True
      strNum = strNum & NumOeu & ", "
    End If
  Wend
  Set Cnx = Nothing: Set Rst = Nothing
  MsgBox Left(strNum, Len(strNum) - 2)
End Sub
```

Les seuls éléments qui changent par rapport aux instructions déjà présentes dans NouvLivr sont :

En ❶ l'obtention du n° de livre concerné, avec message précisant que toutes les œuvres introduites dans cette session (même clic sur Nouvelles Œuvres) doivent se rapporter à ce livre.

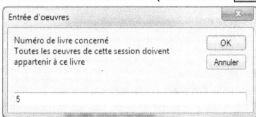

En ❷, le message de fin est modifié et devient « Complété ».

Le traitement de l'enregistrement dans la table associative Editions est conservé ❸.

5. LA PROCÉDURE MODIFOEUVR

Maintenant que nous avons la procédure `NouvOeuvr`, nous pouvons en déduire une procédure `ModifOeuvr`. La boîte de dialogue *Oeuvre* va subir la même transformation que *Livre*, donc une modification de `Form_Current`.

Donc pour une modification de champ, comme l'orthographe d'un auteur ou une variante de titre, il n'y aura pas de traitement de la table *Editions*. Maintenant, il y a une autre sorte de modification ; c'est de rectifier si une œuvre a été attachée au mauvais livre ; dans ce cas, il n'y a à effectuer qu'une modification de l'enregistrement concerné de la table *Editions*.

Pour cela, le programme demande le nouveau n° de livre de rattachement et l'utilisateur doit répondre 0 si ce numéro doit être inchangé (modification du 1er type).

Enfin, le programme ne traite qu'une œuvre à la fois, donc, dans le formulaire *Oeuvre*, cliquer sur OK ou OK Dernière d'une part, sur Annuler ou Quitter d'autre part sont équivalents.

Les principes qui régissent `ModifOeuvr` sont les mêmes que pour `Modiflect` et `ModifLivre` avec quelques particularités.

Pour gérer les modes Nouveau et Modification, nous introduisons le booléen `MdOeuv`. En effet, la gestion par présence du numéro est difficile vu le nombre de possibilités. `MdOeuv` est mis à `True` dans `ModifOeuvr` ; nous n'avons pas modifié `NouvOeuvr` et `NouvLivr` car `MdOeuv` sera à `False` par défaut, mais vous pouvez le faire si vous ne voulez pas de variable non initialisée. La dernière déclaration devient `Public Dernier As Boolean, MdOeuv As Boolean`.

```
Sub ModifOeuvr()
Dim ANumVol As Long, strNumVol As String, p As Integer
' N° du volume et d'oeuvre
   NumOeu = CLng(InputBox("Numéro d'Oeuvre", "Modification d'oeuvre"))
   If IsNull(DLookup("NumO", "Oeuvres", "NumO=" & NumOeu)) Then
      MsgBox "Le n° d'oeuvre " & NumOeu & " n'existe pas."
      Exit Sub
   End If
   strNumVol = InputBox("Nouveau n°, ancien n° de livre concerné" + vbCr + _
      "séparés par virgule si c'est un changement d'attribution. " + _     ❶
      "(Fournir 0 si le n° doit être inchangé).", "Modification d'oeuvre")
   If strNumVol = "0" Then
' Modification textuelle
   ' Noms de rubriques
      NRO = "Auteurs,Titre,Année,Genre,Type"
      NomsRubOeuv = Split(NRO, ",")
      Set Cnx = CurrentProject.Connection
      Set Rst = New ADODB.Recordset
      ' Action sur l'enregistrement de l'oeuvre
      chSQL = "select * from Oeuvres where NumO=" & NumOeu
      Rst.Open chSQL, Cnx, adOpenDynamic, adLockOptimistic
```

```
    Rst.MoveFirst          ❷
    ' Lecture des données actuelles
    For Ir = LBound(NomsRubOeuv) To UBound(NomsRubOeuv)
      RubOeuv(Ir) = Nz(Rst.Fields(NomsRubOeuv(Ir)).Value)
    Next Ir
    Satisf = False
    MdOeuv = True          ❸
    DoCmd.OpenForm "Oeuvre", acNormal, , , acFormAdd, acDialog
    If Satisf Then
      ' Ecrit l'enregistrement modifié
      For Ir = LBound(NomsRubOeuv) To UBound(NomsRubOeuv)
        If RubOeuv(Ir) <> "" Then _
          Rst.Fields(NomsRubOeuv(Ir)).Value = RubOeuv(Ir)
      Next Ir
      Rst.Update
    End If
    Rst.Close
    Set Cnx = Nothing: Set Rst = Nothing
  Else
' Modification d'attribution
    p = InStr(strNumVol, ",")     ❹
    NumVol = CLng(Left(strNumVol, p - 1))
    If IsNull(DLookup("NumV", "Volumes", "NumV=" & NumVol)) Then
      MsgBox "Le n° de livre " & NumVol & " n'existe pas."
      Exit Sub
    End If
    ANumVol = Mid(strNumVol, p + 1)   ❺
    If IsNull(DLookup("NumV", "Volumes", "NumV=" & ANumVol)) Then
      MsgBox "Le n° de livre " & ANumVol & " n'existe pas."
      Exit Sub
    End If
    ' Modifie l'enregistrement dans la table Editions
    DoCmd.SetWarnings False
    chSQL = "update Editions set NumV=" & NumVol & _
            " where NumV=" & ANumVol & " and NumO=" & NumOeu
    DoCmd.RunSQL chSQL
    DoCmd.SetWarnings True
    Satisf = True          ❻
  End If
  If Satisf Then MsgBox "Effectué."    ❼
End Sub
```

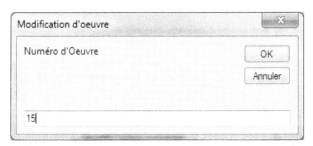

Après avoir obtenu le n° d'œuvre voulu, on demande les numéros de livre ❶.

Si la réponse est « 0 », c'est une modification véritable des données de l'œuvre.

ÉTAPE 6 – LES MODIFICATIONS

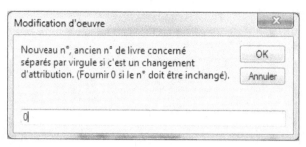

Dans cette procédure, pour varier un peu les méthodes (et pour vous montrer qu'il y a souvent beaucoup de solutions différentes pour obtenir un effet donné), nous utilisons le même `Recordset` pour lire les données actuelles et pour écrire les données modifiées ❷. Les données actuelles seront transmises par la variable d'échange `RubOeuv` au lieu d'être obtenues par `DLookup` dans `Form_Current`.

En ❸, on positionne le booléen `MdOeuv`.

Si la chaîne fournie pour les numéros de livre est de la forme « n,a », on est dans le cas d'une rectification d'attribution, par exemple œuvre appartenant au volume 5 alors qu'elle avait été par erreur attachée au volume 3 :

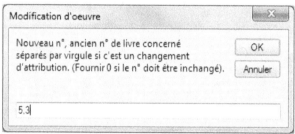

On voit que les numéros sont fournis dans une variable chaîne `strNumVol` (intérêt de la notation hongroise avec son préfixe indiquant le type) qu'on va décomposer en `NumVol` ❹ (futur numéro) et `ANumVol` ❺ (ancien n°) ; `p` est la position de la virgule dans la chaîne.

Le message final ne doit pas être émis si on a annulé l'entrée lors du formulaire *Oeuvre*. On se base sur le booléen `Satisf` ❼. Le message doit toujours être émis pour une rectification d'attribution, donc on met le booléen à Vrai ❻.

La procédure `Form_Current`, seul élément changé du formulaire *Oeuvre*, ne pose pas de difficultés.

```
Private Sub Form_Current()
  Dim ct As Control
  For Ir = LBound(NomsRubOeuv) To UBound(NomsRubOeuv)
    Controls("Lb_" + CStr(Ir)).Caption = NomsRubOeuv(Ir)
  Next Ir
  If Not MdOeuv Then      ❶
    Lb_Titre.Caption = "Nouvelle Oeuvre"
```

```
    Else
      Lb_Titre.Caption = "Modification Oeuvre"
      For Ir = LBound(NomsRubOeuv) To UBound(NomsRubOeuv)
        Set ct = Controls("Tb_" + CStr(Ir))
        ct.SetFocus
        If RubOeuv(Ir) <> "" Then ct.Text = RubOeuv(Ir)    ❷
      Next Ir
    End If
End Sub
```

En ❶, on se base sur le booléen `MdOeuvr` pour distinguer le mode Nouveau et le mode Modification. On établit la légende du titre selon le mode et, en mode Modification, les données actuelles sont récupérées par la variable d'échange `RubOeuv` ❷.

Les fonctions de modification que nous avons introduites sont utiles car il peut toujours y avoir des rectifications d'erreur ou des changements à effectuer. Bien sûr, on peut toujours les faire par action directe sur les tables, mais, dans une application VBA, normalement, toute action doit être faite par programme, ce qui diminue les risques de fausses manœuvres.

La fonction d'entrée d'œuvres, indépendante, que nous avons introduite est traitée dans cette section car le programme qui l'implante est très semblable aux programmes de la section. Cette fonction a l'intérêt d'offrir une possibilité de reprise dans l'entrée des œuvres qui font partie d'un volume, ce qui permet d'interrompre cette entrée s'il y a beaucoup d'œuvres (exemple d'un recueil de nouvelles ou de contes).

Copiez le fichier *Bibli_6.accdb* en *Bibli_7.accdb* pour effectuer la 7ᵉ étape.

ÉTAPE 7 – VARIANTE DES RECHERCHES

Nous allons présenter différemment les résultats des recherches. Normalement, vous devrez choisir l'une des présentations en fonction de vos préférences (il y a d'ailleurs d'autres possibilités, par exemple avec un état…). Dans *Bibli_7.accdb*, les deux choix vont coexister, donc, vous commencez par ajouter un bouton « Autre Recherche » au formulaire *Menu*.

La procédure appelée `AutRech` ne contient que deux lignes : une pour ouvrir le formulaire AutreRecherche dans lequel tout se passe, et la 2ᵉ pour terminer la procédure lorsque l'utilisateur aura cliqué sur le bouton Fermer du formulaire, lequel bouton met à `False` le booléen `Satisf`.

```
Sub AutRech()
  DoCmd.OpenForm "AutreRecherche", acNormal, , , acFormEdit, acDialog
  If Not Satisf Then Exit Sub
End Sub
```

1. LE FORMULAIRE AUTRERECHERCHE

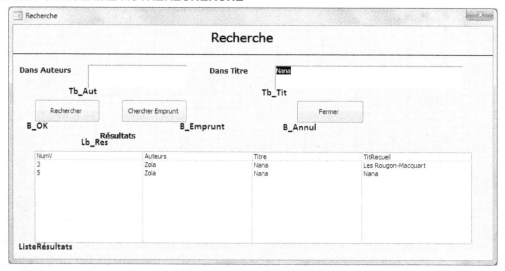

ÉTAPE 7 – VARIANTE DES RECHERCHES

Les noms des contrôles sont affichés près de chaque contrôle. Le plus marquant est la ListBox `ListeRésultats`. Une fois remplis les deux critères de recherche (le système fait le ET de ces deux critères), l'utilisateur clique sur `Rechercher` si c'est une recherche bibliographique, sur `Chercher Emprunt` si c'est en vue d'un emprunt, auquel cas, seuls seront listés les livres disponibles.

Les routines de clic de ces deux boutons ne ferment pas le formulaire. Donc, c'est une bonne idée de cliquer d'abord sur `Rechercher`, ce qui donnera les livres satisfaisant aux critères, possédés par la bibliothèque, puis, sans avoir à retaper les critères, cliquer sur `Chercher Emprunt`, ce qui restreindra la liste aux livres disponibles.

La figure page précédente a été obtenue avec `Rechercher` : on voit que l'œuvre *Nana* est présente dans les volumes numéros 3 et 5. Ensuite, avec `Chercher Emprunt`, on obtient :

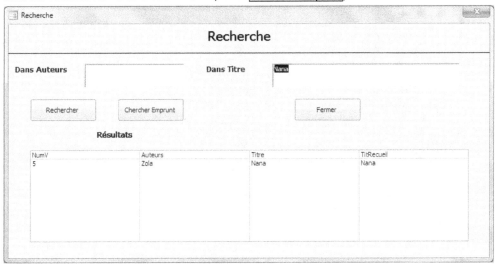

Ce qui montre que seul le livre n° 5 est disponible, le 3 est emprunté.

Si aucun livre n'est trouvé, la Caption (légende) de `Lb_Res` l'indique :

Si c'est après clic sur `Chercher Emprunt`, c'est que, soit la bibliothèque ne possède pas de livres satisfaisant aux critères, soit ils sont tous empruntés. Si c'est après clic sur `Rechercher`, c'est que la bibliothèque n'en possède pas.

ÉTAPE 7 – VARIANTE DES RECHERCHES

2. LE MODULE DE CLASSE

```
  Dim ch1 As String, ch2 As String, ch3 As String, ch4 As String
  Dim NbEnr As Long
  Const strOui = "Résultats", strNon = "Pas de résultats ou tous empruntés"

Sub Traitement(Emprunt As Boolean)
  Tb_Aut.SetFocus
  AutCher = Nz(Tb_Aut.Text, "")
  Tb_Tit.SetFocus                                              ❶
  TitCher = Nz(Tb_Tit.Text, "")
  If (AutCher = "") And (TitCher = "") Then
    MsgBox "Il faut au moins une chaîne à chercher."
    Exit Sub
  End If
  ch1 = "Select Volumes.NumV, Auteurs, Titre, TitRecueil " + _
      "From Oeuvres, Editions, Volumes"
  ch2 = ", TbDispo"                                            ❷
  ch3 = " Where Oeuvres.NumO=Editions.NumO " + _
      "And Editions.NumV=Volumes.NumV " + _
      "And Instr(Auteurs, '" + AutCher + "')>0 " + _
      "And Instr(Titre & TitRecueil, '" + TitCher + "')>0 "
  ch4 = "And Volumes.NumV=TbDispo.NumV And Dispo='D'"
  If Emprunt Then                              ❸
    chSQL = ch1 + ch2 + ch3 + ch4
  Else
    chSQL = ch1 + ch3
  End If
  Set Cnx = CurrentProject.Connection
  Set Rst = New ADODB.Recordset
  Rst.Open chSQL, Cnx, adOpenStatic, adLockReadOnly
  NbEnr = Rst.RecordCount                      ❹
  Rst.Close
  If NbEnr <> 0 Then
    Lb_Res.Caption = strOui
  Else
    Lb_Res.Caption = strNon
  End If
  ListeRésultats.ColumnCount = 4        ❺
  ListeRésultats.ColumnHeads = True
  ListeRésultats.RowSourceType = "Table/Query"
  ListeRésultats.RowSource = chSQL
End Sub

Private Sub B_Annul_Click()
  Satisf = False
  DoCmd.Close acForm, Me.Name, acSaveNo
End Sub

Private Sub B_Emprunt_Click()
  Traitement True
End Sub

Private Sub B_OK_Click()
  Traitement False
End Sub
```

Les procédures `B_OK_Click` et `B_Emprunt_Click` appellent la procédure `Traitement` en ayant positionné l'argument booléen `Emprunt` qui distingue les deux types de recherche.

ÉTAPE 7 – VARIANTE DES RECHERCHES

Après avoir récupéré les critères (❶), la procédure `Traitement` va construire les mêmes requêtes que `Recher` de l'étape 1, avec les mêmes chaînes composantes `ch1` à `ch4` (❷). On se base sur l'argument `Emprunt` pour choisir quelle requête sera utilisée (❸), soit sans se soucier de la disponibilité, soit en l'exigeant.

Ensuite, on exécute la requête pour savoir s'il existe des livres conformes (❹).

En ❺, on remplit la ListBox `ListeRésultats`. L'instruction la plus importante est :

```
ListeRésultats.RowSource = chSQL
```

Elle a pour effet que les lignes de la liste seront remplies avec les enregistrements résultant de la requête. Il faut pour cela que la ListBox ait reçu le type Table ou Requête :

```
ListeRésultats.RowSourceType = "Table/Query"
```

Les autres instructions fixent le nombre de colonnes et demandent que les titres de colonne soient apparents.

À vous de décider si vous préférez ce fonctionnement ou celui de l'étape 1. De toute façon, il y a encore d'autres possibilités, notamment en utilisant un état ; on peut même ne pas avoir à utiliser VBA. Notre but dans cette étape était, entre autres, d'insister sur l'extrême importance de la propriété `RowSource`.

Un autre élément à retenir des applications que nous avons décrites est la commodité de l'utilisation de requêtes SQL pour effectuer toutes sortes de traitements, de sorte que VBA apparaît comme une « machine à fabriquer des requêtes SQL sous forme de chaînes de caractères ».

On peut envisager d'introduire une gestion explicite des exemplaires.

Une 2e possibilité est de gérer deux catégories de livres : ceux qu'on peut emprunter et ceux qui sont réservés à la consultation sur place comme les grosses encyclopédies etc. À ce moment, les lecteurs qui ont le maximum d'emprunts en cours peuvent consulter sur place un livre qu'ils ne peuvent emprunter. On peut également envisager deux catégories de lecteurs : ceux qui ont le droit d'emprunter des livres et ceux qui ne peuvent que les consulter sur place.

On pourrait aussi installer une recherche d'après le genre ou le type, et aussi sur mots-clés (ce qui nécessite une rubrique supplémentaire).

On peut installer des statistiques sur les emprunts puisque nous gardons les données des emprunts soldés, donc durées et nombres moyens des emprunts selon les livres ou les œuvres. On pourrait aussi le faire selon le genre et le type ou même par mot-clé (à condition de gérer ceux-ci).

Nous n'avons pas installé de fonction suppression de livre car elle devrait intervenir rarement : livre en très mauvais état ou « disparu ». Elle n'est pas très simple : il faut supprimer les emprunts archivés du livre, supprimer son enregistrement dans *Tb_Dispo* et dans *Editions* ; mais, surtout, il faut examiner les œuvres contenues et supprimer chaque œuvre qui n'est pas contenue dans un autre livre.

Avec une gestion convenable des exemplaires, on peut faire en sorte que lorsqu'il n'y a plus qu'un seul exemplaire d'un livre donné disponible, ce dernier exemplaire ne puisse pas être emprunté mais qu'il soit seulement consultable sur place.

Autre possibilité : améliorer la gestion des relances pour que le système prépare les lettres de relance en pilotant Word comme on l'a vu au chapitre 8, ce qui permettrait d'avoir une mise en forme plus élaborée des lettres.

Enfin, notez que le programme dans son étape 1 peut servir à gérer une bibliothèque personnelle sans traitement de prêts.

PARTIE 4
ANNEXE :
AIDE-MÉMOIRE

Raccourcis clavier

Désignation des touches

Liste des mots-clés

Liste des opérateurs

Principaux objets

Principaux contrôles de BDi et propriétés

Principaux contrôles de BDi et événements

Modèle d'objets simplifié

Résumé de la syntaxe SQL

Table des exemples

Touche	Fonction
F1	Aide
F2	Afficher l'Explorateur d'objets
Maj+F2	Définition
Ctrl+Maj+F2	Dernière position
F3	Suivant (Rechercher)
Maj+F3	Précédent
F4	Fenêtre Propriétés
F5	Exécuter
F7	Affichage code
Maj+F7	Affichage objet
F8	Exécuter en pas à pas détaillé/Avancer d'un pas
Ctrl+F8	Exécuter jusqu'au curseur
Maj+F8	Pas à pas principal
Ctrl+Maj+F8	Pas à pas sortant
F9	Installer/désinstaller un point d'arrêt
Ctrl+F9	Définir l'instruction suivante
Maj+F9	Espion express
Ctrl+Maj+F9	Effacer tous les points d'arrêt
Maj+F10	Affiche menu contextuel/raccourci
Alt+F11	Basculer entre Access et VBA
Ctrl+Espace	Compléter le mot
Ctrl+Pause	Interrompre l'exécution
Suppr	Effacer
Tab	Retrait
Maj+Tab	Retrait négatif
Ctrl+A	Sélectionner tout
Ctrl+C	Copier
Ctrl+E	Exporter un fichier
Ctrl+F	Rechercher
Ctrl+G	Fenêtre Exécution
Ctrl+H	Remplacer
Ctrl+I	Info express
Ctrl+Maj+I	Info paramètres
Ctr+J	Répertorier propriétés/méthodes
Ctrl+Maj+J	Répertorier constantes
Ctrl+L	Pile des appels
Ctrl+M	Importer un fichier
Ctrl+P	Imprimer
Alt+Q	Quitter VBA et revenir à Excel
Ctrl+R	Explorateur de projets
Ctrl+S	Sauvegarder
Ctrl+V	Coller
Ctrl+W	Modifier un espion
Ctrl+X	Couper
Ctrl+Y	Supprimer ligne de code
Ctrl+Z	Annuler

DÉSIGNATION DES TOUCHES

CONSTANTES CODES DE TOUCHES

Elles sont utiles pour comparer à KeyCode ou KeyAscii dans les routines d'événements clavier.

Caractères spéciaux

Constante	Valeur	Description
vbKeyLButton	1	Bouton gauche de la souris
vbKeyRButton	2	Bouton droit de la souris
vbKeyCancel	3	Touche ANNULER
vbKeyMButton	4	Bouton secondaire de la souris
vbKeyBack	8	RET.ARR
vbKeyTab	9	TAB
vbKeyClear	12	EFFACER
vbKeyReturn	13	ENTRÉE
vbKeyShift	16	MAJ
vbKeyControl	17	CTRL
vbKeyMenu	18	MENU
vbKeyPause	19	PAUSE
vbKeyCapital	20	VERR.MAJ
vbKeyEscape	27	ÉCHAP
vbKeySpace	32	ESPACE
vbKeyPageUp	33	PG.PRÉC
vbKeyPageDown	34	PG.SUIV
vbKeyEnd	35	FIN
vbKeyHome	36	ORIGINE
vbKeyLeft	37	CURSEUR GAUCHE
vbKeyUp	38	CURSEUR HAUT
vbKeyRight	39	CURSEUR DROITE
vbKeyDown	40	CURSEUR BAS
vbKeySelect	41	Touche SÉLECTION
vbKeyPrint	42	IMPR.ÉCRAN
vbKeyExecute	43	Touche EXÉCUTER
vbKeySnapshot	44	Touche SNAPSHOT
vbKeyInsert	45	INSER
vbKeyDelete	46	SUPPR
vbKeyHelp	47	Touche AIDE
vbKeyNumlock	144	VERR.NUM

Les touches lettres (A à Z) et chiffres (0 à 9) sont représentées par leurs codes ASCII (vbKeyA 65 à vbKeyZ 90 et vbKey0 48 à vbKey9 57).

Pavé numérique

Chiffres 0 à 9 : vbKeyNumpad0 96 à vbKeyNumpad9 105, puis :

vbKeyMultiply	106	Touche MULTIPLICATION (*)
vbKeyAdd	107	Touche PLUS (+)
vbKeySeparator	108	Touche ENTRÉE
vbKeySubtract	109	Touche MOINS (−)
vbKeyDecimal	110	Touche POINT DÉCIMAL (.)
vbKeyDivide	111	Touche DIVISION (/)

Touches de fonction

Constante	Valeur	Description
vbKeyF1	112	F1
vbKeyF2	113	F2
vbKeyF3	114	F3
vbKeyF4	115	F4
vbKeyF5	116	F5
vbKeyF6	117	F6
vbKeyF7	118	F7
vbKeyF8	119	F8
vbKeyF9	120	F9
vbKeyF10	121	F10
vbKeyF11	122	F11
vbKeyF12	123	F12
vbKeyF13	124	F13
vbKeyF14	125	F14
vbKeyF15	126	F15
vbKeyF16	127	F16

Touches modificatrices

Les touches Maj, Ctrl et Alt, correspondent aux valeurs du paramètre Shift des routines d'événements clavier, respectivement 1, 2 et 4, ajoutés si plusieurs touches sont simultanément enfoncées. On peut aussi les tester à l'aide de masques :

acShiftMask	1	Touche Maj
acCtrlMask	2	Touche Ctrl
acAltMask	4	Touche Alt

On écrira par exemple :

```
If (Shift And acShiftMask) > 0 Then …
```

DÉSIGNATION DES TOUCHES

CONSTANTES CARACTÈRES

Les constantes précédentes sont les codes des caractères. Pour obtenir le caractère, il faut écrire par exemple `Chr(vbKeyReturn)`. Voici quelques désignations de caractères (chaînes de caractères de longueur 1 ou 2) :

Constante	Équivalent	Description
vbCrLf	Chr(13) + Chr(10)	Retour chariot et saut de ligne
vbCr	Chr(13)	Saut de paragraphe
vbLf	Chr(10)	Saut de ligne
vbNewLine	Chr(13) + Chr(10) ou, sur Macintosh, Chr(13)	Caractère de saut de ligne spécifique à la plate-forme ; choix en fonction de la plate-forme
vbNullChar	Chr(0)	Caractère ayant la valeur 0
vbNullString	Chaîne ayant la valeur 0	Différent d'une chaîne de longueur nulle ("") ; permet l'appel de procédures externes
vbObjectError	-2147221504	Les numéros d'erreur définis par l'utilisateur doivent être supérieurs à cette valeur. Par exemple : Err.Raise Number = vbObjectError + 1000
vbTab	Chr(9)	Caractère de tabulation
vbBack	Chr(8)	Caractère de retour arrière
vbFormFeed	Chr(12)	Inutilisé sous Microsoft Windows ou sur Macintosh
vbVerticalTab	Chr(11)	Inutilisé sous Microsoft Windows ou sur Macintosh

DÉSIGNATION DES TOUCHES

DÉSIGNATION DES TOUCHES DANS SENDKEYS

On a besoin de désigner les touches dans la chaîne argument de `SendKeys`. Les caractères imprimables sont présentés entre accolades (ex. {A}). Pour les caractères spéciaux :

Aide	{HELP}
Attn	{BREAK}
Curseur Bas	{DOWN}
Début	{HOME}
Défilement	{SCROLLLOCK}
Curseur Droite	{RIGHT}
Échap	{ESCAPE} ou {ESC}
Effacer	{CLEAR}
Entrée	{ENTER}
Entrée (Pavé Numérique)	~ (tilde)
F1 à F15	{F1} à {F15}
Fin	{END}
Curseur Gauche	{LEFT}
Curseur Haut	{UP}
Insertion	{INSERT}
Page Précédente	{PGUP}
Page Suivante	{PGDN}
Ret.Arr ⬅	{BACKSPACE} ou {BS}
Retour	{RETURN}
Suppr	{DELETE} ou {DEL}
Tabulation ⇆	{TAB}
Verr.Maj	{CAPSLOCK}
Verr.Num	{NUMLOCK}

Vous pouvez aussi spécifier des touches combinées avec Maj et/ou Ctrl et/ou Alt. Pour spécifier une combinaison de touches, utilisez le tableau suivant.

Pour combiner les touches avec	Utiliser avant le code de la touche
Alt	% (signe de pourcentage)
Ctrl	^ (signe d'insertion)
Maj	+ (signe plus)

LISTE DES MOTS-CLÉS

Gestion des variables

Attribution d'une valeur	Let Set
Déclaration de variables ou de constantes	Const Dim Private Public New, Static
Déclaration d'un module privé	Option Private Module
Obtention d'informations sur une variable	IsArray, IsDate, IsEmpty, IsError, IsMissing, IsNull, IsNumeric, IsObject, TypeName, VarType
Référence à l'objet en cours	Me
Activation de la déclaration explicite des variables	Option Explicit
Définition du type de données par défaut	Deftype
Définition des types de données intrinsèques	Boolean Byte Currency Date Double Integer Long Object Single String Variant

Gestion des tableaux

Test d'un tableau	IsArray
Création d'un tableau	Array
Modification de la limite inférieure par défaut	Option Base
Déclaration et initialisation d'un tableau	Dim Private Public ReDim, Static
Renvoi des limites d'un tableau	LBound UBound
Réinitialisation d'un tableau	Erase, ReDim

Gestion des collections

Création d'un objet Collection	Collection
Ajout d'un objet à une collection	Add
Suppression d'un objet d'une collection	Remove
Référence à un objet d'une collection	Item

Structuration du programme

Branchement	GoSub..Return, GoTo, OnError, On...GoSub, On...GoTo
Sortie ou pause du programme	DoEvents, End,Exit, Stop
Boucle	Do.Loop, For.Next, For Each.Next, While.Wend, With
Prise de décisions	Choose, If.Then.Else, SelectCase, Switch
Utilisation de procédures	Call, Function, PropertyGet, Property Let, Property Set, Sub

LISTE DES MOTS-CLÉS

Conversions de données

Code ANSI en chaîne	Chr
Chaîne en minuscules ou en majuscules	Format, Lcase, Ucase
Date en numéro de série	DateSerial, DateValue
Nombre décimal en une autre base	Hex, Oct
Nombre en chaîne	Format,Str
Type de données en autre type	CBool, CByte, CCur, CDate, CDbl, CDec, CInt, CLng, CSng, CStr, CVar, CVErr, Fix, Int
Date en jours, mois, jours de semaine ou années	Day, Month, Weekday, Year
Heure en heures, minutes ou secondes	Hour, Minute, Second
Chaîne en code ASCII	Asc
Chaîne en nombre	Val, Nz
Heure en numéro de série	TimeSerial, TimeValue

Gestion des dates

Renvoi de la date ou de l'heure en cours	Date, Now, Time
Calculs de date	DateAdd, DateDiff, DatePart
Renvoi d'une date	DateSerial, DateValue
Renvoi d'une heure	TimeSerial, TimeValue
Définition de la date ou de l'heure	Date, Time
Chronométrage d'un traitement	Timer

Manipulation des chaînes de caractères

Comparaison de deux chaînes	StrComp
Conversion de chaînes	StrConv
Conversion en minuscules ou en majuscules	Format, LCase, UCase
Création de chaînes répétant un même caractère	Space, String
Calcul de la longueur d'une chaîne	Len
Mise en forme d'une chaîne	Format
Alignement d'une chaîne	LSet, RSet
Manipulation de chaînes	InStr, InStrRev, Left, Ltrim, Mid, Right, RTrim, Trim, Replace, Split
Définition des règles de comparaison de chaînes	Option Compare
Utilisation des codes ASCII et ANSI	Asc, Chr

LISTE DES MOTS-CLÉS

Fonctions mathématiques

Fonctions trigonométriques	Atn, Cos, Sin, Tan
Calculs usuels	Exp, Log, Sqr
Génération de nombres aléatoires	Randomize, Rnd
Renvoi de la valeur absolue	Abs
Renvoi du signe d'une expression	Sgn
Conversions numériques	Fix, Int, Round

Fonctions financières

Calcul d'amortissement	DDB, SLN, SYD
Calcul de valeur future	FV
Calcul de taux d'intérêt	Rate
Calcul de taux de rendement interne	IRR, MIRR
Calcul de nombre d'échéances	Nper
Calcul de montant de versements	IPmt, Pmt, PPmt
Calcul de valeur actuelle	NPV, PV

Gestion des fichiers

Changement de répertoire ou de dossier	ChDir
Changement de lecteur	ChDrive
Copie d'un fichier	FileCopy
Création d'un répertoire ou d'un dossier	MkDir
Suppression d'un répertoire ou dossier	RmDir
Attribution d'un nouveau nom à un fichier répertoire ou dossier	Name
Renvoi du chemin en cours	CurDir
Renvoi de l'horodatage d'un fichier	FileDateTime
Renvoi d'attributs de fichier, de répertoire et de nom de volume	GetAttr
Renvoi de la longueur d'un fichier	FileLen
Renvoi d'un nom de fichier ou de volume	Dir
Définition des attributs d'un fichier	SetAttr

Actions dans les fichiers

Accès ou création d'un fichier	Open

LISTE DES MOTS-CLÉS

Fermeture de fichiers	Close, Reset
Mise en forme de la sortie	Format, Print, Print #, Spc, Tab, Width#
Copie d'un fichier	FileCopy
Récupération d'informations sur un fichier	EOF, FileAttr, FileDateTime, FileLen, FreeFile, GetAttr, Loc, LOF, Seek
Gestion de fichiers	Dir,Kill, Lock, Unlock, Name
Lecture d'un fichier	Get, Input, Input #,Line Input #
Renvoi de la longueur d'un fichier	FileLen
Définition ou lecture des attributs de fichier	FileAttr, GetAttr, SetAttr
Définition de positions de lecture/écriture dans un fichier	Seek
Écriture dans un fichier	Print #, Put, Write#

Gestion des événements

Traitement des événements en attente	DoEvents
Exécution d'autres programmes	AppActivate, Shell
Envoi de touches à une application	SendKeys
Émission d'un bip par l'ordinateur	Beep
Système	Environ
Fourniture d'une chaîne de ligne de commande	Command
Automation	CreateObject, GetObject
Couleur	QBColor, RGB

Gestion des options des programmes

Suppression des paramètres d'un programme	DeleteSetting
Lecture des paramètres d'un programme	GetSetting, GetAllSettings
Enregistrement des paramètres d'un programme	SaveSetting

Gestion des erreurs

Génération d'erreurs d'exécution	Clear, Error, Raise
Récupération des messages d'erreur	Error
Informations sur les erreurs	Err
Renvoi de la variable Error	CVErr
Interception des erreurs durant l'exécution	OnError, Resume
Vérification de type	IsError

 © Tsoft/Eyrolles – VBA pour Access 2007 & 2010

LISTE DES MOTS-CLÉS

Fonctions d'agrégation(SQL et VBA)

La fonction `xxx(champ)` effectue le calcul sur l'ensemble des enregistrements, ou sur chaque groupe s'il y a GROUP BY. La fonction `Dxxx(champ, table/requête, condition)` effectue le même calcul sur les enregistrements de la table qui satisfont à la condition. Entre parenthèses, les noms francisés.

Moyenne	Avg, DAvg (Moyenne, MoyenneDom)
Comptage	Count, DCount (Compte, CpteDom)
Premier enregistrement	First, DFirst (Premier, PremDom)
Dernier enregistrement	Last, DLast (Dernier, DernDom)
Maximum	Max, DMax (Max, MaxDom)
Minimum	Min, DMin (Min, MinDom)
Ecart-type (échantillon)	StDev, DStDev (StDev, EcartTypeDom)
Ecart-type (population)	StDevP, DStDevP (EcartTypeP, EcartTypePDom)
Somme	Sum, DSum (Somme, SomDom)
Variance (échantillon)	Var, DVar (Var, DVar)
Variance (population)	VarP, DVarP (DVar, DVarP)

`DLookup(champ, table, condition)` renvoie la valeur du champ pour le 1er enregistrement de la table satisfaisant à la condition. Francisée en `RechDom`.

`Nz(argument)` renvoie l'argument s'il est non `Null` et chaîne vide s'il est `Null`.

`Nz(argument, valeur_si_Null)` renvoie l'argument s'il est non `Null` et valeur indiquée s'il est `Null`.

MOTS-CLÉS SQL

SELECT, ALL, DISTINCT, DISTINCTROW, AS, FROM, INNER, LEFT, RIGHT, JOIN, ON, WHERE, IS, ORDER BY, GROUP BY, HAVING, UPDATE, SET, DELETE, INSERT INTO, VALUES, SELECT INTO, CREATE TABLE, PRIMARY KEY, INDEX, DROP TABLE, ALTER TABLE, ADD, DROP, COLUMN, CONSTRAINT, UNION

Types SQL

BIT, CHAR, DATETIME, FLOAT, INTEGER, MONEY, REAL, SMALLINT, TEXT

LISTE DES OPÉRATEURS

Arithmétiques

^	Élévation à la puissance	
*	Multiplication	
/	Division réelle	5/3 donne 1.6666...
\	Division entière	5\3 donne 1
Mod	Reste de la division	5 Mod 3 donne 2
+	Addition	
-	Prendre l'opposé ou soustraction	
&	Concaténation de chaînes (+ convient aussi)	

Comparaison

=	Égalité
<>	Différent
<	Inférieur
<=	Inférieur ou égal
>	Supérieur
>=	Supérieur ou égal
Like	Dit si une chaîne est conforme à un modèle (avec jokers)

"Bonjour " Like "Bon*" donne True (vrai)

Is	Identité entre deux objets
Between...And...	Compris entre...et... (en SQL ; n'existe pas en VBA)

Logiques

Not	Contraire	Not True donne False
And	Et logique	vrai si et seulement si les deux opérandes sont vrais
Or	Ou inclusif	vrai dès que l'un des opérandes est vrai
Xor	Ou exclusif	vrai si un des opérandes est vrai mais pas les deux
Eqv	Équivalence	vrai si les deux opérandes sont dans le même état vrai ou faux
Imp	Implication	Après c = a Imp b on a :

a	b	c
faux	faux	vrai
faux	vrai	vrai
vrai	faux	faux
vrai	vrai	vrai

Constantes

""	chaîne vide (aussi vbNullString)
Null	Donnée absente
False	Faux
True	Vrai

PRINCIPAUX OBJETS

Nous présentons seulement un choix des éléments qui nous semblent d'utilisation la plus probable en VBA.

APPLICATION

Propriétés

CodeContextObject, CurrentObjectName, CurrentObjectType, FeatureInstall, IsCompiled, MenuBar, Name, Parent, Printer, Printers, ProductCode, ShortcutMenuBar, UserControl, Version, Visible

Méthodes

AccessError, AddToFavorites, BuildCriteria, CloseCurrentDatabase, CompactRepair, ConvertAccessProject, CreateAccessProject, CreateAdditionalData, CreateControl, CreateForm, CreateGroupLevel, CreateReport, CreateReportControl, CurrentDb, CurrentUser, DefaultWorkspaceClone, DeleteControl, DeleteReportControl, Echo, EuroConvert, Eval, ExportXML, FollowHyperLink, GetOption, ImportXML, LoadCustomUI, LoadPicture, NewCurrentDatabase, OpenCurrentDatabase, PlainText, Quit, RefreshDatabaseWindow, RefreshTitleBar, Run, RunCommand, SetOption, SysCmd, TransformXML

SCREEN

Propriétés

ActiveControl, ActiveDataSheet, ActiveForm, ActiveReport, Application, MousePointer, Parent, PreviousControl

COLLECTION PRINTERS

Propriétés

Application, Count, Item, Parent

PRINTER

Propriétés

BottomMargin (→Top-, Right-, Left-), ColorMode, ColumnSpacing, Copies, DataOnly, DefaultSize, DeviceName, DriverName, Duplex, ItemLayout, ItemsAcross, ItemSizeHeight, ItemSizeWidth, Orientation, PaperBin, PaperSize, Port, PrintQuality, RowSpacing

CONNECTION (ADO)

Propriétés

Attributes, CommandTimeout, ConnectionString, ConnectionTimeout, CursorLocation, DefaultDatabase, IsolationLevel, Mode, Provider, State, Version

Méthodes

BeginTrans, Cancel, Close, CommitTrans, Execute, Open, OpenSchema, RollbackTrans

COMMAND (ADO)

Propriétés

ActiveConnection, CommandText, CommandTimeout, CommandType, Name, Prepared, State

Méthodes

```
Cancel, CreateParameter, Execute
```

RECORDSET (ADO)

Propriétés

```
AbsolutePage, AbsolutePosition, ActiveCommand, ActiveConnection, BOF,
Bookmark, CacheSize, CursorLocation, CursorType, DataMember, DataSource,
EditMode, EOF, Filter, Index, LockType, MarshalOptions, MaxRecords,
PageCount, PageSize, Properties, RecordCount, Sort, Source, State,
Status, StayInSync
```

Méthodes

```
AddNew, Cancel, CancelBatch, CancelUpdate, Clone, Close,
CompareBookmarks, Delete, Find, GetRows, GetString, Move, MoveFirst,
MoveLast, MoveNext, MovePrevious, NextRecordset, Open, Requery, Resync,
Save, Seek, Supports, Update, UpdateBatch
```

COLLECTION FIELDS (ADO)

Méthodes

```
Append, Delete, Refresh
```

FIELD

Propriétés

```
ActualSize, Attributes, DefinedSize, Name, NumericScale, OriginalValue,
Precision, Properties, Type, UnderlyingValue, Value
```

Méthodes

```
AppendChunk, GetChunk
```

PRINCIPAUX CONTRÔLES DE BDI ET PROPRIÉTÉS

	CheckBox	ComboBox	CommandButton	Image	Label	ListBox	ObjectFrame	OptionButton	TabControl	TextBox	ToggleButton	Form / Report
Name	✓	✓	✓	✓	✓	✓	✓	✓	✓	✓	✓	✓
Alignment			✓									
AutoTab										✓		
BackColor		✓	✓	✓	✓	✓				✓	✓	
BorderColor	✓	✓	✓	✓	✓	✓		✓	✓	✓	✓	
BorderStyle	✓	✓	✓	✓	✓	✓		✓	✓	✓	✓	✓
Caption			✓		✓				✓		✓	✓
ControlSource	✓	✓						✓		✓	✓	
ControlTipText	✓	✓	✓	✓		✓		✓		✓	✓	
Count									✓			✓
Enabled	✓	✓	✓			✓		✓		✓	✓	
EnterKeyBehavior										✓		
Filter												✓
Font...		✓	✓		✓	✓				✓	✓	
ForeColor		✓	✓		✓	✓				✓		
Height	✓	✓	✓	✓	✓	✓		✓	✓	✓	✓	✓
KeyPreview												✓
Left	✓	✓	✓	✓	✓	✓		✓		✓	✓	
Locked	✓	✓				✓		✓		✓		
...Margin		✓				✓				✓		
MultiSelect						✓						
NavigationButtons												✓
...Padding	✓	✓	✓	✓		✓				✓	✓	
Picture...			✓						✓		✓	✓
RecordSource												✓
RowSource		✓										
RowSourceType		✓										
ScrollBars										✓		✓
TabIndex	✓	✓	✓			✓		✓		✓	✓	
TabStop			✓					✓		✓	✓	
Tag	✓	✓	✓		✓	✓	✓	✓		✓	✓	✓
Text		✓								✓		
TextAlign		✓			✓	✓				✓		
Top		✓	✓	✓	✓	✓		✓		✓	✓	
Value	✓	✓								✓		
Visible	✓	✓	✓	✓	✓	✓	✓	✓	✓	✓	✓	✓
Width	✓	✓	✓	✓	✓	✓		✓	✓	✓	✓	✓

PRINCIPAUX CONTRÔLES DE BDI ET ÉVÉNEMENTS

	CheckBox	ComboBox	CommandButton	Image	Label	ListBox	ObjectFrame	OptionButton	TabControl	TextBox	ToggleButton	Form / Report
Activate												✓
AfterUpdate	✓	✓				✓		✓				✓
ApplyFilter												✓
BeforeUpdate	✓	✓				✓		✓		✓		✓
Change		✓								✓		
Click	✓	✓	✓		✓	✓		✓		✓		
Close												✓
Current												✓
DblClick	✓	✓	✓		✓	✓		✓		✓		✓
Deactivate												✓
Delete												✓
DropButtonClick												
Enter	✓	✓	✓			✓		✓		✓		
Error												✓
Exit	✓	✓	✓			✓		✓		✓		
Filter												✓
GotFocus	✓	✓	✓			✓		✓		✓		✓
KeyDown	✓	✓	✓			✓		✓		✓		✓
KeyPress	✓	✓	✓			✓		✓		✓		✓
KeyUp	✓	✓	✓			✓		✓		✓		✓
Load												✓
LostFocus	✓	✓	✓			✓		✓		✓		✓
MouseDown	✓	✓	✓	✓	✓			✓		✓		✓
MouseMove	✓	✓	✓	✓	✓			✓		✓		✓
MouseUp	✓	✓	✓	✓	✓			✓		✓		✓
Open												✓
Timer												✓

Sauf pour les noms commençant par Before ou After, ajoutez On en tête pour avoir le nom de la propriété.

MODÈLE D'OBJETS SIMPLIFIÉ

Application
> **Forms** (Form)
>> Controls (Control)
>>> Propriétés de contrôle
>> Module
>> Propriété du formulaire
> **Reports** (Report)
>> Controls (Control)
>>> Propriétés de contrôle
>> Module
>> Propriété de l'état
> **Modules** (Module)
> **References** (Reference)
> **Printers** (Printer)
> **Screen**
> **DoCmd**
> **CommandBars** (CommandBar)
> **COMAddIns** (COMAddIn)
> **CurrentProject**
>> AllForms
>> AllMacros
>> AllModules
>> AllReports
> **CurrentData**
>> AllTables
>> AllQueries
>> AllViews
>> AllStoredProcedures
>> AllFunctions
>> AllDataBaseDiagrams

CodeProject et CodeData ont respectivement la même structure que CurrentProject et CurrentData.

ADODB
> **Connection**
>> Propriétés
> **Command**
>> Paramètres
>> Propriétés
> **Recordset**
>> Fields (Field)
>> Propriétés
> **Record**
>> Fields (Field)
> **Stream**

RÉSUMÉ DE LA SYNTAXE SQL

Dans les descriptions qui suivent, les mots-clés SQL sont présentés en majuscules, mais vous pouvez les écrire en minuscules.

REQUÊTES D'INTERROGATION

```
SELECT <nom-champ>[,<nom-champ>…] FROM <nom-table>[,<nom-table>…] WHERE
<condition> [DISTINCT] [ORDER BY <nom-champ> [ASC | DESC]]
```

Il y a le plus souvent une seule table en jeu ; alors on affiche les champs indiqués des enregistrements satisfaisant à la condition. DISTINCT fait afficher un seul enregistrement s'il y en a plusieurs identiques. ORDER BY ordonne les enregistrements d'après les valeurs du(des) champ(s) indiqué(s) ; ASC est le défaut.

Si la liste des champs est remplacée par * on prend tous les champs. S'il n'y a pas de clause WHERE, on affiche toute la table.

Les conditions

Une condition est évaluée comme vraie ou fausse. Les conditions simples sont des comparaisons entre champs et valeurs. Les opérateurs de comparaison sont = (égalité, un seul signe = comme en VBA), <> (différent), <, <=, >, >=. Ex. `WHERE Solde<0`   `WHERE NomCli='Dupont'` (les chaînes de caractères sont entre " ou ', mais comme en VBA la requête complète que l'on construit dans un programme est elle-même entre ", il est judicieux d'utiliser ').

Autres opérateurs :

– `BETWEEN… AND…` : compris entre ; `x BETWEEN 10 AND 15` équivaut à `(x>=10)AND(x<=15)` et SQL est le seul langage qui ait un tel opérateur.

– `IN "v1", "v2", …` : égal à une des valeurs indiquées ; Ex. `Ville IN "Paris", "Londres", "Berlin"`

– `LIKE …` : la chaîne commence par… ; Ex. `Auteur LIKE "H*"` : auteurs dont le nom commence par H, Hugo, Hölderlin, Houellebecq. Le caractère Joker est * en SQL Access, mais c'est % dans la norme SQL, comme MySQL ou SQL Server.

Les conditions simples peuvent être combinées avec les opérateurs NOT (contraire), AND (ET) et OR (OU). Ex. `WHERE (Genre='Roman') AND (Siècle=19)`.

Agrégation et regroupement

Après `SELECT`, on peut ajouter une clause de calcul `<fonction>(<nom-champ>) AS <alias>` qui effectue un cumul sur le champ indiqué et désigne le résultat par alias. Les principales fonctions sont COUNT (comptage), SUM (somme), AVG (moyenne), MIN(minimum), MAX (maximum), FIRST (1er), LAST (dernier), STDEV et VAR (écart-type et variance).

Ex. `SELECT COUNT(NumLivre) AS NbRomans FROM Livres WHERE Genre='Roman'`.

La clause GROUP BY crée des groupes sur lesquels porte l'agrégation. La clause HAVING impose une condition sur les agrégations. Ex.1 nombre d'amis dans chaque ville ; FIRST fait que chaque ville n'apparaît qu'une fois : `SELECT FIRST(Amis.Ville) AS NomVille COUNT(Amis.Ville) AS NbAmis FROM Amis GROUP BY Amis.Ville`

Ex.2 même chose, mais seulement villes où il y a plus d'un ami :

```
SELECT FIRST(Amis.Ville) AS NomVille COUNT(Amis.Ville) AS NbAmis FROM
Amis GROUP BY Amis.Ville HAVING (COUNT(Amis.Ville)>1)
```

Jointure

Quand il y a plusieurs tables, on effectue une jointure. La clause WHERE contient au moins les conditions de jointure. Ex. Nom clients, dates de commandes et produits commandés :

```
SELECT NomCli, DateComm, QTE, DésignProd FROM Clients, Commandes,
LDetComm, Produits
WHERE (Clients.NumCli=Commandes.Numcli) And
(Commandes.NumComm=LDetComm.NumComm) And
(LDetComm.NumProd=Produits.NumProd)
```

RÉSUMÉ DE LA SYNTAXE SQL

REQUÊTES ACTIONS

Création de table

```
CREATE    TABLE    <nom-table>    (<champ1>    type1(taille1)    [,    <champ2>
type2(taille2) ...]
```

Crée la structure d'une table. Types possibles : BIT (booléen), CHAR (texte 1-255), DATETIME (DateHeure), FLOAT (réel double précision), INTEGER (entier), MONEY (monétaire), REAL (réel simple précision), SMALLINT (entier court), TEXT (Mémo : long texte).

Un champ peut être suivi de NOT NULL qui exige que le champ soit rempli et de PRIMARY KEY qui définit ce champ comme clé primaire.

```
SELECT    <champs>    INTO    <nouvelle    table>    From    <table    existante>    WHERE
<conditions>
```

Crée une nouvelle table à partir d'une table existante. Il ne doit pas exister préalablement de table du nom de la nouvelle table.

Modifications

```
UPDATE    <table>    SET    <champ1>=<nouvelle    valeur1>    [<champ2>=<nouvelle
valeur2>, ...] WHERE <conditions>
```

Change certaines valeurs dans certains enregistrements.

```
INSERT INTO <table> [<liste de champs>] VALUES (<liste de valeurs>)
```

Insère un enregistrement dont les champs indiqués auront les valeurs indiquées. Certaines valeurs peuvent être Null pour passer le champ correspondant. Si la liste de champs n'est pas fournie, c'est que tous les champs sont concernés.

```
INSERT INTO <table2> SELECT <champs> FROM <table1> WHERE <conditions>
```

Insère dans la table2 des enregistrements formés des champs indiqués pris dans les enregistrements de la table1 satisfaisant aux conditions.

```
DELETE FROM <table> WHERE <conditions>
```

Supprime de la table les enregistrements satisfaisant aux conditions.

ALTER TABLE <table> <clause> modifie la structure de la table. <clause> peut être :

- ADD COLUMN <champ> <type>   ajoute un champ
- DROP COLUMN <champ>   supprime le champ
- ALTER COLUMN <champ> <nouveau type> modifie le champ

DROP TABLE <table> supprime complètement la table ; la différence avec DELETE FROM <table> sans clause WHERE est que cette dernière supprime tous les enregistrements, mais garde la structure, donc la table existe encore dans CurrentData.AllTables, alors que DROP TABLE <table> la supprime complètement.

Rappel : Prudence dans toute opération de suppression.

TABLE DES EXEMPLES

Index

F

www.ingramcontent.com/pod-product-compliance
Lightning Source LLC
LaVergne TN
LVHW062309060326
832902LV00013B/2115